WALTER RUSSELL LAMBUTH

ウォルター・ラッセル・ランバス

PROPHET AND PIONEER

ウィリアム.W.ピンソン［著］

半田一吉［訳］

関西学院大学出版会

ウォルター・ラッセル・ランバス（Walter Russell Lambuth）

学歴　エモリー・アンド・ヘンリー大学　B. A.（1875）
ヴァンダビルト大学　B. D., B. M.（1877）
ベルビュー大学　M. D.（1882）
ランドルフ・メーコン大学　D. D.（1891）
エモリー・アンド・ヘンリー大学　D. D.（1892）
英国王室地理学会特別研究員

ウォルター・ラッセル・ランバス

―PROPHET AND PIONEER―

ウィリアム・W・ピンソン 著
半田 一吉 訳

WALTER RUSSELL LAMBUTH
PROPHET AND PIONEER

By

WILLIAM W. PINSON

刊行にあたって

本年十一月十日、関西学院は創立者ウォルター・ラッセル・ランバスの生誕一五〇周年の記念の日を迎えます。このたびその記念事業の一環として、半田一吉関西学院大学名誉教授の翻訳によるウィリアム・W・ピンソンの『ウォルター・ラッセル・ランバス』が刊行されますことを心から喜んでいます。

創立者W・R・ランバスが実際にどのような人であったのかは、関西学院においてさえもほとんど知られてこなかったのが実情でありますので、この翻訳を一手に引き受け、完成へとこぎつけてくださった半田一吉先生の多大のご努力に深い満足と感謝の思いを抱いております。

父親が中国伝道を開始した一八五四年に上海で生まれたランバスが、母国のアメリカで神学と医学を修め、一八七七年に妻とともに上海に渡って医療伝道に踏み出した一九世紀は、偉大な伝道の世紀ともいわれています。アメリカ合衆国のプロテスタント諸教派は、教会を挙げて本国の優れた人々を宣教師としてアジアに派遣して教会、学校、奉仕活動を展開したのでした。

一八八六年、上海から神戸に着任したW・R・ランバスは、アメリカ・南メソヂスト監督教会の命を受けて関西学院の創立に着手し、神戸市の東郊原田村に一八八九年九月二十八日、三十四歳の若さで学院を創立しました。そして翌一八九〇年十二月、妻の病気のために日本を離れ、本国伝道局で活動したのち、一九一〇年に教会を代表する監督（ビショップ）に選任され、五大陸のうちアジア、アメリカ、ヨーロッパ、アフリカの四つの大陸でキリスト教の伝道活動に邁進し、六十六年の生涯を神の使徒として生き切ったのでした。

本書の最後におさめられている関西学院の初代神学部長ジョン・C・C・ニュートンによる追悼の辞は、ランバスが地上の世界を救う神の国の働きと力の強力であることを信じ、人間を愛し、信頼していたこと、そしてまたそのような熱情を他人にももたせることができて、彼がどこに行こうとも、そこには太陽が照り、よりよいことへの希望があり、彼が「それはできない」と言うのをほとんど聞いたことがないと述べています。本書を通して創立者ランバスの魂に触れることができますことをこの上なく嬉しく思います。

関西学院
院長　畑　道　也

◇目　次◇

（原典目次では、章名のみが表記されているが、ここでは全体の概観を容易にするために、英語原文の章名とともに、その章が扱う内容を見出しとして紹介する。）

序　詩　13

序　文　16

第一章　嬰児と一梱の綿　(A BABY AND A BALE OF COTTON)　21

ウォルター・R・ランバスの誕生（一八五四年一一月一〇日）／ジェイムズ・ウィリアム・ランバス、パール・リバー教会／メアリー・I・マクレランとその家系／ジェイムズとメアリーの結婚、中国への旅立ち

第二章　東方の園　(THE GARDEN IN THE EAST)　33

ウォルターの少年時代／母とともにアメリカへ（一八五九年）、ニューヨーク州ケンブリッジで／南北戦争／ミシシッピーから中国へ（一八

六三年）

第三章　発見の船旅　(A VOYAGE IF DISCOVERY)　47
横浜を経て再度アメリカ、テネシー州レバノンへ（一八六九年）／エモリー・アンド・ヘンリー大学／眼を病む／ヴァンダビルド大学にて／医学と神学を学ぶ／ディジーとの結婚（一八七一年）

第四章　外科用メスで巨人ゴリアトに挑む　(ATTACIKING GOLIATH WITH A LANCEY)　65
ウォルター、ディジー中国へ、上海阿片中毒診療所開設（一八七七年）／ディジー、アメリカへ帰国（一八八〇年）／ウォルター、アメリカへ帰国、ニューヨーク、ベルビュー病院での研修／学位取得／エディンバラ、ロンドンにて解剖学、生理学、眼科を学ぶ／『医療伝道』（一九二〇年）について

第五章　種を蒔く者あり、刈り入れる者あり　(ONE SOWETH AND ANOTHER REPETH)　75
中国へ、蘇州での宣教活動、一九二二年病院開設への布石（一八八二年）／

コカインの利用　／　北京に転任、メソヂスト監督教会活動へ　ロックフェラー病院への布石（一八八四年）　／　ジェイムズ、ウォルター中国伝道活動からの辞任申し出（一八八五年）

第六章　はるかなる地　（THE REGION BEYOND）　87

日本における宣教活動にあたっての問題【一八七六年手紙】（一八八六年）　／　宣教師会、日本伝道の開始（一八八五年）　／　パルモア学院（一八八六年）　／　広島女学院　ゲーンス（一八八七年）　／　関西学院設立　神戸を基本的活動の拠点化（一八八九年）　／　田中義弘からの手紙、　／　ランバス父子の伝道活動　／　二通の手紙　／　大分リバイバル、初期の協力者たち（一八八九年）

第七章　微かな光のあとを追って　（FOLLOWING THE GLEAM）　117

ウォルターのアメリカ帰国と本国留任（一八九一年）　／　父、ジェイムズの死（一八九二年）　／　ウォルター、宣教師会主事就任　／　ブラジル訪問、母、メアリーの死（一八九四年）　／　北アメリカ海外伝道宣教師協議会結成（一八九三年）　／　朝鮮半島伝道基金　／　キューバ訪問　／　ランバスの宣教姿勢（一八九六年）

第八章　エルサレムでの事始め　(BEGINNING AT JERUSALEM)　129
全キリスト教外国伝道協議会（一九〇〇年）／総主事に選任される（一九〇二年）／日本メソヂスト教会合同／信徒伝道運動（一九〇七年）／宣教師会総主事に選任されて以後の宣教活動（一九〇六年）

第九章　監督と道なき道の探索者　(BISHOP AND PATHFINDER)　141
南メソヂスト監督教会監督に選任される（一九一〇年）／アフリカ訪問（一九一一年）

第十章　ジャングルと向かい合って　(FACING THE JUNGLE)　155
アフリカ訪問／ランバスのユーモア／五十七歳の誕生日（一九一一年）／ジョン・R・ポッパー他への手紙／J・D・ハモンドへの手紙／カテムプエの手紙

第十一章　コンゴ川流域に戻って　(BACK TO THE CONGO VALLEY)　177
二度目のアフリカ訪問（一九一三年）／ウェムボ・ニアマの手紙／ランバスからの手紙

第十二章　鎧える柔和　(MEENESS IN ARMOE)　193
エディンバラ会議　／　教派間協力の原則設定（一九一〇年）　／　メキシコ伝道への問題提起（一九一八年）　／　コール・レクチャー（一九一五年）

第十三章　同じ塹壕でともに戦って　(SHARING THE TRENCHES)　203
第一次大戦勃発、ベルギー政府のコンゴ提案（一九一四年）　／　戦争委員会　／　ヨーロッパへの従軍　／　パリからの手紙（一九一八年）　／　フランス某地からの手紙　／　宣教百年記念としてヨーロッパへの展開（一九一九年）

第一四章　再び東洋人とともに　(AMONG THE YELLOW FOLKS AGAIN)　223
東洋担当に任命される　／　朝鮮での大躍進運動計画（一九一九年）　／　クラム、リヤン、シベリアでの宣教開始（一九二〇年）　／　日本メソヂスト教会第四回総会出席　／　中国聖書協会設立、中国におけるキリスト教会議開催　／　教派的理解の相違　／　ランバスの手紙　／　娘メアリーの手紙

第十五章　満ち溢れる生涯　(AN OVERFLOWING LIFE)　239
中国での飢餓に対する宣教師会基金（一九二〇年）　／　ニューヨーク外国

序詩　偉人が通る

見たか、偉人がここを過ぎ行くのを、
かつて殉教者の歩んだ道を、
あとには行程、安楽、苦痛も残さず、
その目をかなたの地平に向けて、
気高い決意に眉をもひそめ、
人と神を愛する故に
雄々しい偉業に力も尽き果て。

私は見た、物腰の優しい人、
心は気高く、微笑をたたえ、
思うに、光り輝く稀に見る人。
子供達はまとわりつき、
貧者、老人、みな魅力をたたえ、
謙った人々の仲間だった。

（著　者）

でも私が見慣れた偉人とは違う、
いつから偉人は普通の人になったのか。

・　・　・　・　・　・　・　・

我らの視力は弱く、資質も粗悪、
誠に魂は無気力そのもの。
偉人が来る……我らは一人の人を見る。
彼とともに一つの世界が来る……我らは短い生涯を見る。
彼は過ぎ行き、その栄光は輝くが、
残った我らは光りに照らされ目をしばたく。
気づくのがあまりに遅過ぎた、ついに
何事も知られず偉人は去った。

何の不思議があろうか……人は
見ることに自ら預からねばならぬ。
魂に眺望をすべてもつ者だけが
一つの眺望の全体を見る。
偉人が過ぎ行く……誰がそれを知り得よう、
同じ情熱の輝きを感じず、

奴隷の束縛された目で見るような者は。

それもまたよし、遅すぎるとも、
なし終えた犠牲の眠るあたりに
涙ぐむ目で輝く光を、
また偉人の生涯が満月のごとく
清められた幻の中に、浮かび上がるのを見るならば。
さればその支配に委ねよ、束縛された我らをば。
子供達の子供達が、偉人がこの道を通り過ぎた
その日を心に留めるまで。

序文

フランク・メイスン・ノース（1）

最近は二、三世代前に比べて、個人とか個性というものがあまり重要視されていないのではないかと思ってしまう。それでも宣教師の伝道事業に関する諸資料を詳しく調べようとすると、いやでも伝記の世界に辿り着いてしまう。記録が力を持つのは、すなわち個人の信念、犠牲的行為、信仰など、個人が力を持っている、持っていた、ということにほかならない。ここに見られる変化はきわだっている。個人の力の確かな結果である構造組織が制度となり、しかも実際、その個人が依然としてどれほど重要であったとしても、人物よりも過程と構成に力点が置かれて強調されるのである。このような傾向をもった考え方は恐らく論理的ではあろうが、それでもやはり気づかれないまま正されないままでは、きわめて危険といえる。

そういった中、「人々の組織化」「時流の傾向」「固定観念」、それにお望みなら色々の「しがらみ」を加えてもよいが、私たちの行動範囲を抑制し支配するこういったものの只中にあって真の個性について意識するようになれば、私たちの日々は輝きを増し、精神は高揚する。ここにあるのは疑いもなく神が与えしものであり、このランバス監督の伝記においてピンソン博士が行っているように、このような人物にスポットを当ててくれる方は、私たちに恩恵を与えてくれる人々として位置づけられるべきである。

この世の基礎を形成する理想と信念は、キリストの福音を受け入れ、それを実践している人たちが共通して持っているものである。ランバス監督の主であり私たちの主であるキリストの真の弟子なら誰にでも許されていたわけではない、宗教的真理と活力の謎に満ちた源に、ランバス監督は近づくことができたということを、彼自身よりも先に否定することなど誰にできようか。

率直に言って、ウォルター・R・ランバスは宣教師になるために生まれてきたような人物である。彼は他の人たちが、時には遅々たる歩みの中で獲得するもの、すなわち天の王国への強い関心を、親から受け継いでいるようだった。彼が永年にわたる様々な奉仕活動を通じて、多くの国々での経験によって心をさらに豊かにし、得たものを惜し気もなく人々に分け与えてきたことは事実である。しかしこのような偉業と賜物《たまもの》の背後にあったのは、神に認められた精神的先駆者としての好奇心であった。踏み固められたありきたりの道をはずれ、歩んできた道が、決してかすんでしまうことのない光の糸を過去数世紀に生きた人々の知らない型へと織りなしてきたような――実際そんなに多いとは言えない――他の人たちと同様に、彼は十字架に切迫したものを感じていた。彼にとっては、キリストとなって苦しみ給う神の愛と、その愛に絶対の服従を誓う魂の忘我を意味する十字架だった。使徒から伝わる決意が、彼の血の中には燃えていた。彼は早くから宣教師の仕事を始めた。恐らく布教対象の国々という認識の下で地理を学んだのではないだろうか。「わたしはあなたがたを遣《つか》わす(2)」という、一度聞いたら弟子を使徒に変えてしまうあの言葉を初めて耳にしたのはいつのことだったか、覚えておられるだろうか。

前途に希望を抱いた生涯の物語は、南アメリカ、アフリカ、極東、ヨーロッパと多くの国々にまたがる。近代化した日本、朝鮮における愛国の悲劇、突然開国した満州、政治と教育の大改革の中にある中国、インドにおける国家意識の目覚め、ヨーロッパ人の政府の支配下にあるアフリカの諸部族、政治と貿易の発展のために再編成されたラテン・アメリカ、苦しみ、打ちひしがれ、不安の中に再編中のヨーロッパ。彼の生涯は国家や人種の不思議に満ちた地域を通り抜けてきた。騒然とした世界の中で行動したのである。彼の平静な豪胆さ、果てしない信仰心、危険を伴う新しい仕事でも直ちに受け入れる積極性などを私たちは忘れない。彼は激動する世界にあって、断固とした精神をもった人であった。彼と奉仕活動を共にした同僚たちは、彼が世界を広く旅したおかげで、よく知られた場所に戻ることができたことを決して忘れはしないであろう。彼は故国をどれほど遠く離れようとも、自分の国と自分の教会を心の中に携えていた。たとえ彼が不在でも、愛国心から生まれる高い理想と、教会のこの上なく幅広い政策を実現させる影響力は健在であった。彼がもたらす遠い国からのニュースは、見知らぬ人から聞かされる驚くべき意外な新事実のようにみなされることなく、あくまで親しい友からの友情と親しみに満ちた報告なのだった。メソヂスト派、その他を含むアメリカの教会の色々な事象と彼の関係は非常に親密であり、事実やその解釈に関する彼からのメッセージは、あえて大胆ないい方をさせていただくなら、外国に伝道するという考えも受け入れやすいものとしてしまう傾向が大いにあったほどである。彼を愛し尊敬していた教会、彼が常に忠実であった教派、という枠をはるかに越え、また互いに仲間意識を持って兄弟のように寛容な心で接していたメソヂストの別の宗派との親交をも越え、福音主義諸教派による注目すべき宣教師会にあって、違いなどは色褪せ忘れられたも同然の状態で、世界のための共通の奉仕の中で本質における一致こそが中心的事実とされ、そこでは彼はいつも歓迎され、安心していられるのであった。

二つのメソヂスト監督教会が一つになって宣教の仕事をすべきだとする彼の考えは、きわめて実際的な形で表明された。一八八六年のメソヂスト監督教会の宣教師協会の報告書の中に、次のような記録が残されている。「この一年間、私たちは南メソヂスト監督教会の熱心なクリスチャンであり、献身的な宣教師であるW・R・ランバス博士から活動のほとんどの分野で助力を受けてきたが、同師は家族の健康上の理由で北部に来ることを余儀なくされていたのである。彼は私たちと運命を共にしてきたが、その労が実を結び、北京でこれまでになされた中でも最も興味深い医療の仕事の一つを私たちのためにしてくれた」。

表題においても内容においても独特な二編の宣教文献が、ここにある。一つは『極地に向けて進む』で、シベリアにおける活動の黎明期について簡単に記録したものである。ランバス監督は言っている。「これが私にとって、東洋で最後の旅になるという実感をもっています。（中略）しかし私はこれまで、日本とアフリカでの布教活動の初期にも立ち会ってきました。そして今回、シベリアと満州でこの仕事の基礎を据えることができるなら、私は自分の仕事に満足できると思うのです。医師からは、手術を受けて二か月は入院しなければならないと言われ、ここに来ることにも反対されていました。ですが私はこの伝道を始めることを優先したい。それが私の希望なのです」。もう一つの印刷物は『アフリカの招き』と題されている。彼はスリルに富んだ記述を、次のような言葉を含む祈りでしめくくっている。「おお、神の御子よ、王が来たり給うのに備え、道を開かんがために命を捧げてきた先駆者や殉教者の故に感謝し奉ります」。このランバス監督の伝記では、彼を知り、愛し、その思い出を大切にし、彼と相似た精神を持つ人物が、「王が来たり給うのに備え、道を開かんがために命を捧げた先駆者にして殉教者」の物語を語っている。偉大な生涯である。この物語は、信念という貴重な財産の一つとして語り継がれていくことであろう。

一九二四年九月二十四日　　ニューヨークにて

訳者注

（1）Frank Mason North　ランバス監督の属していた南メソヂスト監督教会とは別のメソヂストの団体であるメソヂスト監督教会の監督で、伝道局の主事だったとき、ランバス監督といっしょに第一次大戦後のヨーロッパを訪問したことが、十三章に語られている。

（2）新約　マタイによる福音書　十章十六節

第一章　嬰児《えいじ》と一梱《ひとこり》の綿

地は天の喜びに満ち、ただの草木にも燃ゆるは神の火。
されど気づいて靴を脱ぐは真に見ること能うもののみ。
他は周辺に坐して野苺をつむ。

E・B・ブラウニング（1）

ここに一人の人間の物語を紹介したい。誰が創作した人物でもなく、私たちのために神が創りたまい、私たちのもとに現れ、私たちとともに生活し、自分の言葉を語り、自分の仕事をなし、そしてこの世を去った一人の人間の物語である。日時を記述し場所を特定し、あれやこれやと無器用に一つ一つ指し示して、「ほら、こんなことがあったのだ、これが彼の言ったことで、これが彼のしたこと、それはいつ、どこで…」などと言うのは退屈で益のない仕事であり、結局はそれぞれが乱雑に寄せ集められただけのものになってしまう。私たちには限られた時間や能力の中でこの程度のことしかできないとしても、その一つ一つが立派なもので人間的なものであれば、それもまた結構なことである。岩に化石として残されたマストドン［古代象］の足跡は単に足跡にすぎないが、それでも雪の上に兎の足跡を見るよりは、多くのことを語ってくれる。

どこから話を始めればいいのか、嬰児の話以外のどこから始められようか。歴史は生れ来る嬰児の連続によって先へと進む。そういうわけで、中国の上海《シャンハイ》という優雅な古都で、一八五四年十一月十日、ジェイムズ・W・ランバス博士とメアリー・I・ランバス夫人の間に一人の嬰児が生まれた。夫人は生まれた子供の青い目をのぞきこんで、「今朝九時ごろ、神は私たちを祝福され、私の腕に小さなかわいい息子を与えられた」と書き記している。夫人は子供をウォルター・ラッセルと名付けた。そのほか色々あったが、この子に必要なのはこれだけであり、こうして彼はウォルター・ラッセルとなり、多くの友人や家族からは単にウォルターと呼ばれるようになる。

出発点としてはこれでよいのだが、若干過去と未来を眺めわたしてみないことには話を進めることができない。このアメリカ人の赤ん坊が、何故中国で生まれることになったか。事情は複雑だ。それはちょうど、塀《へい》の割れ目に咲いた花のようなものといえる。その花についてすべてを知っている人は誰もいない。その過去はあまりに長く、輝かしいものである。誰から教えられるまでもなく分かっているのは――アメリカではなくて中国に生れたことには理由があるということ。同様に、この子が他の名前ではなく、ウォルター・ランバスと名づけられたことにも理由があるのだ。

それよりも二世代前にさかのぼり、ヴァージニア州のハノーヴァー郡で別の嬰児が生れている。彼は後にウィリアム・ランバス牧師（今では Lambuth だが、当時は Lambeth と綴られた）として、ボルティモア年会(2)の一員となった。アズベリー監督(3)（この人の名前が出てこなくなるのは一体いつのことなのだろうか）が多忙な手を下して、歴史の中で連綿として起こる事実の動きを変えたのは一八〇〇年のことで、「テネシーの荒れ地で」アメリカ原住民に伝道するためにウィリアムを派遣したのだった。当時の巡回説教師は、ひたすら自分が遣わされるところに赴《おもむ》くだけだった。一つには、どこが良いのか悪いのか分からないということもあった。この「荒れ地で伝道した小さな説教師は、はるか西部のテネシーやケンタッキーのアメリカ原住民たちの中でその使命を果たし、一八三七年にテネシー州ウィルソン郡ファウンティン・ヘッドの近くで汚点のない伝道の記録を閉じることとなった」。この地で、十九世紀最初の年に彼に一人の息子が生まれ、洗礼を受け、ジョン・ラッセルと名づけられる。この息子は十六才のときには説教をしており、二十才でケンタッキー年会に加わった。彼は志願して、ルイジアナのクレオール［フランス移民の子孫］や、その他のアメリカ原住民たちへの宣教活動に従事し、開拓者の足跡を辿ってはるか南部に向かって出発した。

一八三〇年には、アラバマ州のグリーン郡で野営集会を開いていた。突然、彼は何の予告もなく、その集会から去って行った。戻ってくると、彼は次のようなユニークな披露を行なった。「男児誕生の知らせを受けて、家に呼び戻されていたのです。神に対する心からの感謝をこめて、国外での伝道の宣教師としてこの子を主に捧げました。そして今、この子とともに送り出すべく一梱の綿(4)を加えます」。風変わりとお思いだろうか。確かに風変わりではあるが、高潔な魂がその風変わりなやり方で、自分でも気づかないうちに梃《てこ》をこの世の下に置いてこの世を持ち上げる、そんなタイプの風変わりさであった。現在の歴史家がこのような事実を解釈できるようになったとき、私たちは至福の時代に向かって近づいているといえるだろう。時はまさに、近代宣教時代の黎《れい》明期だったのである。

アレキサンダー・ダッフ(5)は二度の難船を乗り越え、カルカッタに到着したところであった。ウィリアム・ケアリー(6)はインドで、ロバート・モリソン(7)は中国で宣教活動を続け、アドニラム・ジャドスン(8)は焼きごてによる傷痕を新たに五つも身に帯びながらビルマでの伝道を再び企画中であった。ロバート・モリソンが中国で最初の改宗者を得てからちょうど十六年、ニューヨークでメソヂストの宣教師会が組織されて十一年、南メソヂスト監督教会の最初の宣教師チャールズ・テイラー博士が中国に向かって船出する十八年前のことであった。テイラー博士は、モールス教授が電信の発明にいそしんでいた頃のニューヨークで勉強しており、世界を変貌させる発見の初期の段階で、彼の助手をしていたこともあった。一八〇七年にハドソン川で最初の汽船クレアモント号が進水した話はそう遠い昔の出来事というわけではなく、汽船による大洋航行はようやく実験の段階にこぎつけたばかりだった。世界は小さくなりつつあった。それから十年もすれば、英国と中国との間におよそ神聖とは言い難い阿片戦争が起き、中国の五つの港が外国人のために開かれることになる。

朝の陽光を受けて紅に輝く山頂がある一方で、低地はまだ闇の中で何も知らずに眠っている。同様に、その敏感な精神が新時代の光を照り返し、神による創造の興奮に打ち震えている丈高き人がいる一方、愚鈍で感覚を失ったような人間は、古い時代が死に絶え、新しい時代が生まれつつあることにもまるで気づかずに眠っているのだ。これは戦争や貿易、勢いを欠く電光、征服された大洋といった数多くの言葉で、神が「大いなる委託」を書き直されている時でもあった。それはキリスト教の説く兄弟愛がこの世を支配するか、若しくは異教の残忍さによって悲しむべき荒廃がもたらされるか、を示していた。

嬰児と一梱の綿！　嬰児はジェイムズ・ウィリアムと名付けられ、ミシシッピー州マディソン郡で育った。家族の属していた教会はマディソン教区のパール・リバー教会。彼を記念して近隣の人たちの寄付金で建てられた質素な記念碑は、人的なものであれ物的なものであれ、消えゆく過去の記念建造物が僅かしか残っていない国において敬意を表すべき彼の物語を語っている。繁栄の時期は過ぎ去りつつあり、それとともにこの初期の頃に重要な役割を果たした人たちもまた、過去のものとなりつつあった。教会自体も、かつてランバス父子が信仰を説いた者たちの子孫である有色人種の手に委ねられそうになっていた。

ジェイムズ・ウィリアム・ランバス
パール・リバー教会

ジェイムズ・ウイリアム・ランバスは開拓者たちにもまれるように成長し、牧師となり、丸太小屋で黒人たちに説教をすることから始めた。中国伝道への呼びかけが彼のもとに届いたとき、彼はただひとこと、「行きましょう」とだけ言ったという。

これがウォルター・ランバスの父で、三代にわたる伝道者としての情熱がその血の中に脈打ち、馬にまたがり進軍ラッパを吹き鳴らし、困苦を乗り越えた先祖たちの英雄的な伝統が、その心の中には息づいていた。

メアリー・I・マクレランとその家系

当時も今と変わらず、ミシシッピーには若さと愛、そしてロマンスがあった。一人の若い婦人が家庭教師か学校の教師としての職を求め、はるばるニューヨーク州から来ていた。彼女の名はメアリー・I・マクレラン、若き伝道者J・W・ランバスがその愛と結婚の承諾をかち得ていた。ミシシッピー年会の宣教師大会で、この年若き婦人は献金箱に一枚のカードを入れた。そこには「五ドルと、私自身を捧げます」と書かれていた。この捧げ物が一梱の綿と男児以上に重要でないと、誰が言い得よう。

ジェイムズとメアリーの結婚

彼女の内には、盟約派(9)の血が脈々と流れていた。その名はスコットランドの名家に由来し、はがねのような響きをもっていた。彼女の先祖はスコットランドのゴードン家とマクレラン家であった。ストラスボーギのジョン・マクレランとニコラ・ゴードンの両家の間には愛の縁組が結ばれていたが、誇り高く有力なゴードン一族(10)には容認されず、ゴードン公爵は二人の娘を勘当し、彼女らは押しつけられた自由と平民の身分を受け入れてアメリカにやって来たのだった。

ゴードン家には三百年にわたって戦争、反乱、入獄、処刑などが続く波乱万丈の歴史があった。一族の一人はジェイムズ二世(11)を擁護し、もう一人はエドワード一世(12)を、さらにもう一人はチャールズ一世(13)を擁護した。フロッドンの合戦(14)と、カトリック教徒に抵抗したいわゆる「ゴードンの乱(15)」は、同家の年代記にも載っている。メアリー・マクレランの性格というスコットランド花崗岩には、鉄の染みがこびりついていたのだった。逆境がおとずれると、メアリーがニューヨーク州ワシントン郡の家を離れ、はるか南部に思い切って出てきたのも不思議ではない。グローヴァー・クリーヴランド⒃は彼女の家系では母方の血を引いており、ジョージ・B・マクレラン将軍⒄は父方の血を引いていた。彼女は生来の冒険好きで、東洋で犠牲的な奉仕を尽くした生涯を終え、労苦にまみれた体を中国に埋葬されるまで、中国のために五ドルと自らの生涯を捧げるという申し出を躊躇したり、倦《う》み疲れたりすることを知らなかった。

このようにしてウォルター・R・ランバスの両親は信念に基づいた大冒険を敢行し、遠く離れた神秘の地で宣教師になるということが今とは比較にならないほど大変だった時代に、その若き勇敢な顔を中国に向けたのだった。二人は不思議な一連の出来事が起きるなか行動を共にし、一つの共通の目的をもつに至った。夫は祖先をイングランドに持ち、ヴァージニアを経由して、開拓者たちの進んだ道に従って西へ南へとうんざりするような巡回宣教師の旅を続けてきた。妻の方はスコットランドのミックルモンを出て、祖母方の父親の激昂《げっこう》と事業における不運、そして恐れを知らぬ勇気が推進力となって、ニューヨーク経由で来ていた。彼は三代目の巡回伝道者で、その伝道の使命に対する情熱が西部と南部の未開拓地で彼を押し進めてきたのだが、今や広大な太平洋をも越えようとしていた。彼女はスミスフィールドとグレイフライアーズで殉教した祖先の気質を、心の中に受け継いでいた。

二人はみなに別れを告げ、一八五四年五月六日、午前十時ごろ小さな帆船「エアリアル」号でニューヨークを出帆した。当時は快速で平穏な航海をさせてくれる豪華客船などはまだなかった。船は大西洋を南下し、赤道を越えて希望峰を回り、アフリカ大陸に沿って回航し、インド洋を北上して再び赤道を越え、マライ諸島をぬけ、フィリピンから支那海を北上して一万六千マイルを「航海し漂流する」ことになる。嵐の日もあれば風がそよと吹かないこともあり、船酔いに苦しみ、単調で退屈な日々を過ごし、悪い水に黴《かび》の生えたパン、窮屈な船室と息詰るような暑さに耐えて百三十五日間、彼らは航海し漂流し、壮烈な旅を続けたのだった。そしてようやく中国に到着。それから二か月以内に子供が生まれることになるのだが、この子こそ、本書の主人公となるのである。

何という親子のつながりだろう。一点に収斂《しゅうれん》してゆく一連の作用の不思議さ、そして様々な出来事の神秘的な結合。何世紀もかけて積み重ねてゆくその目的を神がいかなる手段で運び給うか、私たちは知る由もない。神はそれらの目的を筏《いかだ》に乗せ、人の血の川を下らせ、脳と神経繊維のうす暗い神秘の中にとじこめ、伝統にのっとった家庭生活を送る中で勇壮なメロディーを歌い続けさせ、あるいはペンテコステ[18]の風に乗せて吹き送り給うのであろうか。人は遺伝について学問的に語り、また学問的ではないかもしれないが優生学について語り、最近では理想を持つ心のあり方について語る。興味深いことである。私たちに絶えず推測させ、科学のいかめしい名で呼ぶことのできる何かを提供してくれる。私たちに分かっているのは、神は開拓者たちが一世代で御計画の前進を阻むことはお許しにならないということである。神のメッセージが一つの言葉、一つの行為として具体化されるには、四世代を要するであろう。神は忍耐強い方なのだ。

異国で生れ、敬虔な母が神からの贈り物として受け入れたこの子供は、不思議に未来を告げる過去から遺産を受け継いでいる。二つの根強い流れが合流し、三代にわたって一つの流れを形成してきたのである。開拓者を行動に駆りたてる強い衝動と勇気、伝道者のもつ理想と情熱が見知らぬ海をわたり、新しい大陸をつきぬけ、未踏の荒野を越え、開拓者のあばら屋やアメリカ原住民の天幕小屋、あるいは黒人奴隷の丸太小屋で彼らと起居を共にしながら、ますます広がりゆくおのが道を押し進めてきたのだが、それはさらに前進を続けて世界を回り、そしてこの十一月の朝、無力な青い目の嬰児という姿になって、第四世代の境界を越えて飛翔する。使徒パウロは、テモテに「初めはあなたの母エウニケに宿って[19]」今は彼に宿る「神の贈り物」のことを想い起こさせたとき、そのような考えを心中に抱いていただろうか。こうした永遠不変の奇跡を目のあたりにすれば、驚嘆して見ている子供たちの目にイエスが天上の王国の永続する黎明を見給い、子供たちの無邪気で無意識な存在の中に、その前では国王も頭を下げるべき潜在的な力強さと、すべての価値の尺度となるべき真の価値を見給うたことは驚くには値しないし、この若き母親が神への感謝の祈りをもって初子を喜び迎え、母としての責任を祈りとともに受け入れたことにも驚かないのである。一か月間小さいウォルターのことを色々考えたのち、彼女は故国の友人に次のように書き送っている。「一か月前、愛する幼いウォルターが私たちの心と腕に与えられました。とてもかわいく、このようなかわいい子を与えられたことを私たちは感謝しています。どうか私たちが、イエス様のためにこの子の世話をし教育をすることができるよう、神がお助け下さいますように」。この四代目の始まる時点で、神の強制力が決して勢いを失うことはないであろうことは容易に予測できる。

訳者注

（メソヂストとジョン・ウェスレーについて）

メソヂスト教会は十八世紀に英国のジョン・ウェスレーによって始められたプロテスタントの教派である。John Wesley (1703-1792) はイングランドのエプワースで、英国国教会（聖公会）の司祭であったサミュエル・ウェスレーの第十五子として生まれ、オックスフォードで学び、二十八才で国教会の司祭になり、オックスフォード大学助教授になったが、その間に弟チャールズ（讃美歌の作者として知られる）等とホーリー・クラブを組織する。一七三五年に宣教師としてアメリカにわたり、ジョージアで伝道活動をするが成功せず帰国する。船中で会ったモラヴィア兄弟団の人達から影響を受け、早くから神秘主義思想の影響も受け、「完全の教理」を生み出す。聖潔な規律正しい生活を実行し、貧民、病人、囚人などを積極的に訪問して伝道したので他の人達から methodist（方法を重んじる規則正しい生活をする人の意味）と冷笑的に呼ばれたが、後にこれが教派の名称となった。彼自身は国教会を離れて新教派を立ち上げる意図はもともとなかったようであるが、その運動が国教会に認められなかったので、結果的に新しい教派の創始者となり、一七三九年にブリストルに最初のメソヂスト会の教会を建てた。アメリカでは南北戦争の影響で分裂し、Meshodist Episcopal Church（メソヂスト監督教会）と Methodist Episcopal Church, South（南メソヂスト監督教会）の二教派となった。ランバス監督の属していたのは後者の方である。

（1）Elizabeth Barrett Browning (1806-61)　英国の女流詩人。やはり詩人であるロバート・ブラウニングの妻。

（2）「年会」の英語は Conference で、メソヂスト教派の教職者の公式の組織と集会のこと。

（3）Francis Asbury (1745-816)　英国のバーミンガムの近くで生まれ、ウェスレーによってメソヂストの宣教師としてアメリカに派遣されるが、帰国命令を拒否してデラウェアーの市民となり、アメリカにおけるメソヂスト監督教会の設立で重要な役割を果たし、ボルティモア年会で監督に任命され生涯その地位にあった。なお監督は bishop の訳で、英語では同じだが、日本語の場合、カトリック教会では司教、聖公会や正教会では主教、メソヂストでは監督と訳される。

（4）a bale of cotton　米国では約五百ポンドの綿を圧縮し固く縛ったもの。それはいつでも相当な金額に換金が可能であった。

（5）Alexander Duff (1806-78)　スコットランドの宣教師。インドで伝道し、カルカッタにミッション系の大学を設立したり、カルカッタ・レヴューを創刊したりした。

（6）William Carey (1761-834)　英国の東洋学者で宣教師。靴屋を業としたが、初めてインドに伝道をしたバプテスト宣教会の設立を助け、インドで学校や教会を設立したり、聖書の四十近くの言語や方言への訳を出版した。

(7) **Robert Morrison (1782-834)** スコットランドの宣教師で、プロテスタントでは初めて中国に伝道した。聖書を中国語に翻訳し、中国語辞典を作り、マラッカに大学を設立したりした。

(8) **Adoniram Judson (1788-850)** ビルマで伝道したアメリカのバプテスト系宣教師。ビルマ語辞典を編纂した。

(9) **Covenanter** と呼ばれ、十七世紀のスコットランドで、カトリックおよび国教会の勢力から長老主義を守るために誓約を結んだ、国民盟約 **(National Covenant)** および厳粛同盟 **(Solemn League and Covenant)** の盟約者のこと。

(10) 十五世紀以来ハントリーの伯爵（のちに侯爵に昇格）、十七世紀以来ゴードンの公爵を代々継いでいるスコットランドの名門貴族で、何代かにわたって宰相としてスコットランド王家を助けた。三代目の伯爵アレクサンダーは、一五一三年にフロッドンで前衛部隊を指揮してイングランド軍と戦ったが、破れて国王ジェイムズ四世は殺された。三代目の公爵ジョージは一七八〇年にロンドンで反カトリックの暴動を指導し、カトリック教会を破壊したりイングランド銀行を攻撃したりして、一週間市内を暴れ回った。俗にゴードンの乱と呼ばれる。

(11) スチュアート家四代目のイングランド国王（在位一六八五ー八八）。スコットランド王を兼ねていたが、スコットランド王としてはジェイムズ七世である。兄チャールズ二世のあとを継いで王になったが、カトリックに対して特別の好意を示したので、カトリック独裁を恐れた貴族達に王位を追われた。いわゆる名誉革命である。このとき王を支持した人達は **Jacobite**（ジェイムズ党）と呼ばれる。ジェイムズ二世を擁護したのは、四代目のハントリー侯で、また初代のゴードン公でもあるジョージ・ゴードン（ゴードンの乱のジョージとは別人）と、その息子で第二代公爵アレクサンダーである。

（12）イングランド王エドワード一世は十三世紀のプランタジネット家の王で、ゴードン家とは関係ないはず。多分著者の勘違いで、ジェイムズ一世の間違いではないかと思われる。ジェイムズ一世ならスチュアート家初代のイングランド王で、エリザベス一世に子供がなかったため、女王の従兄弟の孫に当たるスコットランド王ジェイムズ六世が迎えられて、イングランドのジェイムズ一世となった（在位一六〇三－二五）。いわゆるジェイムズ王聖書（欽定訳聖書）の編纂を命じた王として記憶される。ジェイムズがまだスコットランドにいたとき、初代侯爵のジョージ・ゴードンが、王を幽閉から救い出す手助けをしたことがある。

（13）上記ジェイムズ一世の子で、チャールズ二世およびジェイムズ二世の父に当たり、クロムウェルの清教徒革命で処刑された（在位一六二五－四九）。第二代侯爵のジョージ・ゴードンは国王の側に立ち、国王と同じ年にスコットランド議会によって処刑された。

（14）**Flodden Field**　フロッドンはイングランド北部ノーサンバーランドの、スコットランドとの国境の近くにある。注（10）参照。

（15）注（10）参照。

（16）**Stephen Grover Cleveland (1837-908)**　アメリカ合衆国第二十二代および第二十四代大統領。

（17）**George Brinton McClellan (1826-85)**　アメリカの将軍。南北戦争で活躍後、民主党の大統領候補となるが、選挙でリンカーンに破れる。その後ニュージャージー州知事も務めた。

（18）五旬節、また聖霊降臨祭。ギリシア語で「五十日目」を意味し、種入れぬパンの祭の七週間後に行われたユダヤ教の祭であったが、キリスト教では、この日にイエスの弟子たちが聖霊に満たされて、教会の基礎が築かれたことを記念する。新約　使徒言行録第二章参照。

（19）新約　テモテへの手紙（二）一章五節　「そして、あなたが抱いている純真な信仰を思い起こしています。その信仰は、まずあなたの祖母ロイスと母エウニケに宿りましたが、それがあなたにも宿っていると、わ

たしは確信しています」（日本聖書協会『新共同訳』による。以下聖書の引用はすべて同じ）

なおランバス博士の両親については、本文中の記述を参照していただけばよいが、フルネームと生年没年だけここに記しておく。

James William Lambuth 1830-92　　Mary Isabella Lambuth 1833-1904

第二章　東方の園

主なる神は、東の方に園を設けられた。

創世記　第二章八節

ウォルターの少年時代

ウォルター少年は、本来すべての子供が受けるべき権利、素姓のよい家に生まれること、を受けて人生を歩み始めていた。また、三百年の歴史を持つ同家の教育を続けて受けるために好都合な条件も、生まれながらにして与えられていた。彼はこうして今から七十年前(1)、宣教師に許されていたささやかな生活と質素な家計の中、中国に生を受け、この地球を初めて見たのだった。そこにはすでに「東の方の園」が築かれていたが、それは神の造り給うた最も偉大なる魂の園であり、教養あるクリスチャンの家だった。

小児用寝台（もしそのようなものがその家にあったとすればの話だが）に寝かされたウォルターを想像してみよう。大きく見開いた青い目は母に向けられ、母親は一方の手でウォルターをあやしながら、他方の手には一冊の書物をもっており、彼女の周りには熱心な表情の中国の少女たちが集まっている。母親は両方の手で、宣教師としての任務を果たしているのだ。少年の最初の意識には、そのような印象が記録されたのであった。目覚めつつある心が最初に抱いた関心は、母親、その手にある書物、そして黄色い肌の人々に集中されることとなった。彼の初めての交遊関係、遊び仲間、恋人などは、見知らぬ土地のこういった優しい人々の中で形成されていったのだった。

ランバス監督は、最初の記憶は上海の宣教師住宅の玄関の下まで這い寄ってきた小さな蟹《かに》を捕まえたことだとよく語っていたが、これは藁《わら》のござの上で腹ばいになっていた時の出来事だった。傍には遊び仲間のモタタがいたが、彼女は赤ん坊のとき天然痘にかかったまま両親に放置され、草むらの中で瀕死の状態にあったのを、ランバス少年の母に救助されたのだった。この子は成長して立派なクリスチャンになり、彼女の娘は朝鮮のユン・チホ男爵の最初の妻となった。小さなアメリカ人の少年とモタタが蟹捕りに興じている間、J・W・ランバス夫人は中国の婦人たちや娘たちに裁縫を教えたり、讃美歌や聖句を覚えさせたりしていた。

次に彼が記憶しているのは、月蝕《げっしょく》である。月蝕の間、町中の通りは大変な騒ぎになっていた。騒いでいたのは中国人たちで、彼らは凶暴な月がおとなしい月を呑みこもうとしているのだと思い、銅鑼《どら》を叩き爆竹を鳴らして脅《おど》して追い払おうとしているのだった。クリスチャンでなかった料理人は、月が一番暗くなって月蝕が最高潮に達した頃に、中庭から家に駆けこんできて、おとなしい月が消えようとしていると叫んだ。そこでウォルター少年の母が月蝕について説明してやると、迷信からくる料理人の恐怖は消えてなくなり、再びすばらしい満月が姿を現わすと、説明が本当だったことに満足している様子だった。それから数年後、ランバス夫人は中国語で天文学を記述し、それは天体の運動について中国の人々がよりよく理解する助けとなった。

ウォルターは成人してからも度々経験しなければならなくなること、すなわち愛する人たちとの別れという問題に、幼少のころから直面する。彼がようやく四才になろうとする頃、母は次のように書いている。「ウォルターは、説教のためにパパが田舎に行ってしまったものですから、戸惑っているようです」。これは明らかにウォルターにとって初めての心の問題の一つでもあり、実際には最後の一つと言ってもよかった。というのは、彼は父や母や家庭の愛よりも大きな愛というものについて、きびしい教訓を学び始めていたからである。

ウォルターは六才(2)の頃、父に連れられて城壁で囲まれた町の中の教会に行った。礼拝を執り行なっている間、息子が退屈しないようにと、父は絵本を持っていった。眠ってしまって、椅子から転げ落ちたりしないように、ランバス博士は両側に扉のついた古風な説教壇の中に床几《しょうぎ》を置き、ウォルターにその上に坐って説教が終るまで絵本を見ているように言って聞かせた。後ろの扉が閉められると、ウォルター少年はびっくり箱の中にでも閉じこめられたような気持ちになった。しばらくの間、少年は鼠《ねずみ》のように息をひそめて、本のページを繰っては挿絵に見入っていた。説教は長く、退屈になってきた少年は大きなあくびをし、そっと床几の上によじ登り、説教壇ごしに顔の上半分だけのぞかせて、「はるかに遠く幸せな国があって……」と歌い始めた。父は説教を中断して後ろを振り返り、中国人の会衆はどっと笑ったので、もう少しで集会が台無しになってしまうところだった。

もこもこになるまで衣服を着せられて、屋形船《やかたぶね》で遠出ができたその日は、ランバス少年にとって素晴らしい一日となった。父といっしょに出た初めての旅でもあった。「ウォルターは父親といっしょに屋形船で蘇州《スーチュー》に行き、四才で宣教師の仕事を始めました。というのも、中国では外国人の子供がいっしょの方が喜んで話を聞き、パンフレットも進んで買おうとするからです」。母は息子と初めて離れる寂しさに耐えながらも、息子の宣教活動についての予見と予言を心に秘め、このように書いている。その旅のすごさは驚嘆に値する。読者の皆さんは初めての旅のことをご記憶だろうか。もし覚えておられるなら、汗だくになって長い櫂《かい》をきしませながら昼夜の別なく漕いでいる騒々しい船頭たちが操《あやつ》る風変わりな船の見事な隊列、岸に立っている村人たちの姿、広々とした稲田を目の当たりにし、魚網、鳥、偶像、寺の鐘の音などについて疑問の絶えない状況で、四才の少年がどんなスリルを感じたか、ある程度想像がつくに違いない。「橋を見るだけで喜んだ」ことも別に不思議ではない。橋は、何世紀にも渡ってもっと年上の人たちも楽しませてきたのだ。彼の父が母に宛てた幾つかの手紙を読めば、普通の少年が驚きの連続に好奇心を刺激され、驚嘆と疑問の間を揺れ動き、我を忘れるほどの歓喜に興奮している様子が分かる。それでも少年は、家庭と母への子供らしい健全な思いを忘れてはいなかった。寝る前にはお祈りのあとに、「明日は家に帰れますように」という願いを言い添えるのだった。

初めての別離でもあったこの最初の旅行は永遠に続くかと思われ、帰ってきてからも旅に出る機会は増え、初めて田舎を長距離にわたって歩いたり、「男らしい歩き方だ」とほめたたえられたり、旅を続ける習慣も彼の友人たちにはすっかりなじみ深いものとなり、友人たちにしてみれば少々重荷に感じることもあった。多くのことを知り、徒歩で旅し、船で旅し、それに外国人の子供を見たがる限りなく興味深い人々との出会いを繰り返しながら、ウォルター少年は何度も世界をめぐり、多くの見知らぬ海を渡り、未知の国を越えてゆくことになるのだった。

母とともにアメリカへ

それから一年後、宣教師たちの心を度々悩ます出来事の一つが起きた。ウォルターの母は息子とその幼い妹を、二人の健康と成長のために、よりよい環境を求めてアメリカに連れて行くところだった。一八五九年十月一日の母の日記には、次のように書かれている。

> 神の創造し給うた中でも文化のおくれた国にあって愛してやまない我が家と学校に別れを告げ、涙はとめどなく流れ、心は悲しみに沈み、一週間近くが経つ。別れを告げたのは何故か。それは神が与えて下さった可愛い子供たちを、もっときれいな空気の中でキリスト教教育の恩恵を十分に受けながら育てられる家に連れてゆくためである。私は自分の義務を果たしていると信じている。もし果たし

ているのであれば、私には天からの加護があるだろう。もし果たしていないなら、どうか神様、進むべき道をお示し下さい。私たちが錨をあげて上海の幾多の友人たちに別れを告げたのは月曜日のことだった。火曜日にはさらに辛いことが待っていた。夫と最後のキスをして、別れの言葉を交わさなければならなかったのだ。小さなミーチャー号が波涛を越えて遠く滑るように進んでゆくにつれ、いとしい人の姿が急速に視界から消えてゆくのを見るとき、私の心を突き刺す痛みがどれほどであったか分かってもらえたらと思う。でも人間の口でそれを伝えることはできない。人を愛し、ともに愛に生きた人以外には分からないことである。

ウォルターの遊び仲間に、中国人の少年が二人いた。その一人ザウ・ツ・ゼーは、後に有能な説教師で最初の長老司(3)になった。もう一人の少年ランバス(4)も、説教師になった。

航海中は嵐の日もあれば凪の日もあり、波がさかまく日もあったが、教育はいつもどおり行なわれた。すなわち「聖書の勉強と讃美歌」である。「可愛い少年は、よいことを教えてもらうのをとても楽しんでいるようだ。習い覚えたいという欲求が増すことを切に願ってやまない」。このように学んだり遊んだり、ボルネオの小高い山々を見ながら大はしゃぎで踊ったり、熱帯の嵐におびえて泣いたりしながら、ランバス少年は洋上で五回目の誕生日を迎えた。「とうとう米がすっかりなくなって数日経過し、子供達はマカロニとパンを食べている」。そして神が救いの手を差し伸べて下さることを信じる以外に、どうしていいのか何と言っていいのか、母親が困っているところで彼らは目的地に着いた。一同は百九日間、危険を伴う旅を続けたのだった。

子供たちがまだ幼いとはいえ、母親が彼らといっしょにアメリカに留まっていたいと思っていたとは思えない。ナッシュビルの新聞クリスチャン・アドヴォケイトには、この一行がD・C・ケリー博士の客としてナッシュビルに来たことが記録されているが、博士の娘デイジーは後にウォルターの妻になっている。同紙の記事はウォルターのことを、「目鼻立ちの整った利口な子供で、英語よりも中国語で話すことの方が多い。地球の反対側で生まれ育ったのだから」と報じ、さらに次のような問いを投げかけている。「加えてランバス夫人は来たる四月十五日に再び船で旅立つ予定だと申し上げたら、読者の皆さん、中でもお子さんをお持ちのお母様方はどのようにお考えになるだろう。今一度家を離れ友人たちと別れ、今度は子供たちとも別れて献身的に伝道をしている夫のもとに戻り、宣教師の仕事を続けられる」。「主キリストを愛する心が導くのである」。

ランバス夫人がアメリカに滞在した期間は、中国からアメリカに戻るのに要した期間よりも短かった。故郷の家と愛する人たちを離れて、すでに五年が経っていた。子供たちは十分に面倒をみてもらえるところに預けられていた。彼らの祖父マクレランは子供たちの父に、一八六〇年二月二十七日付けで次のように書き送っている。

小さい二人の子供たちの将来性には、私の期待を超えるものがあります。二人に神を深く愛する必要を教え、さらには成熟して多くの哀れな異教徒たちの心を物言わぬ偶像の礼拝から生ける神への奉仕に向けさせるための名誉ある器に成長できれば、それは主の御心に叶うことだと願っています。私たちとしても、二人に立派な倫理教育を与えるために骨惜しみすることは一切ないつもりです。

ウォルターはニューヨークに住む祖父マクレランの家に、約二年間、滞在することになる。そしてこの幼い少年が父母のことを度々恋しく思っていたのは間違いないとは思うが、すぐれた倫理教育を受け、愛情に満たされていただろうということも想像に難くない。祖父は次のように書いている。「ウ

ニューヨーク州ケンブリッジで

ォルターとネッティーは毎朝、いつも進んで家族の者たちといっしょに家庭礼拝で聖句を暗唱し、繰り返しちょっとした質問をすることに興味をもっているようだ。ウォルターは優秀な子で、今後が楽しみだ」。このスコットランドの長老派の家庭で過ごした二年間に、どのような種類の教育が、どれだけの熱心さでなされたか想像できよう。しかし想像するまでもなく、記録の幾つかは手元に残されている。ウォルターの娘による次のような記述がある。

父は子供の頃、何か悪いと思うことをすると、空が自分の上に落ちてくるんじゃないかと心配したものだと、いかにも愉快そうに話してくれたことを覚えている。父はほんの幼少の時期を、ニューヨーク州ケンブリッジにある母方の家で何か月も過ごしている。その家の人たちは極めて厳格な合同長老派の信者だった。安息日になると父は日曜学校と教会に行き、讃美歌を歌うことを許され、午後には墓地を散歩するのを常とした。メソヂスト派の讃美歌を口笛で吹いたり歌ったりすることは、固く禁じられていた。ある日曜日の午後、父と幼い従兄弟の一人が、いつになく気をそそられて、こっそり忍び出て墓地に行き、木に登って幾つかのメソヂストの讃美歌を口笛で吹いたりした。日曜日は少々長く感じられる日だった。なにしろ説教が二つあり、それぞれが一時間かかったし、二つの説教の間に出席する日曜学校は、さらにもう一時間かかったのだから。ウォルターは最初の説教の間は、牧師の娘で反対側のベンチに座っている六人の少女たちがかぶっている大きなボンネットに付いている薔《ば》薇《ら》の数を数えたりしながら、起きて結構元気にしていた。二度目になると、祖母に抱きかかえられるようにして、説教の内容よりも祖母に心を奪われているように見えた。というのも、こっくりこっくりし始めると祖母がシナモンかハッカ入りドロップを一個握らせてくれるからで、祖母は左の手袋か、常に持ち歩いている手提袋にこういった菓子を忍ばせていたのである。日曜日の午後は、当時支配的だった古いピューリタンの考え方に従って、叔母か叔父か、あるいは墓石に刻まれた墓碑銘を読みながら静かに恭《うやうや》しい態度で歩き回る若い人たちといっしょに墓地に行く以外、教会の敷地から外に出てゆくことは許されなかった。犬ころのように元気いっぱいだった父は口笛を吹くのが好きだったのだが、日曜日に口笛を吹くという前科が一、二度あったため、教会の裏庭の向こうにある丘のふもとに連れていかれ、心を静めて行儀よくできるようになるまで、小川の岸に座らされたことがあった。近くに誰もいなくなると、父は柳の木に登り、てっぺんから周囲の風景を見渡すという計画に取りかかったが、その高いところに座って、心ゆくまで口笛を吹き始めたのだった。

この行為はすぐに見つかり、さらには翌朝のお祈りの最中に、遊び仲間だった同じ年ごろの叔父とにらめっこをしていて大笑いしてしまったことと合わせて、父は祖母に柳の小枝で鞭打たれるという処罰を受けることを命じられた。若い叔父の方が先に鞭を受けることとなり、その細枝から身をかわせるほど機敏ではなかったので、ひどい目に会ってしまった。だが父は違った。祖母の後ろに隠れ、服の裾をつかんで右に左にとすばやく避け、祖母がどちらを振り返ってもいつも後ろ側にまわっていた。あまりにおかしかったので祖母もとうとう笑いだし、一息つくために座りこんでしまい、許してくれたのだった。

祖父も厳格なことでは劣らなかった。鞭を激しく振るうことはなかったが、子供たちにはよく勉強させ、勤勉さと、彼らの教育の中でも最も必要とされる要素の一つである正直な努力がいかに大切かを教えこんだ。靴磨きにおいてさえ、決して忘れることのできない教訓を得た。爪先以上にとは言わないまでも、爪先と同じぐらい、かかとにも墨を塗ってよく磨くべきだというのが祖父の意見だった。「お前に見えるのは自分の爪先だが、他人はかかとを見ているのだ」と言い、一か所で丁寧な仕事をして他の部分では手を抜くというのは不誠実だと考えていた。土曜日の夕方には、二人の少年は台所で小麦粉の樽の傍に立って聖句をいくつも覚え、その樽の上の幅広い板の上では、祖母が日曜日に備えて小麦粉をこねていた。安息日にはできるだけ料理をしないようにしていた。そして夕方には牛の乳搾りや雑用が終わった後、聖書に登場する英雄的な人物の話が語られ、教義問答集抜粋の一部が暗唱されて、夕食は平鍋でパンと牛乳から作られた。質素な生活と高遠な思索、そして人生の大きな目標が一日の行動原理であり、夜への備えだった。

南北戦争

この時期、南北戦争が勃発し、国は火をつけたように興奮のるつぼと化した。熱心で感受性の強い少年の心に、この恐ろしい出来事がどんな印象を与えたかについては記録は何も語っていない。しかし少年の心に深く影響を与えないはずはなかった。ここで七才の子供の心象に植えつけられた戦争の何とも言えず冷たく恐ろしい影響について考えてみよう。ニューヨークは戦場とは遠く離れていたが、お茶を飲みながらそのことについて語られたであろうし、家庭礼拝でも話題に上ったことは間違いない。黒人奴隷や合衆国の団結の維持という重大な問題について、このスコットランド系の家庭が中立でいたとは思えない。それに祖父の親戚であるジョージ・B・マクレラン将軍は北軍の少将だったではないか。幼いウォルターも様々なことを耳にし、それについて考え、声を大にして問うことはなくとも、心の中で幾つかの問題を自問したに違いない。彼の敬虔な祖父ランバスも奴隷を家に置き、ミシシッピーやテネシーは南部ではなかったか。彼の頭と心の肥沃な土壌に種がまかれ、後年アメリカとアフリカで、黒人に対する誠実な友情となって実を結んだということは十分にあり得ることである。南部で学んだことからも、北部で聞いて感じたことと同じぐらい影響を受けたはずである。

一八六三年には、ウォルターは一八六一年にアメリカに戻ってきていた父母といっしょにミシシッピーにいた。このときには戦争の恐怖に加え、若き日に体験した最初の大きな悲しい個人的出来事が起きている。妹のネッティーが猩紅熱で死んだのだった。初めて経験する神秘的な悲しみは、幼い人生の中に深く入りこんできた。このようにしてウォルターは八才そこそこで、海の恐ろしさ、別離、ホームシック、戦争、病の恐怖、先立たれる悲しさなど、人生の悲劇的経験の厳しさを感じたのだった。高熱を伴った激しい震動によって岩の中に貴重な金属の層が形成されるように、光り輝く貴重な宝物が魂の中に蓄えられるには、どれだけ不安で苦しい経験を経なければならないのだろう。

このころ、シャーマン将軍が史上最大の軍事行動の一つと言ったヴィックスバーグの会戦が起きようとしていた。ヴィックスバーグと南部の主水路であるミシシッピー川を、南部連盟から奪い取るための戦いであった。北軍は川の流れに沿ったミシシッピー中央道路を掌握していた。強襲に失敗したグラント将軍とシャーマン将軍は、ヴィックスバーグを包囲攻撃し、地域全体が戦争で混乱の只中にあった。

ミシシッピーから中国へ

このような中、両親はウォルターと新しく生まれた赤ん坊を連れ、妹の墓を後にして、中国に戻る長い旅に出発したのだった。

二人の子供と父と母、それに二人の中国人の子供ザウとジョン・ランバスは、馬車と牛の引く荷車に乗り込み、住み慣れた家を後にした。道は悪く、少年たちと父ランバス博士は、旅の途中何マイルも歩かなければならなかった。馬車や荷車で寝なければならないことも度々あった。「悪質な兵士がいたので(5)」襲われる恐怖に絶えずさらされていた。時には道のぬかるみがひどくて馬も牛も車を引くことができず、「荷物を取り出して丘の上まで運ばなければならないこともあった」。時には先に進めないほど天候が悪かったために何週間も空き家に泊まったりしながら、ウォルターは旅を続けた。一八六四年の早春には馬車と馬を売り、牛と荷車だけが残った。兵士たちは牛車には用がなく買おうとしなかったのである。W・H・パーク夫人(6)は次のように書いている。「何か月ものうんざりするよ

神学博士　ジェイムズ・W・ランバス牧師
（Rev. James William Lambuth, D.D.）

うな旅の後、ようやくニューヨークにある私たちの母の生家に到着しました。私たちは休息を取って、ニューヨークを出航する船を見つけるために暫くそこに留まりました。その旅はとても長くて疲れそうで、今の私たちには不可能だと思えるようなものでしたが、ウォルターは疑いもなくそのような生活に慣れていったのです」。ミシシッピーからニューヨークまで泥と冬の雪解けのぬかるみの中を、戦争中に牛車で旅をするなんて、何という厳しい訓練だろう！　それは彼がすでに一歩を踏み出していた長い旅路のための貴重な準備だった。

五か月の船旅の後、彼らは中国に戻った。ウォルターはすぐに勉強にとりかかった。彼は上海の周辺の地域を回る旅でよく父に同伴し、太湖《タイフー》(7)までも足を伸ばした。彼にとって幸せな日々だった。彼は人生がひっくり返るような嵐と緊迫の時代に足を踏み入れようとしており、少年はまだ自分が他人をよく理解できないのと同様、自分も他人によく理解されない時に、自己を発見し自分の方位を見定めようとしていたのである。非凡な母と賢明で愛情にあふれた父の訓練を受けながら、運河から運河へと旅し、村から村へと稲田の中を縫うように続く小道を歩いて、敬意に満ちた態度と笑顔を絶やさない一風変わった好奇心の強い少年をいつも優しく迎えてくれた愛する人たちと出会いながら、人格の形成期を過ごしていったのだった。

訳者注

（1）この書物の書かれた年（一九二四年）から計算すれば、一八五〇年代ということになる。

（2）後の記事を読むと、ランバス少年は六才のときにはアメリカにいたはず。多分著者の勘違いで、四才の勘違いであろう。

（3）presiding elder のことで、『来日メソヂスト宣教師辞典』の訳に従った。一つの地域の何人かの牧師の主任のような職務で、その地域で集会があるときには、礼拝の司会をつとめたりする。

（4）ジョン・ランバス。恐らく中国人の子供をランバス家の養子にしたものと思われる。

（5）当時は南北戦争の最中で、敗残兵による強盗事件が頻発したものと思われる。また戦争のために鉄道がストップしていたので、馬車で移動せざるを得なかったのであろう。

（6）ランバス監督の妹ノラのこと。

（7）江蘇省南部、浙江省との境にある大きな湖。

第三章　発見の船旅《ふなたび》

おお人よ、魂が静かな夜となり得さえすれば、
神が汝《な》が内に生まれ、すべてを正しく導きたまわんものを。
ヨハネス・シェフラー（1）

中国でのこうした幸せな生活が、そのまま続くことはなかった。ウォルターの成長は目覚ましかった。年のわりに背は高かったが痩身《そうしん》で、たくましい活力に欠けていた。目を患い、生涯にわたって悩まされることになる。喉の具合も悪くなり、ほとんど声が出なくなることもあった。こういった症候には転地療養が効果的で、上海にいては必要な治療も受けられなかった。そこでウォルターは、一八六九年五月十九日の朝五時、コスタ・リカ号でアメリカを目指していた。これは彼にとって初めての汽船の旅であり、短期の快適な航海を期待できるはずだったが、出帆して最初の二日間は船酔いになってしまう。彼はこれ以後も、船旅に出るたびに船酔いをすることになる。逃げることも治すこともできないものであった。それでも二十一日の朝には甲板に出て、美しい日本の海岸を眺めていた。父母に宛てて船上で書いた手紙を読めば、そのうれしい気持ちの一端をうかがい知ることができる。「今朝はずっと気分良く起床しましたので、朝食を食べに降りてゆくことができ、そのあと甲板にも出てみました」。それから日本に近づいていく船から見る美しい光景について触れてから、次のように書いている。「鞄に入れてくださっていたお手紙には、とても感謝しています。素晴らしい助言とアドバイ

スをたくさん与えてくれました。本当に有り難く思っています。何度も読み返しましたが、できる限り忠実に従うつもりです。歩むべき正しい道から外れることのないよう、お祈りして下さい」

横浜を経て再度アメリカ

彼は、横浜でコスタ・リカ号からグレート・リパブリック号に乗り換え、サンフランシスコに上陸して七月五日には同地を離れて十三日にニューヨーク州ケンブリッジに着くのだが、鉄道でソルトレイク、オマハ、シカゴ、デトロイトを経由してカナダに入り、ナイアガラで橋を渡って、オルバニー、トロイを過ぎ、ケンブリッジまで七日間の旅で、七回乗り換えた。現在では鉄道で四日間、飛行機なら数時間の行程である。

ニューヨーク州ケンブリッジに到着すると、壮健な祖父母が喜んで迎えてくれた。夏の間はそこに滞在し、健康状態もずっとよくなった。八月八日に次のように書き送っている。

最初のお手紙をいただいたときのうれしさは、言葉では言い表せません。何度も跳び上がったぐらいで、お腹が痛くなくなるまで笑い、嬉しくて涙が出そうでした。私はこれ以上は望めないほど満足に暮らしていますので、どうか私のために悲しんだりしないで元気を出して下さい。もう数日すればサンフランシスコで書いた手紙が届くと思いますが、旅行のことはその手紙に書いています。紳士方は皆さん私にとても親切で、大勢の方と友達になりました。どなたもおいでになるとトランプをするのですが、お金を賭けていないから悪いことではないとお考えのようなのです。私はそのようなことを手本にするのは有害だと思っています。過去にも若者がそうやって良くないことに手を染め、だんだん悪い方へと進んで破滅した例は多くあります。私は神、そしてお父様とお母様が私にしてほしくないとお思いになるようなことは何もしないと申し上げることができます。残念ながら失敗も度々あるとは言え、それでもその都度決意を新たにして、正しい道からはずれないようにお祈りしています。

後に書いた手紙には、「私が戻るときにお父様方も中国にいらっしゃるか、あるいはいつか休暇でアメリカにおいでになって、いっしょに帰ることができればと思っています」と書いている。

彼が将来の計画を語り始めるのはこの頃である。十五才でこのようなことができるとは、何と幸せな少年だろう。船上で寂しく過ごしている間にも、色々と真剣に考えていたのだった。手紙の中でクリスチャンとなるにはどうしたらよいかについて教示を乞い、キリストを信じてはいるが、今一つ確信がもてないことについて悩んでいる。船の専用室で跪《ひざまず》いて献身の誓いをしたのは、この航海中のことだった。この経験は、彼の生涯に消すことのできない確認の印を与えた。この霊的誕生のときから、彼にとって新たなる時期が始まったのである。動揺と緊張の中にあるときは、繰り返し何度もここに立ち返り、進むべき方向を見定めた。父と母の信仰が自分の信仰となり、両親の神が自分の神となった。聖霊の問題も、教義の領域から経験の領域へと移し替えられた。彼が神を見定めたのはこの場所においてであり、それは誰にとっても重大で欠くことのできない発見なのである。この新しい経験は、雲のように彼を覆っていた喪失感、孤独を埋め合わせてくれる楽しい出来事となった。だから、十五才の年も終わろうとするときに、テネシー州レバノンから母に宛てて次のような手紙を書いたのを知っても、驚くことではない。「筆を置く前に申し上げたいのですが、昨朝、南メソヂスト監督教会の礼拝に出席して、クリスチャンとして、神の御助けにより、けがれのない信仰生活を送る誓いを立てました。どうか私がその誓いのとおりに生きていくことができるよう、私のためにお祈り下さい」。

ケンブリッジにいる間に、ウォルターの健康は増進していた。声もしっかりしたものになった。彼は自分の健康について母を勇気づける手紙を書き、声が少しずつ強さを増していることを喜んでいる。レバノンに行った後も調子はさらに良くなり、学校で一学期が終る頃には、近所で一番力持ちで、「百二十ポンドの麦を背負うことができる」と自慢している。休暇中は畑に出て働き、それが健康によいことを知った。進んで働きたいと思ったのには、別の理由もあった。航海中、もし声が治らなかったら費用をかせぐために仕事をみつけるのが一番よいのではないかということを示唆する手紙を、両親に書いていたのだった。ケンブリッジからの手紙には次のように書かれていた。「先日、マクレランさんに、屋根の裂け目から棒を押し上げて裂け目のある箇所を教えてもらいながら、雨漏《あまも》りのする箇所にこけら板を張るのを手伝いました。今朝は二人で黒苺を九クォーツも摘みました。昨日は畑に出てオート麦の取り入れをしました。（中略）休暇中はどこに行けばよいでしょうか。畑で働くとか店で仕事を見つけるとかして、怠惰にならないように努めた方がよいのではないでしょうか。（中略）声の調子が十分によくなっていたら、この辺の農民にお話をしたいと思っているのですが。（中略）ところで宣教師会は今も支援をしてくれているのですか」。

テネシー州レバノンへ

ウォルターが住むことになっていたレバノンに着いたとき、ポーターは彼の小さなトランクを運ぶのに二十五セントを要求した。そこで彼は手押し車を借りて、自分で通りを押して行った。家を遠く離れたこの華奢《きゃしゃ》な少年が、ケリー夫人の所に住むことになったのは何と幸せなことだったろう。この夫人は「マザー・ケリー」と呼ばれ、その子息D・C・ケリーは、ウォルターの父母といっしょに中国に行っていた。最初の婦人宣教師会がマッケンドリー教会で組織されたのは、宣教師会の予見力と宣教に対するマザー・ケリーの捕らえ方と先見の明の賜物であり、中国の娘たちのためにというウォルターの母の強い希望に触発されたものだった。それ故に、この若きテモテ(2)に対して夫人が母のような関心をよせたのは、個人的感情にとどまるものではなく、予言的ともいえるものであった。ウォルターは、友人であり神の国における共働者であり、キリストを知らない幾百千万の中国人の代理者である人の息子なのだ。夫人はこの若者が将来自分のひ孫の父親となり、自分の名と血を新しい愛情あふれるやり方で、暗黒の中にある巨大な帝国と結びつけることになる運命だとは、この時点では知る由もなかった。勉学、仕事、礼拝、それに稀に見る素晴らしい家庭での交わりなどで、両親から一万マイルも離れている少年としては、この上なく幸せで満たされた生活を送っていた。

ウォルターの娘は言っている。

父はよく初めての仕事のことについて語ってくれました。私の祖父ケリーの夏の住居であるリーヴィルで三エーカーの土地の切り株を取り除く仕事です。祖父は、父ともう二人の少年に、五エーカーごとに五ドル出してくれたそうです。他の二人は仕事に段々厭《あ》きたのですが、父は夏の間ずっと、朝早くから日が暮れるまでせっせと働いて、ついに三エーカーを片付けてしまったのです。父は少年のときに成し遂げたことで、他の何よりもこのことを誇りにしていたのだと思います。後年になって何か困難なことに出くわすと、「なかなか手強《てごわ》いな。でも切り株を掘り起こすことに比べれば何でもないよ」と笑って言っていました。

ウォルターが後年、あのような膨大な量の仕事をやりとげることができたのも不思議ではない。彼は早くから始めていたのだ。刈り入れ時の畑で、あるいは斧を握って、彼を脅《おびや》かす無力さを克服し、「雄牛のように強く」なったのだった。強さでは近隣で自分に敵う者はいなかったと誇っている。彼の場合、この時に限らず、物を言ったのは結局雄牛のような強さではなくて、絶対的な意志と不屈の精神の力だったのではないだろうか。

翌年一月にはレバノンで大きな集会があり、ウォルターは熱心な参加者の一人だった。彼は罪を犯した人が神の前に進み出て、生涯で今ほど幸せなことはないと告白するのを見ていると、とても幸せな気持ちになれた。彼も積極的に参加し、罪を悔いている人に誰か話をするように説教者が求めたときは、たとえ僅かの言葉しか語ることができなくても進み出るのが義務だと感じたと言っている。そして、その僅かの言葉が人を助けることができますようにと祈るのだった。彼はその当時書いている。「神は私のために多くのことをして下さった。私はたとえ僅かでも、神のために何かをするように努めなければならない」。初めて出席した愛餐会《さん》(3)についての彼の記述は大変面白くて特色あふれるものなので、そのまま引用することにしよう。

午後三時に愛餐会に出かけました。初めは少しきまり悪かったのですが、スピーチを続けているうちに、そんな気持ちは消えてしまいました。私はどのようにして神を求めるようになったか、よくあなたが私に話して下さったことを語り、それでも大海原《うなばら》に一人ぼっちだったときは本当にその必要を感じたこと、そのことについて真剣に考えるように導かれ、救われるためにしなければならないのは、この身をイエス様の前に投げ出して全身全霊を捧げることだと思ったことを語りました。その他にも、この地上で家からずっと離れたところにいて、この世での家を二度と見ることができないかもしれないけれど、天で祝福された家が私を待っているという望みをもっているということも話しました。

ウォルターはすでに宣教師として活動していくつもりだった。活動の場を中国にするか日本にするか、また日本なら具体的にはどこにするべきかということについても、少しばかり検討していた。彼の将来にとって根本となってくるこのような重大な事柄は、この時期に考え始められたか、あるいは強く意識されるようになったのである。彼にとってはまさに発見の航海——自己発見の航海であった。自分の進むべき方向を見定め、不変不動の海図によって舵をしっかりと取るという点では、おそらく彼の人生のどの時期においても、色々な出来事があったこの数週間ほど、大きく前進したことはなかったであろう。

エモリー・アンド・ヘンリー大学

この慌しい若き日の生活の中で、またもや変化の時がやってくる。レバノンの学校からヴァージニア州アビントンの近くにあるエモリー・アンド・ヘンリー大学に移らなければならなかったのだ。ここは教会の有力者の多くが教育を受けてきたところである。後に学長となり、さらに日曜学校誌主幹で教会の監督となったジェイムズ・アトキンズ博士も、同じころこの大学の学生だった。ウォルターが入ったのは一八七一年のことであり、確固たる決意を持って大学での勉学を始めたのは十七才のときであった。「私は習得できることをすべて習うために最善を尽くしており、同時に時間と労力と金銭をできる限り節約するように努めています。人が力を正しく用いて物事に取り組みさえすれば、力を半分しか用いずに取り組むよりも、多くの時間と労力を無駄にせずにすむからです」。それでも、彼の意思力は体力よりも強かったようだ。それは、冬の間も勉強を続けることができるということを再確認する必要を感じていたことからも分かる。

眼を病む

一年目は無事に終了できたが、それでも目の病気には悩まされ続けた。眼病の診断が下され、次の学期にはエモリー校に戻ることができず、テネシーに留まって仕事をしながら、できる範囲の勉強を続けた。この期間、彼はナッシュヴィル大学で学生となっていた。一八七四年にようやくエモリー・アンド・ヘンリーに戻り、そこで勉強を続けて、一八七五年に優等で卒業した。二十一才の時のことだった。

ウォルターの大学生活は、彩りや魅力を添え、その人柄を垣間《かいま》見させてくれる出来事に欠けてはいなかった。彼のルームメイトだったW・R・ピーブルズは「バック」というあだ名で親しまれ、後にメソヂストのテネシー年会の著名なメンバーになった人物であるが、あるときウォルターがその部屋で隣近所の時計を全部、十一個も集めて、一斉に時を刻むようにさせようと必死になっているのを見たという話をしている。彼がそれに成功したとは書かれていないが、堅忍不抜という教訓を教えられたことであろう。彼は、ピサの大聖堂でシャンデリアが揺れ動くのを見ながら坐っていて科学の新しい世界を生み出すことになった十八才のガリレオと同じような気分にひたっていたのだった。

ウォルターは人生の真面目な仕事のことも怠ってはいなかった。彼はエモリー・アンド・ヘンリーで第一学年に在学中に大学ＹＭＣＡを組織し、その会長に選ばれ、その年に代議員としてボストンに派遣されている。このＹＭＣＡはやがて、その地域に五つの日曜学校を設立し、そのうちの一つは有色人種の子供のためのものだった。この団体のことについて、彼はその手紙の中で興味深く且つ写実的な説明をしている。エモリーからマサチューセッツ州ローウェルで開かれた大会に行くにあたって、彼ともう一人の代議員だったＪ・Ｂ・ブラウン氏は、所持金が乏しかったので歩くことに決めていた。しかし家具と本を売った上に家からの若干の援助を加え、二人は何とか鉄道で旅をすることができた。彼は後年、中国の北京でＹＭＣＡを設立し、清《しん》帝国で最初の二つのＹＭＣＡを組織する名誉を、現在エール大学にいるハーラン・Ｐ・ビーチと分かつことになる。

エモリーに在学中、ウォルターは医学を生涯の仕事とすることをはっきりと決意しており、全精力をそのために傾けていた。彼は科学と呼ばれる分野が大好きだった。一八七四年五月十九日付けのＤ・Ｃ・ケリー博士宛ての手紙で、将来の志望がはっきりしていることを明らかにしている。「宣教師になるという考えは、少しも揺らいだことはありません」。ウォルターは、将来についてケリー博士が手紙の中で幾つかの示唆を与えてくれたのに答えて、次のように書いている。

しかし一方では、この考えは日ごとに強くなってきており、今では私の義務が伝道者になるように導くのと同様、中国に行くよう導いているとも感じています。私はずっと、医学の修得が役に立つもので、実際中国で成功するためにも必須であるとさえ考えてきましたが、医学抜きでやらなければならないだろうという結論に達しかけていました。私は三年次の春学期に在籍していて、これまでのところ試験にも受かってきていますので、卒業証書をもらわずにここを去るとしたら悔やむことになります。そこで私は、医学課程にせよ別の課程にせよ、ここに留まって卒業することに決めました。私は医学を学びたいと思いますし、そうするつもりですが、すでに申しましたとおり（それにそのことでお叱りを受けることはないと存じますが）、私の希望は卒業すること、特に医学に関係のある研究をして卒業することです。

ここで、ウォルターがエモリー・アンド・ヘンリーで学んでいた学習課程に光を当ててみるのも興味深いことであろう。彼の記録によると、「今学期にはラテン語、ギリシア語、文法、アーノルドの散文作文、数学を勉強するつもりです。加えてドイツ語と倫理学もとりますので、九つの講義を受けることになり、超人的な勉強をしなければならないことになるでしょう」ということだ。かなりきつい学習計画だったことは認めざるを得ない。この手紙の中で、後年彼と親しかった人にとってはおなじみの、彼の性格の一つの側面を見せてくれるエピソードについて、次のようなことを書いている。

祖父が彼の部屋にといって絨緞《じゅうたん》を送ってくれたのだが、その部屋が一階にあり、友達が雨の日でも泥のついた靴のまま歩き回って絨緞などたちまち台無しにしてしまうからという理由で、冬の間その絨緞を使わずにいたらしい。彼が言うには、「秋には二階に移ることになっていますから、そのときに使わせていただこうと思っています。当分は油布にくるみ、それを油紙で包み、さらに褐色布で包んで、衣蛾《いが》に食われないようにしておきます」。何と稀に見る用心深い若者ではないか。それも、そのような思慮深さは物語の中にしか見い出せない時代においてである。さらに次のように続けている。

お祖母様が送って下さった包みを開いてみると、ケーキの詰まった小さい箱が入っていました。とても嬉しかったのですが、空腹の人間にとって十分な量とは申しかねるものでした。ほとんどの学生がクリスマスの贈り物をもらい、私もその幾つかをご馳走になっていますので、お返しをしようと思いました。そこで急いで大学と二つの寄宿舎まで出かけ、四時ごろ、お祈りがすんだらすぐに私の部屋に来るようにと二十五人ほどの男子を招待しました。ニューヨークからはるばる届いた贈り物があって、少々時期遅れだけれども、遅くてもないよりはよいからと私は申しました。みんなが来ると約束してから私は部屋に引き返し、ケーキをせいぜい五十セント貨ぐらいの厚さで一インチぐらいの長さの小片に切り分けました。贈り物の箱は普通のボール紙でできた石鹸《せっけん》箱ぐらいの大きさだったので、持ち歩くのは雑作《ぞうさ》のないことでした。お祈りがすみ、みんながぞろぞろとやって来て、部屋にはこれ以上は入り切れないだろうと思われましたが、それでもまだやって来ました。来るはずの者が揃ったと思われたところで、ケーキを流し込むためバケツ二杯の水をサイドテーブルの上に置いて、私は言いました。「ピーブルズ、そろそろ箱を持ってくる時間だが、机の上にタオルを二枚広げるまでちょっと待ってくれ」。それから私たち二人は押し入れに入って、まるで大きな箱か何か重い物でも持ち上げようとしているみたいに、うんうん唸りました。それから赤ん坊でも持てるような箱を二人がかりで持って姿を現わし、机の上に置き、すでに怪しみ始めていた友人たちに向かって私は演説しました。「みなさん」私は大真面目な顔です。「私が贈り物をもらうのは極めて稀なことであります。そしてもらったときには、それを平らげるのに友人諸君の力をお借りしたいのです」。その時の大爆笑は見ものでした。みんなも自分たちに仕掛けられたジョークだったことに気づいていましたから。次々と笑い声が響き、いつになったら静まるのかと思ったほどです。ようやく皆が笑い終え、私は箱を開けて言いました。「皆さん、遠慮なさらないでください。さあ、どうぞこちらに来て召し上がって下さい」。

それから各人が小指ほどの大きさの一切れを食べて、ケーキがすっかり無くなり、私は水の入ったバケツを両手にもって歩いて、みんな一杯飲んでくれと申しました。たくさんのケーキを食べたあとで、喉《のど》が渇いただろうというわけです。

この件に関して珍しいのは、全くの冗談だったということで、ウォルターの気質とは本来縁の遠いことだったのである。実際、みんながそれを面白いジョークで無害なものだと思ってくれないだろうかと両親に尋ねているのは、不安の表われなのだ。彼がもっと成熟して真面目に仕事をするときにも、遊び心は直ちに心の安らぐところとなり、疲れた心から緊張を取り除いてくれたのだが、ウィットとは言っても彼の好みに合わないものも三種類あった。すなわち下品なもの、嫌味を含んだもの、他人を困らせたり傷つけたりするもの、の三つである。下品な、いかがわしい言葉や話題、あるいはそのようなことをほのめかすことさえ彼の頭には思い浮かぶことがない以上、口にすることも全くなかった。それに彼はとても礼儀正しくて親切だったので、無思慮に他人を不快にさせてまで人を笑わすようなウィットを、彼から押しつけられることは全くないと仲間は安心していることができた。

後年になって非常に有名になった彼のパイオニア精神は、探検に対する憧れとなって現われた。彼には周辺の丘に洞窟を見つけては探検する癖があった。あるとき狭い穴の中を、大胆にも一つの空洞から別の空洞へと這い進もうとしていて割れ目にはまりこんでしまい、少々痛い思いをしながらやっと救い出されたことがある。また別の洞窟では、底知れぬ深さが評判の穴の上に渡した横木の上を渡ろうとしていて、その横木が折れ、誰も知らないその穴の底を不本意にも探索するはめになるのを、かろうじて免れたこともあった。

エモリー・アンド・ヘンリーを卒業する日、嬉しいことに母が訪ねてきてくれた。母が来るという知らせを受けて待ち切れず、二駅離れたブリストルまで迎えに行った。六年ぶりの再会だった。母は、息子がもはや少年ではなく、「背が高くて元気がよく、好青年らしく活力にあふれているが、もう少し強そうでもよいと思われる」ほどに成人しているのを目の当たりにし、目を輝かせ、感慨無量の思いで見つめたのであった。母は、息子が過労気味で休息が必要だということを人づてに知る。休息が必要かどうか、病気の危険性はないのか、母親ならもちろん気づく。息子が優等で卒業して、二つの卒業証書をもらうのを見るのは、母親として嬉しいことだった。「それにメダルも幾つかもらっていました。幾つかは教えてくれませんでしたが、私にはそれだけで十分です」。何と遠慮がちな母親だろう。言葉どおり受け取るにしても、この種のことでこれで十分だという母親など、果たしているのだろうか。一体メダルはどこにあり、何故ウォルターは何も話さないのだろう。このようなことで寡黙は無用のはずである。母子はメダルをめぐって、ちょっとした見せ場を演じてもよかったのだ。幼少時代ともっと遠慮のない歓喜への一種の回帰にもなったはずである。この素晴らしい機会を二人が逃してしまったのは、長い離別のため経験を共にできない状態が積み重なった結果なのだろうか。この母親がスコットランド人で自制を常としており、現実のさらなる深遠に心を向けていたこと、そして背の高い元気のよい若者は、もらったメダルを、たとえ母の前でも誇示するのは潔しとしないと思う年頃だったということを思い起こしたい。彼女が後になってそのメダルについて知り、彼も母がそれを知ったことを何となく気づいたのではないかと思ってしまう。

何事にも惑わされることのなかった彼の決心は、多くの困難を経て、ついに達成されたのである。目は常に弱く、そのために困ったことも多く、じっとしていられず倦むことを知らない精神力は、生涯を通じて日夜彼の肉体を活動へと駆り立てたが、体がついてゆけないことも時々あった。それでも彼はエモリー・アンド・ヘンリー大学で学業を終え、優等賞と幾つかのメダルをもらい、教官や仲間の学生たちから愛され賞賛されながら卒業したのだ。

ヴァンダビルト大学にて

一八七五年から一八七七年までは、ヴァンダビルト大学で神学を学んだ。エモリー・アンド・ヘンリー大学で一年次に説教者の資格を取得していたが、その結果一八七六年にはテネシー年会の一員となって、J・C・キーナー監督によって執事［ディーコン］に任命され、一八七七年には長老［エルダー］に任命された。

医学と神学を学ぶ

医学を学ぼうと決めたことで、福音の宣教者になるという決意をいささかもおろそかにすることはなかった。ヴァンダビルトでは神学を勉強しながら医学も学び、六十人のクラスを主席で卒業した。ヴァンダビルトの学生だった間も、彼は年会が任ずる仕事に従事していた。最初の任地はナッシュビルから数マイルのところにあるウッドバインで、週末になると馬に乗って出かけ、祈祷会、日曜学校をもち、礼拝で説教をし、それから学業に戻るのだった。

一八七六年にある出来事が起きたのだが、これは生涯を通しての彼の性格をよく表すものといえる。彼はフィラデルフィアで開催されている建国百周年記念博覧会に招待されたのだが、母に宛てた手紙で次のように書いている。「ありがたいお話ですし、ぜひ行きたいと思うのですが、十日も割くことはできませんし、日数を減らせば行っても満足できないでしょう。私も今では単に楽しみのための楽しみではなく、教会のきちんとした職を求めなければならない年令に達しているのです。あとで自慢話ができるように、本当は行って見てきたいのですが」。

ウォルターはナッシュビルにいた二年間のうち、大半はD・C・ケリー博士の家に下宿していた。かつてはケリー家をわが家のようにして、そこで十五才のときにレバノンの学校に入り、ケリーお祖母さまに育てられ、彼女もまた朗らかで実の子のように接してくれる彼に、寡婦のさびしい日々を格別に慰められていたのだった。ケリー博士はその間、彼にとって真の友であり助言者であった。ケリー博士の家には、ウォルターより四才年下の、にこやかで快活で黒い目をしたデイジーがいた。二人はほとんどいっしょに成長し、成長するにつれて、いつしか遊び仲間や友達以上の関係になっていた。二人の親密さは、崇高で神秘な関係へと熟していった。それはすべての歴史の中でも普遍的でありながら最も理解されない事実でもあり、最も美しくて繊細でありながら最も暴力的な無情さを伴った魅力に吸い寄せられるように、男女を父母や祖国や郷里から離れさせることになった。一八七七年八月二日、二人は歴史の古いマッケンドリー教会の祭壇の前で結婚した。そこはウォルターが暫くの間、副牧師としてケリー博士を手伝っていたところでもあった。そこにあったのは、時間的、空間的離別のすべて、宣教師としての生活に最後まで伴うあらゆる浮き沈みや犠牲といったものを克服した夫婦愛の物語なのである。彼女以上に勇敢で信頼でき、献身的で克己心の強い女性を見い出すことはできなかったであろう。彼が一生のうちに成し遂げた偉大な仕事にとって彼女がどれだけ重要な役割を果たしたかは誰にも分からない。もし分かったとしても、その価値が正しく評価されることは恐らくないだろう。

　それから半世紀近くが経つ。二人は今はともにこの世にはなく、凪いだ海の岸辺にいる。彼女がもし今ここにいたとしたら許してくれないかもしれないが、彼らの娘から母への、次のような美しく素晴らしい賛辞をここに引用せずにはいられない。

> 母は父の仕事の成功に、自分がいささかでも貢献したなどとは全く思っていませんでした。それでも私には分かっているのです。父が成し遂げたことの半分は、母がいてこそだということを。母はどんな形であっても、そのことに触れられることも、そのことを賞賛されることも望みませんでした。母は最期まで父の仕事に興味をもっていましたので、自分の病状がどれだけ芳しくなくても、父が行

（左から）ウィリアム・ランバス、ウォルター・R・ランバス、
ノラ・ランバス、メアリー・I・ランバス夫人

ってしまうことに対して自分が犠牲になっているとは考えていませんでした。

母が強健だったことはありませんでしたが、病弱と呼ばれることには大いに反発し、健康であろうとなかろうと、自分のなすべきことを十分に果たしました。晩年の十四年間は、死の直前の四年間を除いてかなり元気でした。母は若いころ中国で日射病にかかり、そのことと中国や日本にいたときの不健康が最後の病気の原因だと医師たちは言っていました。

母は私が知る中で一番素晴らしい人だったと申しても許していただけることと思います。今わの際に至るまでの母の勇気と精神の美しさは、ほとんど人為を越えていました。

母のことを思うとき、一番に目立った特色は、何事にもひるまない勇気です。次には繊細な優しさと、人を許すときの立派な態度でした。母は、この上なく不正なことでも許し、心からの微笑を向け、可能な限りどんな援助でもしようと申し出るような人でした。どんなことにせよ困ったことがあって誰かが母のところに来たら、母は必ずこの上なく優しい同情を示し、援助の手を差しのべたものです。

たとえどんなに困難なことだったとしてもそれは問題ではなく、それを災難だ思うことはありませんでした。母が苦難だと認めるようなことは、宣教活動の分野においても、皆無でした。仕えることは、母にとっては純粋な喜びでした。結婚したばかりで、まだほんの少女だったころ、父が宣教の仕事で出かけると、母は独りで家に残っていることがよくありました。ときには母は数マイル四方で唯一人の外国人だったこともあり、仕事が第一でなければならないと最後まで主張したのも不思議ではありません。

母の信仰にはすぐれて健全なものがあって、物事をバランスよく幅広くとらえる力は、父にとって最大の力となっていました。母の心はこの上なく健全で幅広く聡明なものであり、その勇気と愛と共感が父の生涯と仕事に対してどれほど大切なものだったか、言葉では言い表わせないほどだと、父はよく私に話してくれました。

母はすぐれた知性と鋭い直感の持ち主で、遊び心も十分にあり、人情を驚くほどよく理解し、それらすべてに加えて、稀に見る優雅な魅力を持ち合わせていました。

訳者注

（1）Johannes Scheffler（一六二四－七七）　ドイツの宗教詩人でありまた神秘主義者。筆名は Angelus Silesius（アンジェルス・シレジウス）。

（2）テモテは新約聖書に出てくるパウロの弟子で、パウロを助けて異邦人伝道に従事したので、ここではウォルター・ランバスをテモテになぞらえているのである。

（3）初期のクリスチャンが友愛を表わすために食事を共にしたことに倣って、メソヂスト教徒が信徒達の懇親のために教会で行なう会食のこと。現在では教派を問わず多くの教会で、信者が会食をするときにこの語が用いられる。

第四章　外科用メスで巨人ゴリアト[1]に挑む

それは背を向けて逃げることなく、正面から立ち向かいし者、
雲がいつか切れて晴れることを疑わず、
正が打ち破られても悪の勝利など夢想だにせず、ただ信ず、
倒れるのは立ち上がるため、挫折するのはさらに善戦するため、
眠るのは、ただ目覚めるためと。

ロバート・ブラウニング[2]

ウオルター、ディジー中国へ

結婚の日から丁度二か月目、若き夫婦はサンフランシスコから中国に向けて出航した。今回は帆船ではなく、乗り心地のよい蒸気船だった。新郎にとっては帰省の旅だった。中国は、彼が若い頃から生涯を捧げようと決めていた国でもあった。少年のころに書いた手紙を見ても、彼が人生の目標をただ一つ定めていて、それが宣教師になることだったというのは明らかであり、現世の旅が終わりに近づいたときにも、中国のことを初恋の相手だと言っている。

上海阿片中毒診療所開設

一八七七年の十一月に上海に到着し、十二月には医療の仕事を始めている。時間を浪費することなく、何よりも仕事に邁進したのである。上海に近い南京《ナンキン》市で開業し、最初の年に上海で阿片中毒治療所を開設した。最初は小さな診療所といった感じで、設備らしい設備もほとんどなかったが、少なく

とも、青年時代を通じて抱き続けた大志、今や自らの若き力に挑もうとする夢の実現ではあった。

一年目の成果に注目してみるのは興味深いことといえるだろう。十二月に始めて、一月には田舎を三回短期訪問している。彼の最初の報告書には、二か月で九十一人の患者を治療したことが記されている。その中の一人は「心の治療薬」を渇望していた婦人で、彼女が語った症状は、その要請をもっともと思わせるものだった。彼女が言うには、「私は時々興奮し気が狂わんばかりになります。身内の者たちが私をとてもひどく扱うのです。彼らの顔を引っ掻いて罵ってやりたくなります。こんな私の心を癒やしてくれるような薬をいただけないでしょうか」。幸いなことにこの医師は、患者に対して身体の病気だけではなく、心の病に対する治療法も心得ていた。この報告書の中で彼は述べている。「一か月のうち一週間は百四マイルに及ぶ範囲を巡回し、六つの市や町で投薬し、また説教する。翌月は二百マイル以上の範囲を二週間かけて巡回し、十二ほどの都市を訪問する」。この活動分野と仕事の幅広さと重要さは、割り当てられる充当金の額とは著しい対照をなしている。一年目には二百ドル支給されたようだが、楽観的な彼は、これだけの金があれば、この広大な地域で年間に起こり得る偶発的な出来事を考慮に入れても十分だと考えて、意気揚々としていたのである。「手元に二百ドルある。これだけあれば今度の十月以後と思われる次の支給まで足りるだろう」。彼は仕事の発展を期待しており、勇気を奮い起こして、さらに仕事の拡大に乗り出そうとしていた。彼は図々しくも、次回の支給金として三百ドルを要請している。「四季会はこの医療活動の成果がそれだけの額を求めることを十分に正当化すると考えている」からというわけである。故国の伝道委員会が、大胆な四季会のレベルにまで評価を高め、現地でまだ一年目の若き医師に五十パーセントの支出増を認めるのに、どのぐらいの時間がかかったことだろう。

実験室、X線撮影機、殺菌装置、顕微鏡、蔵書に囲まれ、ベテラン看護婦が周りにいて、常日頃から彼女たちのあくことのない要求を聞かされている今日の働き手なら、これを読んで、結局のところ追加支給されることによって、そのような少額を「十分」だと思わせていた何かを、かえって減じてしまうのではないかと思うかもしれない。疲れ切った宣教局主事ならこれを読んで、こんな僅かの額でそんなに多くのことができた古きよき時代を思って溜め息をつくかもしれない。

深遠なことが見過ごしにされることもなく、体の治療よりも後回しにされることもなかった。心の医療が、常に施されていた。一年目に彼は、「医療活動のための二人の教戒師」の養成を始めていた。彼の計画は、医療を常に福音宣教の補助的なものとすることであった。時には教会が人でいっぱいになって、その大半が患者であるということもあった。彼は最初の七六六人の患者のうち五百人とは、魂の救済について個人的に話をしている。治療の準備がなされている間、患者たちには助手が話しかけるようにしていた。このようにして、体の治療と魂の救いという人間の向上を目指す二つの働きが一つに結び付けられ、治療はより大きな目標に対して常に従属的なものとされたのである。

彼が上海市に阿片中毒治療所を開設したのは一八八〇年の五月であった。西欧人の貪欲な利益追求のため、中国人にこの破滅的な麻薬を押しつけることになった阿片戦争の災いは、その猛威を振るっている只中だった。治療を必要とする不幸の中でも、最もありがちで、最も痛ましいのが阿片の常用だった。この若き医師の心は、このような悲劇的な訴えをいつまでも座視してはいられなかった。阿片中毒治療所はそれに対する彼の答えだった。そこでの養生《ようじょう》法は厳しく、入所する者にとっては非常な試練だった。まず麻薬の使用を直ちに絶ち、閂《かんぬき》をかけて施錠した部屋に三日間閉じ込められ、悪い結果につながるような仕事は放棄することを誓約し、朝夕の祈祷会への出席が義務付けられた。この療法の結果、通常五日で治癒した。

二週間で患者は全快した。この仕事の成果は上海の南部全域に知れ渡り、省の知事が阿片禁止令を発布し、これに基づいて上海の地方行政では、阿片を吸引している職員はみな病院の仕事を助け阿片の使用を止めるように、さもないと免職もあり得る旨、勧告した。もう一つの成果は、病院内に阿片防止協会が設立されたことだった。これは明らかに、後にランバス博士の義兄弟であるW・H・パーク博士が顕著な役割を果たすことになる阿片防止運動と基本的につながるもので、大いに発展して阿片の使用および販売を禁止し、さらにケシの栽培さえも禁止するに至った。あるとき、阿片防止協会が開いた会合で、その時は一人を除いて患者全員が出席していたのだが、この会の特徴をよく示すちょっとした出来事があった。患者たちは生活様式を変えて以後の暮らしぶりについて述べるよう求められた。そこで語られた意見は経験に基づいたもので、まだ阿片を吸っている傍聴者に対して効果的で、ユーモアも豊かで独特のものであった。経験を語った人の中に、来た時には血色が悪くてひどく痩せていた一人の銀細工師がいて、立ち上がると肉づきのよい頬を膨《ふく》らませ、太鼓っ腹の両脇を手でぽんと叩き、全くカエサル流の簡潔さ(3)で、中国語で「よく食べ、よく働ける」と大きな声で言うと、聴衆が大爆笑する中、腰をおろした。阿片の使用に反対するパンフレットを無料で配布するために中国人が作ったということも、こういった会合による成果の一つだった。この惨めな人たちを麻薬という悪魔から救い出し、後に何百万もの人たちをこの災いから解放し、国民を自由と力の新しい道に踏み出させることになる運動を始めようとするささやかな努力は、このように広範囲に及ぶ副産物を生み出していたのである。

人間に対して攻撃してくるものを先ず叩けというのが、ランバス博士特有のやり方だった。年に三百ドルの装備しか持たない経験の乏しい一人の宣教師が、地上最大の国民の強欲に立ち向かい、四億の人々を破滅させようとする災厄に外科用のメスと薬入れだけで対抗しようとするのだから、できることはごく僅かだった。しかし彼は目に見えない武器で戦っていたということ、すなわち神の意志と人類の良心が味方であったことを忘れてはならない。

デイジー、アメリカへ帰国

ウォルター、アメリカへ帰国

一八八〇年の夏にデイジー・ランバス夫人が体調を崩し、あらゆる手を尽くして治療に努めたにもかかわらず、夫人はアメリカに帰らなければならなくなった。そこで彼女は夫に別れを告げ、夫の両親であるJ・W・ランバス博士夫妻とともに故国に向けて出航した。この献身的な夫婦は、四十三年間の結婚生活で勇気と快活さをもって何度も長い別離に耐えたが、これが最初のものだった。一八八一年の二月、予期しない出来事のためW・R・ランバスがアメリカに帰る必要が生じた。K・H・マックレイン夫人の健康が悪化し、加えてその病状の特殊性のために夫のほかにもう一人付き添うことが必要になったのだ。彼らに同行できる人が宣教師以外には見当たらなかったことから、ランバス博士がこの悲しい任務のため遣わされることになった。こうして中国における宣教師としての最初の実り多い時期を一旦終え、一か月に一日足りないだけの日数で「速くて快適な旅」をして、三月十八日にサンフランシスコに到着した。その年の報告書が次のような言葉で締め括られているのは意味深い。「J・W・ランバス博士と同夫人は十月末までには中国に戻る予定で、医療設備を追加充実させた後、デイジー・ランバス夫人と私は次の十二月までに再び任地に戻ることができればと思っている」。彼らの思いは中国に向けられており、愛する地を離れて、いつまでもぐずぐずしてはいなかった。

ニューヨーク、ベルビュー病院での研修

故国での短い滞在期間を利用して、ランバス博士は自分の仕事に必要な設備を整えるために、ニューヨークのベルビュー病院に通った。東洋の各地で特に必要とされるものを考えて、この病院が選ばれたのだった。痛ましいことに、東洋各地では失明がよく見られる病苦であり、同情せずにはいられない人たちを助ける手段を持ちたいと願うのが彼の性格であった。ベルビューで数か月過ごした後、彼は一八八二年に学位を授与されている。

学位取得

ランバス博士は夫人およびW・H・パーク博士とともに、一八八一年五月二十日にニューヨークを

エディンバラ、ロンドンにて解剖学、生理学、眼科を学ぶ

船で発ち、医学の特別な研究のためにエディンバラで六週間を過ごした。エディンバラからロンドンに出て、そこで七週間をかけて解剖学、生理学、および眼科の研究を進めた。こうして任地から離れていた時間のうち、五か月をニューヨーク、エディンバラ、ロンドンという三大中心地で研究に費やしたのだった。アメリカへの予期せぬ帰還はまたとない機会を与え、彼はその機会を最大限に、しかも最も効果的に活用したのである。彼は知識を一層豊かにして仕事に戻ったのだが、三年間の経験でどのような必要を特に満たすべきかを教えられた後のことだっただけに、価値の高いものだったのである。

後年のランバス博士は、医療宣教師にとって可能な限り最高の訓練を受けることが必要だと主張するのが癖だった。こうした奉仕の力がどれほどの価値を持ってくるかということ、技術および科学的な精密さが必要だということを自ら経験した結果、このような主張をもつに至ったのも当然であろう。イギリスでもアメリカでも、開業医は一般診療だけして外科手術などはしないか、もしくは六種かそれ以上ある専門分野のうち自分の担当を一つに限定し、それ以外の広範囲な分野の治療は他の医師に任せるのが普通だという事実に注目してほしい。医療宣教師の場合、全分野にわたって診療しなければならないことが多い。ランバス博士は、ごく簡単な健康の知識ももたないで、ありとあらゆる病気を患っている莫大な数の人たちの中に、ただ一人の医者として存在していたのである。彼は開業医であり、外科医であり、専門医でもある必要があった。事実、治療に関しては何でも、しかもこの上なく粗末な設備でしなければならなかった。博士はよく田舎の遠い所まで出かけて行き、そこでは気の毒な病人たちが癒やされることを願い、外国人医師の能力に絶大の信頼を寄せてやってくるのだった。多くのことが彼の手腕にかかっていた。患者を外科医のところに送ることも、専門医に紹介することもできなかった。一人の外科医も専門医もいなかったからである。病気の治療だけをしているのでは

なかった。宗教の大義もかかっていた。彼は行動しなければならない、それも敏速に。失敗すれば、行動することを拒否するのと同じぐらい致命的な結果を迎えることになる。危険を省みている余裕はなかった。彼はほとんど毎日、アスクレピオス(4)以来の医学の全流派の知識を試してみなければならなかった。何をすればよいか、どのようにすればよいか、分かったときの喜びは如何ほどだったか。

ランバス博士が初めての手術をどのように行なったかについて、中国に派遣されていた宣教師の一人が語っている。博士はそのときまだ医学部を卒業したばかりで、ちょうど赴任したばかりのところだった。道具は何もなく、設備を整えるために認められた費用は僅かで、その費用もまだ手元にはなかった。腕を折った一人の男がやってきた。放置されていた結果、切断手術を施すしか助かる見込みがなくなっていた。男は外国人医師の噂を聞いてやってきたのだった。たじろいだり失敗したりすれば信頼を失い、最初から面目を失墜することにもなりかねない。博士は男を自宅に連れていって、近くの町に使いをやって麻酔薬と幾つかの簡単な器具を買ってこさせ、肉きり包丁を研ぎ、大工の鋸を借り、妻のかがり針に少々やすりをかけ、妻を臨時の看護婦に仕立てあげた上で、これまでにないほど熱心に祈りを捧げた。手術は成功し、彼の評判は確かなものとなった。外国の任地から休暇で故国に帰っている医師たちが、最新の施設で勉強したがるのも無理からぬことである。

『医療伝道』について

後年、博士は自らの経験と観察結果をまとめて医療伝道に関する一冊の書物を著し、これはその方面での古典となって広く教科書として用いられている。『医療伝道』というタイトルで、学生ボランティア運動のための教科書として書かれ、一九二〇年に出版された。

この本では二百五十ページにわたって、世界中の苦しみ悩む何百万という大人から子供までの苦悶と訴えが代弁されている。地球上の広大な地域で好き放題に犠牲者から命を代価として払わせ、苦しみと悲しみを貢ぎ物として取り立てる、致命的ないまわしい病気の数々を、著者は私たちの前に提示して見せている。大人たちのうめきと、幼い子供たちの泣き叫ぶ声は、「病人を癒やしなさい(5)」という命令に従うことを懇願しているのである。

ランバス博士は、一つの真相を確かなものにしたり、故国に何かを訴えたいと思ったときの常として、今回も具体的な人間の例を用いて、「挑戦」と題する章を次のような言葉で締め括っている。その中に私たちは博士自身の活動の動機を見出すことができる。

筆者は伝道活動の任地に着くまで、宣教師の真の重要性を十分に理解していなかった。ある日、私たちの蘇州病院に一人の中国人婦人がやってきた。「お願いしたいことがあるのですが、どんなことでも聞いていただけるでしょうか」と彼女は訊ねた。「そうできればと思いますが、どういうことでしょうか」と答えると、彼女は次のような話をした。「私は一小農の妻ですが、とても貧乏なのです。私の七十年の生活はとても辛いものでした。多くの苦しみを味わってきました。来る日も来る日も、私と主人は稲を栽培するために、泥の中で四つんばいになって這いずり回ってきました。私たちは鍬も水牛も持っていません。私の体はリューマチのために死にそうなほど痛み、熱で焼けつくようなのです」

彼女をベッドに寝かせ、薬を与え、その晩はどうにかできるだけ安静な状態になった。翌朝、外科の患者の回診をしたあとで、私はその婦人の病室を訪れ彼女のベッド脇に立ち、その手をとって訊ねた。「もうお粥《かゆ》を食べましたか。今朝の気分はどうですか」。「ええ、おかげさまでとても気分がよくなりました」と彼女は答えた。「ではどうして泣いているのですか」。その日焼けした頬を涙が伝っていたのだ。「先生、あなたは私にとても親切にして下さいました」。さらに続けて、「私は年老いた女です。私の一生は辛いもので、死ぬほど辛うございました。私には子供が生まれ、子供たちは大きくなって結婚し、よそへ行ってしまいました。でも一人として私の手を握ってくれたり、息子らしい優しい言葉をかけてくれたことはありません。先生、私がよくなっても私を送り帰さないで下さい。ここは天国です。私に掃除や炊事をさせて下さい。主人も庭掃除や門番をすることができるでしょう。どうかここに居させて下さい。ここは私のような老女にとっては唯一の天国なのです」。

私は彼女の荒れた手を撫でながら、我知らず涙が溢れてきて、老女の顔がかすんで見えなくなってしまった。一瞬、私の目にはもう一人の顔が映ったように思えた。それは「わたしの兄弟であるこの最も小さい者の一人にしたのは、わたしにしてくれたことなのである(6)」と仰《おお》せられた、あの偉大な「外科医」の顔であった。そのとき私は宣教師になるものの真の動機を見出したのだった。それは如何に深く心を動かすものであろうと個人が必要とするものではなく、巨万の群衆の訴えが如何に大きかろうと中国人のものでもなく、その言葉がどれほど断固としたものであろうと、命令や指令といったことでもない。それは主なるキリスト、主ご自身とその愛なのである。ここにこそ私たちを行動に駆り立てるものが内在しているのだ。このような弱き人々をないがしろにすることは、主を無視することなのであり、彼らの必要に力を貸すことが、すなわち主に仕えることなのである。宣教師の真の動機は、主の生涯の中に包み込まれ、主の愛の中に集中しているのである。(『医療伝道』　一八八、一八九ページ)

訳者注

(1)旧約　サムエル記上　十七章(口語訳聖書では「ゴリアテ」)

（2）Robert Browning (1812-89)　英国の詩人。ほとんど独学で詩人になり、最大作の『指輪と書物』を初め、宗教、恋愛、芸術などについて多くの詩を書いている。この詩は Asolando という詩集のエピローグの一部で、この引用では前の部分が略されているので分かりにくいが、「それ」というのは「私がどのような人間か」ということ。

（3）ローマのカエサル（英語ではシーザー）はクレオパトラをエジプトの王位につけた後、ゼラの戦いでポントス王を破り、「来た、見た、勝った」(Veni, vidi, vici) という三語からなる有名な報告を元老院に送った。ここでは発言者の言葉の簡潔さをこれになぞらえている。

（4）ギリシア神話の医神で、アポロンとコロニスの子とされる。

（5）新約　マタイによる福音書　十章八節

（6）新約　マタイによる福音書　二十五章四十節

第五章　種を蒔《ま》く者あり、刈り入れる者あり

さりながら人の命は向上の歩み、
神が繰り返し給う
静けく緩やかな聖歌に合わせ、
常に変わらぬ前進の歩をきざむ。
ホィッティアー（1）

中国へ、蘇州での宣教活動

一八八二年の秋にアメリカから中国に戻り、ランバス博士は改めて仕事に打ち込んだ。一八八〇年にはすでに検討されていた計画――蘇州《スーチュー》で医療活動を始めたいという計画は、留守中に機が熟していた。一八八二年十一月二日、彼は中国に到着し、同月二十日にはW・H・パーク博士とともに、その目的のために設置された診療所で仕事を始めた。一年ほどして一般人のための病院が開設された。

一九二二年病院開設への布石

それから四十年ほど経った同じ日、立派な病棟の献堂式に筆者も参加することができたのであるが、それは中国でも最高の病院の一つであり、近代的で広々として、あらゆる新しい設備を備えたものであった。このような病院を建てることは、ランバス博士の思いの中にずっと大きな位置を占めていた。アメリカ、スコットランド、イングランド、それにフランスで研究を続けていた間も、そのことはずっと気に掛かっていたと博士は語っている。パーク博士はランバス博士の妹と結婚し、四十年にわたるたゆまぬ奉仕で偉業を達成し、中国東部で名声と非常な尊敬、人々の愛情をかち得た人物であるが、

献堂式のときはまだ健在で、この誉《ほまれ》れある成果を喜ぶことができたのであるが、ランバス博士はその一年前に人生の旅を終えてしまっていた。A・P・パーカー博士は一八八三年に開所式の式辞を述べたが、この一九二二年のときにも参加し同席していた。

新旧病院の間には大きな差があった。一八八三年の中国と一九二二年の中国との間にも大きな違いがあった。この間に西洋の学問を学び、義和団の乱や日清戦争などがあり、大変革が起こり、キリスト教は中国の思想に食い込んできていた。それは新しい中国と新しい時代の始まりであり、およそ歴史の中でも最も恐るべき戦争(2)が終結した時期とも時を同じくしているのだが、この過程で中国は民主主義と人間および諸民族の最も大切な権利を守る側に立ったのだった。新しい病院は素晴らしいものではあったが、当時の旧病院が持っていた意味に比べると、この時代においてそれほどまでに大きな意味を持つものではなかった。新旧病院は、互いに花と果実のような関係にあった。病院の設立に着手するということは、そのこと自体が何かの始まりというよりは成就なのであった。宣教師会は初めから、一八四八年に最初の宣教師チャールズ・テイラー博士によって、医療に従事していたのである。同博士は五年間この仕事を続けた。それは後にW・R・ランバス博士の義父となるD・C・ケリー博士によって受け継がれたが、すぐに帰国を余儀なくされたために中断されることになった。次いで一八七七年にはランバス博士がこの仕事を引き継いだ。そしてここ蘇州の地において、この病院の開設により、この仕事はしっかりと根をおろしたのだった。これはランバス博士の先見の明と熱意によって始められた最初の事業だった。当時としては惜しみなく大きな規模で、素晴らしい発展の見通しをもって企画されたが、その後の発展がこの計画の正しかったことを立派に実証している。病棟はすぐに患者であふれ、この事業は一般の人たちの関心を引きつけた。民間や軍の有力者が訪問して報告もなされ、八人の役人が来たときは通常以上に礼儀正しく丁重な「叩頭《こうとう》」の礼で迎えられたと将軍たちは報告している。

もし彼らが見たことだけではなく、自分たちでしたことも全てありのまま報告していたら、知事は腹の底から大笑いしたに違いない。舶来の葉巻で気分が悪くなったり、お互いの体温を計り合ってみたり、仲間の一人に聴診器を当ててみたり、『フランク・レスリーの図解』の中の挿し絵について議論したり、切除された腫れ物で悪臭を放っている壷《つぼ》に鼻を突っ込んでみたり、彼らは確かにまたとない時を過ごしたのである。

地位の高い人たちが興味をもったことによる最も初期の成果の一つは、傷病兵の治療を要請されたことである。この仕事に関する最初の報告書の中で、ある珍しい経験について生々しく描写されている。ランバス博士が行ってみると、仏教寺院で一団の兵士が八月の暑さにうだっていた。中国人の医師が一人の兵士の太ももを切開して弾を取り出し、患部に膏薬《こうやく》をしっかりと貼っていた。分別のありそうな顔をした付添人が、膿《うみ》が外に出てこないようにするためにこのような処置をしたと説明した。「この状態で六日間、この連中は手足に膿がたまって悪臭を発し、血が付いたまま風呂にも入らずに寝かされていたんです」。一人の兵士の脚は可哀相に膝まで壊疽《えそ》にかかっており、別の一人は肺に突き刺さった槍のために気腫《きしゅ》にかかって息が切れてあえいでいた。さらに別の一人は五か所に弾丸を受けていたが、中国人外科医のナイフによる六つ目の傷が一番ひどかった。「弾は皮膚のすぐ下にあったので、外科医は部分的に錆びた長い真鍮のナイフを使ったのです」。弾丸、毒、膏薬、汚物などが混じりあって、自然の治癒力を打ち消してしまい、致命的な傷となってしまっていたのだ。博士はお湯と布を用意するように言った。「そんなものでどうするのですか」と看護婦が面倒くさそうに訊ねた。「手当てができるように患部を洗ってほしいのだ」。「私はそんなことをするためにここに派遣されてきたのではありません」と看護婦が答えた。ランバス博士は言った。「それならできるだけ早く出て行って、ここにはいない方があなたのためだ」。一人の僧侶が湯をもってきて、鼻に指を突っ込んで立っていた。外国人の忍耐はもはや限界に達し、ランバス博士は袖をまくりあげて格言を引用した。「事が成らんことを欲すれば自ら行うべし」。その結果、兵士たちは全員診療所の礼拝堂に移されたが、それは他に使える場所がなかったからで、彼らのうち五人は快復した。この出来事が契機となって、他の大勢の患者も送りこまれてくるようになった。

日課は厳しく定められていて、六時に起床の鐘の音で始まり、鐘を叩く音に従って次の行動に移り、就寝の鐘で一日が終わる。日課の中には宗教的教育も入っていて、主要な位置を占めていた。定時の講話と病床での奨励があり、聖書や小冊子が配布された。

ランバス博士が最初から自立を強調していたことは、注目に値する興味深いことである。幸いにもその理論を試してみるのに格好な機会があって、実行された。無料で治療と投薬が行なわれ、それが好ましくない前例となるようなことは、それまでにあまりなかった。初年度にその病棟が一般に開放された日から、病院を自立させる計画が急いで実行に移された。その実験は成功だった。病院は開院の日から援助によらない自立体勢をとった。以来四十年間、喜びをもって記録され、誇りをもって報告された。このことは、私たちの仕事を安売りすることにつながったり、また慈善ばかりが誤って強調されたり金目当てだと思われるのではないかと徒に恐れたりする中で人々を被救済民扱いすることにつながるのではないかという疑問を提起する。無私の奉仕活動と、しっかりした自尊心を養い堅持させることとの間に、はっきりとした線はまだ引かれていない。結局のところ大切なのは、私たちが人々に何を与えるかではなく、彼らの中に何を築き上げるかなのである。いずれにせよ、一八八三年末には一万ドルと評価された病院が、五千九百ドルで宣教師会のものとなり、約千ドルの赤字分はランバス、パーク両博士が負担したのである。

この真面目な事業のユーモラスな側面が、ランバス博士の目をのがれて記録から漏れることはなかった。次にご紹介するのは、疥癬《かいせん》を患《わずら》っていた家族に関する博士の報告である。疥癬とは、私たち自らの観察の結果、不治の病と私が考えるに至った病気、すなわちアメリカ型のソアヘッド［鶏痘の一種］である。

疥癬と菱《ひし》

蘇州の水門の外に住む、疥癬を患っていた家族のことを思い出す。ある日二人の子供を連れた母親がやってきたのだが、彼らは疥癬にかかっていた。手を腰に当てて彼女は言った。「先生、何とかしていただけますか」。医者はよく調べて言った。「できると思います」。「できるなら今すぐして下さい。私たちは死ぬまで掻きむしりたいほどなのです。本当なんです、先生」。少なくとも彼女は、自分のかゆいところを掻くのを断然楽しみにしているように見えた。「お礼は致します、先生さま。きっとさせていただきます。私たちは貧乏ですが、私たちが持っているもので、沢山もってきて差し上げることのできるものが一つだけあります」。三人は薬を受け取って帰って行った。一週間後、彼女は早速戻ってきたが今回は同じ病気の子供を四人連れてきた。彼女は約束通り、一袋の菱の実という形で支払いをした。それは困ると散々断っても、菱の実はどうしても置いてゆくと言って譲らず、実際に置いて行った。

次の週には六人の子供を連れ、菱の実をもって現れた。さらに次の週には最初の二人の子供と母親こそいなかったが、祖母と四人の子供が菱の実とともに登場した。さらに一週間たつと子供の従兄弟たちが来るようになり、もちろん菱の実は欠かさず、結局同じ一族の十六人を診ることになった。全員が同じ疾患にかかっていた。私たちは菱の実を生で食べたり、油で揚げてケーキに入れてみたり、菱のプディングも作ってみた。菱の実は台所に置かれ、貯蔵室にもあり、裏口に一袋、濾過器《ろかき》の下にも一袋置かれるという有様で、使用人たちにも分け与えたし、学生にも与え、空腹な患者たちにも食べさせたが、それでもまだ余った。私たちは厄介な菱の実を抱え込まなければならなかったのかどうか何とも言えないが、確信をもって言えることが一つ、いや二つあった。一つは、その家族は私たちが診た中で一番人数の多かった疥癬病みの家族だったということ、もう一つはこの人たちの感謝の気持ちが本物だったということである。

病院は発展を続け、様々な出来事が起きた。この初期の何年間かは、いかに興味に満ちたものだったことだろう。一八八四年の報告にある、コカインを用いた最初の実験に関する部分も興味深い。

コカインの利用

コカインという素晴らしい麻酔薬の効果が発見されたのは今年のことだった。この薬剤はすでに上海にも到来していたが、途方もない値段——一粒九十セント、あるいは一オンス四百三十二ドル——で売られていた。もちろん私たちには手の出ないものだったが、目の手術を予定していた可哀想な数人の患者のために、何とか少しでも手に入れたいと切に願っていた。ちょうどこのようなとき、ある日一人の身なりのよい若者が診療所に入ってきて私に面会を求め、往診に来てもらえるかどうかと訊ねた。できると答えると、三時に迎えの者をよこすからと言って直ちに辞し去った。時間どおり迎えが来て、私は彼の滞在先に連れて行かれた。そこで私は彼の母と妹に紹介され、すぐに病状を聞かされた。彼らは常州《チャンチョウ》市の地方行政官をしている役人の家族だった。この母子三人は一年間、ツァンツォー市（3）とその周辺で自分たちの所有する地所を管理してきたが、その土地は千畝《モウ》（4）を越える広さの農地だった。

私が訪問した五十日前、十七才になる妹が、兄といっしょに部分的にツァンツォー市に位置する丘の頂上にでかけたという。

そこにあった古い寺院もしくは宮殿の廃墟で、彼女は真珠とおぼしきものを見つけた。親指と人差し指ではさんで押してみると、それは細かく砕けて飛び散り、破片の一つが瞳孔《どうこう》の真前の角膜に突き刺さった。痛みが尋常ではなかったので、すぐに取り除こうと二人で色々やってみたが、無駄だった。中国人の医師が呼ばれて来たが、彼もどうすることもできなかった。それから他にもあれこれに熟達した人が次々と慌ててやってきた。ある者は破片を見つけることもできず、異物の存在すら疑う始末で、他の者は見つけるには見つけても、それを取り出す道具をもたなかった。内服薬を飲ませてそれを溶《と》かそうとした者もあった。さらに別の者はそれは体内の不調であると宣言し、長期間にわたって薬物治療を続けなければ毒素が目の中に残り、やがて体中のあらゆる組織に広がってついにはひどい熱で内臓を破壊してしまうとまで言った。

このようにして幾つかの都市の著名な専門家の診察を次々と受け、五十日という貴重な時を費やしたが、その間にも破片は角膜に深くもぐりこんでしまって、尋常でない苦痛に涙はとめどなく流れ、光に耐えられなくなり、眼球が眼窩《がんか》の中を絶えず急速に動いていて、私が初めて診たときには、その目は何も見ることができない状態だった。

破片を見つけようとして何度も失敗した後、私は彼女を中庭に連れ出して日光で照らして見たとたん、光っている破片を見つけることができた。初めはあり得ないと思われた真珠の話も、この時点で事実に違いないと確証されたが、同時に、除去するにはクロロホルムかコカインが必要だということも分かった。

その一家は広い地所を持っていて裕福だったし、私の診察を受けるために遠くの町からやって来ていた。舟をチャーターし蘇州に家を借りるために多額の出費をすでにしていて、最後の手段として外国人である私を信頼して試してみる決意をしたのである。

私はコカインを用いてはどうかと提案し、彼らは直ちに同意して必要な費用を払うと言った。少量の白い粉が上海から到着するとすぐ、彼らに知らせ、私の研究室に招き入れ、そこでM・フィリップ博士とランバス夫人と三人の医学生の立会いのもとに、新しい麻酔薬による実験が行なわれることになった。

母親はとても心配して、目玉を摘出してしまわないようにと何度も懇願し、溶液を自分で調べ、特に点滴器をよく調べてみるまで納得しなかった。午前十時十五分に四パーセント溶液が五滴たらされた。十時二十五分には目は「決定的に無感覚」な状態となり（一八八五年六月三日の私の日記にはそのように記されている）、十時半には目は感覚を失い、安定した状態になっていたので、私は白内障用のナイフをケースから出して、運のよいことに最初の試みで目に入っていた破片を動かすことに成功し、目から取り除かれた。それはあっという間に終り、異物はもう除かれたと知らせても、三人とも信じようとはしなかった。感覚が戻ってきて少女は苦痛から解放されたことを納得し、兄は妹がもはや苦痛を訴えないのを見て得心し、感嘆して後ろの方に黙って立っていた。母親はそうはいかなかった。破片は五十日間も目の中に入っていたのだ。どうしてそうやすやすと取り除かれようか。外国人医師は自分たちをだましているのではないか。彼女は熱心に娘の目を覗き込んでいた。目は確かに完全な形でそこにあった。「目を閉じてごらん」と母は娘に言った。「じゃあ、今度は開いて。真珠の破片があるような感じはするかい」。「いいえ」というのが娘の返答だった。「ではどこへ行ってしまったんだい」。「分かりません。でも目の中にはありません。間違いありません」と娘は答えた。

そこでようやく老婦人は状況を納得し始め、驚きと感謝が懐疑にとって代わった。彼女の感謝と歓喜はとどまるところを知らず、治療をした医師が閉口するほどの誉め言葉を浴びせたかと思えば、目にナイフを突き刺しても痛みを感じさせなかった薬に対しては、可笑しくて迷信的といってもよいぐらいありがたがっていた。これが発見から数週間にして世界の局部外科医術を革命的に変えてしまった治療法が、人口三千万以上の地方の中心都市において初めて利用された愉快ないきさつである。この薬品の価値は、特に中国中部で広く蔓延している眼病の場合、十分に評価しきれるものではない。それから一週間のうちに私は四度の手術で同じ溶液を用い、そのうち三回は全く痛みを感じさせなかった。

コカインを使用して成功した話を聞いた一人の中国人医師が、何事においても中国人が遅れているとは認めたくなかったので、中国にも同様の麻酔剤があり、その主成分は蛙の目の分泌液であると明言した。ランバス博士はそれを冗談として受け止めるつもりでいたが、その医師は長い間かかって蘇州の薬の卸売業者を片端から探してみて、蜜蝋によく似た、もう少し固くて黒っぽい色をした半透明の小さな塊を手に入れて帰ってきた。ランバス博士自身の言葉で、話の残りを語ってもらおう。

千年前からある麻酔剤

それは一オンス二ドル以上したが、混じりけのないものだったらもっとするだろう。しかし純粋なものは手に入れることなど先ず不可能である。この塊は細かく刻んで、ある種の木のこぶにできる小さな白いものと混ぜて、何時間か水に浸しておかれた。二十四時間で使用できる状態になり、試してみると確かに麻酔効果があることが分かった。舌も唇もすっかり麻痺してしまい、数分間溶液に浸した指は針を突き刺しても痛みを感じないぐらいに感覚を失っていた。例の中国人医師は、彼に限ったことではないのだが、この麻酔成分は他の何よりも蛙の目の分泌液に含まれると主張した。この薬品は用いられることこそ少ないが、中国では広く知られていることを私は後になって知ったのだった。中国人は重要な発見をしたり、もう少しで発見するところまでゆきながら、いつもそれを利用することができないでいるのは注目に値する。嘔吐《おうと》に特効があると医学雑誌でよく宣伝されているイングリーヴィン[5]と呼ばれる調合薬などは、当地では千年も前から使用されているが、最初に処方されたときと同じく、精製されないままの状態で使用されているのである。

見通し

最後の数行は、誠に甚だしく遺憾に感じずには書くことができない。蘇州における医療活動と病院それ自体が、私の心の中で大きな場所を占めるに至っていた。その仕事は開始するよりもずっと以前から計画され、アメリカやスコットランド、イングランド、フランスの最高の施設を調査していた間も、病院のことが心から離れることはなかった。

建物の建設、病院の運営。いずれにおいても理想にはほど遠かったが、それでも限られた資金、風土、機材などが許す限りの範囲で、私たちの願いに最も近いものなのである。家族の健康状態がずっと悪かったので、これ以上蘇州に居住することはできなくなった。

北京に転任
メソヂスト監督教会活動へ

このため、また他にも色々理由があって、この年、一八八四年末に博士は職を辞して北京《ペキン》に行き、メソヂスト監督教会の仕事をすることになった。ここで博士は、ある意味でロックフェラー病院の先

ロックフェラー病院への布石

駆とも言える病院を開設した。ロックフェラー病院の建物は建設に七百万ドルかかり、世界でも一番立派な、また最高の設備をもつ病院と言われている。これまでの任務を離れて別の任務におもむくという行為は、健康上の理由だけで説明できるものではない。この措置は宣教師会当局によって公式に承認されたものではないようで、マックテーア監督（6）の要請によって中止させられている。同監督はこの措置を認可されていないもので正式の手続きを経ていないと考えたのである。ランバス博士の気質や受けてきた躾《しつけ》などは、生涯にわたる習慣もあって、このような性質の規則違反とは全く相容《い》れない。それにもかかわらず博士が敢えて違反した理由は、この時期、宣教師会の指導者間に政策をめぐって鋭い意見の対立があったことと関係があるのかもしれない。博士の父も行動をともにしていたという事実は、博士の正当性、博士の教会に対する忠誠の証とも言えよう。

一八八五年十一月九日に招集された宣教師会の記録は、次のような項目を一つ記しているだけである。

ジェイムズ、ウォルター中国伝道活動からの辞任申し出

中国伝道部長　神学博士　牧師ヤング・J・アレン（7）様

親愛なるアレン博士殿。私たちはここに一八八六年八月一日をもって中国伝道から辞任する願いを、宣教師会に対して提出致します。また同時にアメリカ合衆国に帰国できるよう、ご配慮賜わりたくお願い申し上げます。

敬具

J・W・ランバス
W・R・ランバス

これに対して何らかの措置が取られたということは記録になく、休会動議のほか何か動議が出されたという記録すらない。議事録にはY・J・アレン議長とA・P・パーカー主事が署名している。マックテーア監督はその報告書の中で、ランバス博士の家族に病人がいることに注意を喚起しているが、辞任の件については何も述べていない。

訳者注

（1）John Greenleast Whittier (1807-92)　「クェーカー詩人」として知られるアメリカの詩人。『裸足の少年』などの作品で知られ、栄誉の殿堂 (The Hall of Fame) 入りしている。

（2）第一次世界大戦（一九一八年に終わっている）。この書物が書かれた時点では、まだ第二次世界大戦は起こっていない。

（3）Tsang-zoh（地図には見当たらないので、どのような漢字か不明。常州に近い小さな市と思われる）。

（4）一畝は二百四十歩の広さで、時代によって多少の変化があるが、五ないし六アール（六百平方メートル弱）ぐらいに相当する。

（5）Ingleevin と綴られるが、通常の辞書には見当たらない。

（6）Holland Nimmons McTyeire (1824-89)　南メソヂスト監督教会の監督。ヴァンダビルト大学の設立に貢献した。

（7）Young John Allen (1836-907)　アレン牧師とランバス父子との関係については『関西学院百年史　通史編Ⅰ』の第一章第二節に詳しく述べられている。

第六章　はるかなる地

わが時は限られ　長からず、
なし得る間に　ただ前進あるのみ。
風に向かいて胸を広げ、
定められし道を歩む。
ジョン・ヴァンス・チェニー（1）

一八八五年から八六年にかけて、ランバス博士の以後の生涯に著しい影響を与える二つの出来事が起きた。一つはメソヂスト監督教会に関連した北京での仕事で、博士は数か月間病院の設立に専念してきており、そのことについてはすでに触れたとおりである。何らかの理由で、博士は自分の教会での仕事および中国南東部との関係を断ってしまうつもりでいたのかもしれない。健康上の理由かもしれないし、あるいはメソヂスト監督教会当局との調整のための一時的取り決めだったのかもしれない。いずれにせよ、そのことで彼は同教会と良好な関係を保つことができ、その関係は最後まで変わらなかった。さらには医師としても、また中国政府や国民との関係においても、より広範な経験を積むことになった。

日本における宣教活動にあたっての問題（一八七六年手紙）

もう一つの出来事は日本で仕事を開始したことであり、父子でその仕事に任命されたことである。一八七六年という早い時期に、M・I・ランバス夫人が宣教師会に次のような手紙を書いていたことは面白い事実である。「日本での宣教は私たちが専従すべきだと思われます。日本はウォルターにとって、よい活動の場であるように思えるのです。しかし確信はありませんので、そのような考えを漏《も》らすことは控えるように致します。それでも、このことだけは敢えて申し上げることができます。もし私がもっと若くて、自由に行動できる立場にいたら、人々が学びたいという意欲と準備のあるその地に赴《おもむ》くであろうと。『すべての業に時と場がある（コヘレトの言葉三・一）』というのは良いモットーであり、私が忘れないようにしたいと思っていることです」。

一八八五年、J・W・ランバス博士は当時宣教師会の主事だったケリー博士に次のような手紙を書いている。「もし宣教師会が日本で伝道を始めるのでしたら、私はいつでも同地に赴いてお手伝いさせていただきたいと思っています」。このような気持ちは宣教の情熱と、救済のための神の計画と目的を研究してきたことから生まれたものである。また活動の地として日本を観察し、自分たちがこの帝国に足を踏み入れるべき時が来たという確信をもった結果でもある。これら二つの出来事が起きる以前に、ウォルター自身、アメリカにいた若き日々に父に手紙を書いて、宣教師としてどこで働くべきか助言を求めている。彼は中国からアメリカに行く途中に初めて通過した日本に強い印象を持っており、日本を活動の地とする可能性についても言及している。

ランバス一家を中国伝道から離れさせることとなった要因は他にも幾つかあったが、ここでそれについて論じる必要はない。それにこれらの要因は神の思し召しによるものではなかったかもしれないが、それ以前にも度々見られたように、何とか克服され神の栄光を表わす結果となったことは間違いない。

宣教師会、日本伝道の開始

一八八五年五月六日に開かれた宣教師会の年次総会において、次のような決議案がジョン・C・キーナー監督によって提出され、可決されている。

日本で伝道活動を開始し、そのために三千ドルを充当すること。（可決）

読むのに時間はかからないが、この決定がもつ影響の大きさと深遠な意味を理解するには何世代と要する。決定を祝うパレードもなければラッパの吹奏もなかったが、この短い一文によって、それから三十年後には世界でその存在を知らしめることになる運動が開始されたのである。

この仕事の開始にあたり、ランバス家の人たちが選ばれ任命された。このために、中国で何年も働いたあとに新しい言語を学習する必要が生じ、見知らぬ人々の中で一からやり直さなければならなくなった。これはウォルターの一生の生活設計において別の面でも、さらに激しく根本的な転機となった。彼は若いときから医師になるつもりでいた。骨折って勉学に勤しみ、医師として仕事ができるように備えていた。中国でも八年間、誠意をもって医療分野に打ち込んで卓越した成果をあげ、さらに大きな仕事をするための基礎を築いていた。日本に行くということは、自ら選んだ仕事を事実上放棄して、別の仕事に転向するということだった。当然ながらそれほど好みにあわず、またそれほど適合していないともいえる職である。彼は三十二才になっていた。年令と置かれていた環境を考えれば、このことがどういう意味を持っていたか、真の宣教師となるためには何が要求されるかということについて新たな認識も生まれてくるであろう。ともかく彼は自分の口からも献身的な妻からも、一言の不平も発することなく任地に赴いたとだけ申し上げておこう。彼らが不平を言うことは遂になく、またその点ではランバス家の誰一人として躊躇することもなければ、何であろうと快諾する精神に欠けることはなかった。

作戦や調査、討議に時間を空しく費やすことなく、遅滞なく正面攻撃が開始された。続いて拠点となる場所が選ばれ、政策が採択され、精力的な前進計画が立てられた。W・R・ランバス博士はすでに、マックテーア監督によって宣教の責任者に任命されていた。この任命をするに当たって、同監督は次のように書いている。「御父君の年令および健康状態を考えると、代わりにあなたに監督責任の荷を負って頂くのが妥当でありましょう。御父君の海外任地での長きにわたる忠実で価値ある奉仕を、私たちは過小評価するものではありません。これまでの活動全般と日本訪問で御父君が得られた経験は、あなたのお役に立つことでしょう」。それは大きな責任だった。博士は宣教師団のなかで最年少だった。その一員である自身の父母はまさにベテラン宣教師で、三分の一世紀にわたって立派な仕事を成し遂げてきており、賢明で献身的な先駆者としての仕事の数々は、宣教の歴史の中でも二人に不滅の名声を与えるものといえた。やはり中国から派遣されたO・A・デュークス博士は、よく訓練された経験豊富な人物であった。宣教地は活動するに困難な場所であった。二十年と経たない間に、それまで孤立してきた東洋から分離されて、長年におよぶ習慣を変えてきた国民が相手なのだ。彼らは西洋の学問を取り入れ、西洋の文明を喜んで迎え入れていたが、誇り高く内気な国民で、宗教においては保守的で冷静だった。土壌は豊かであったが、処女地ではなかった。合理主義と科学的精神が、すでに鍬を入れていたのである。なすべきことは即刻、かつ精力的に始められなければならなかった。

一八八六年にマックテーア監督が宣教師会に提出した中国伝道に関する総括的報告は、日本伝道の問題について大きなスペースが割かれている。同監督は日本で起こりつつある変化に対して注意を喚起し、一八五九年から六〇年にかけて彼の言う第一の大きなチャンスを失したように、今度は第二のチャンスを失う危険性について警告している。しかし、もし強力な宣教を確立する準備が整っていて、「過去二十六年間の進展に十分ついてゆくことができ、状況を十分に理解してその必要に応えることのできる人物が指導する」のでなければ、宣教を始めるのは賢明ではないだろうとも警告している。

このように事態が進展している間、日本のすぐれた伝道者であるジョセフ・ハーディー・ニイジマ(2)は「心の中に日本のための情熱を燃やし」、祖国の福音伝道のために祈り、懇願し、働いていた。彼はキリスト教教育を懇請する手紙を書き、その手紙は米国内で回覧された。その中で彼は次のように述べている。

古い日本は打ち破られ、新しい日本が勝利をおさめました。古いアジア的体制は静かに死に絶え、ごく最近になって移植されたばかりの新しいヨーロッパの思想が精力的に豊かに育ちつつあります。この二十年間で日本は大きな変革をとげ、もはや過去の状況に後戻りすることは不可能なまでに前進しています。古い着物を脱ぎ捨てたのです。さらにより良いものを取り入れようとしています。(中略)わが国の指導的な立場にいる人たちの心は、もはや旧式の横暴な封建主義には耐えられず、擦り切れたアジア流の道徳や宗教にも満足できないでしょう。(中略)真実を求める彼らの心には、キリスト教以外の教えは昔の迷信の遺物のようにしか思えないのです。

わずか三十二才の若きランバスが、他の使命や病院医療の管理の仕事を離れ、宣教師団を率いて新たな使命の基礎を築くために召し出されたのは、このような状況に直面している時であった。一八八七年、彼はその仕事に着手した。

後になって判明するのだが、彼がこの仕事に留まるのは四年に限定されるという、すでに触れたことよりもさらにきびしい制限が神の意志によって加えられることとなった。この短い期間に、彼は強力で幅広い基礎を据えたのだった。明白なことは、手に入る限りの西洋文学を片っぱしから読みあさり、無神論的で合理主義的な書物の影響も大いに受けているはずの、敏感で進取の気性に富んだ人たちこそ、彼らは教えなければならなかったということだ。キリスト教の指導者を養成することが、他のどこでもなくこの国でこそ必要な仕事だった。その結果、最も初期になされたことの一つが神戸に夜学校が開設されたことで、これは当時セントルイス・クリスチャン・アドヴォケイト紙の主筆だったW・B・パルモア博士の寛大な援助によるところが大きく、パルモア学院となった。この学校は長年に渡って、類まれな目立った機関であり、宣教師会による傑出した施設の一つに育っている。これは当時日本政府で働いていたN・W・アトレー[3]の指導の下に、一八八六年に始められたものである。

パルモア学院

広島女学院、ゲーンス

先見の明に富んだもう一つの実験的な事業は、広島女学院だった。ランバス博士は日本での一年目、広島地区を担当していた。そして彼の多方面にわたる働きの成果の一つが、この学校の設立だった。一八八七年、ほとんど最初からと言ってもよいのだが、ナニー・B・ゲーンス女史[4]がこの学校の運営に加わった。以来三十七年間、偉大な推進力となってきている。彼女は自分自身のためにも、この学校を永続的な記念碑として確立し、賢明に献身することで創立者の見通しの正しさを十二分に証明したのだった。建物はこの上なく居心地悪くて決して満足のいくものではなく、資金もまるで不足するなど、当初はこの学校にも浮き沈みがなかったわけではない——そして二年にわたる実りのない嘆願と失意との戦いの末、門戸を閉さざるを得なくなった。その結果ランバス博士は神戸に移ることとなり、そこに伝道の中心を置くことに決まった。それでも広島女学院の再開のための資金を得たいという博士の懇請は、少なくとも数か月以内に学校が再開され、以来常に影響力を増し評判を高めつつ存続していることを見れば、無駄ではなかったのである。その結果、神聖な目的に捧げられた知識の感化力をもって、何千という日本の家庭の祭壇に信仰の灯をともし、国の多くの上流の人たちにも影響を与えてきているのである。

一八九〇年にランバス博士が宣教師会に提出した報告書の中で、一八八九年七月十五日の定例宣教師会で、男子の学校を開くために取った行動に関して、次のように触れている。

日本における二つのメソヂスト教派の合体が既成事実となるまでは、わが教会の利益を考え、教育関係者を神戸に集中すること。また教育事業の全部門は当地で運営すること。さらに関西学院において聖書教育が十分に行なわれるための教職員と施設を備えるよう、直ちに措置を取ること。さらにまたメソヂスト監督教会の日本宣教師団の主事に、このことについて告知するように監督に指示すること。（可決）

それから三十五年の歳月が過ぎ、本文を書いている現在、「未だ二つのメソヂスト教派の合同は」既成事実とはなっていないが、幸いにも実現の曙光《しょこう》が見えかけてきている。

一八八九年の九月、関西学院が神戸——と言うよりも、神戸から三マイルほど離れたところにある原田村——に新設された。始まりはささやかだった。古くて粗末な建物を確保し、特有の無私の精神で若い方のランバス夫妻は、購入に必要な条件を満たすためにそこに移り住み、建築中も屋根裏に寝泊りし、この学校の基礎を据えることができるならばと、居心地の悪さにも不自由さにも喜んで耐えた。このように何事にも適応し、不自由さを快く受け入れる精神は、博士の娘が語る次のようなエピソードにもよく表れている。

父はよく、母といっしょに初めて中国で所帯をもったときのことを話してくれました。二人はアメリカ製のストーブと、これで十分だと考えた煙突を注文したのですが、いざ配達されてくると、煙突は五インチばかり短かったのです。極度に寒い時期で、中国の町では余分の煙突は手に入りません。父は往診を頼まれ、帰ってきてみると、母は積み重ねた二つの大きな箱の上にテーブルを置き、食卓をその前に移動させて、その上で揺り椅子に腰をおろして本を読んでいました。何週間も、二人はこうして暖をとったのでした。

関西学院の土台は、祈りと信仰の中に築かれた。それ以外に始める手段がなかったからである。すぐに二十人の男子学生が集められ、事業は大海に向かって船出した。一人の学生が次のような言葉で、この学校について写実的な詳しい説明をしている。

関西学院と名づけられたカレッジは、神戸から三マイルほどのところにある原田村に、キリスト教伝道のため昨年九月に設立された。キャンパスには一万坪（約九エーカー）の土地に現在のところ、寄宿舎が一つと教授住宅が二軒建っていて、立派な芝生や老木、そのほかにも植物が植わっていて、新鮮な空気と季節ごとに美味《おい》しい果物を与えてくれる。生き物の命を支える母なる瀬戸内海が私たちの前に広がり、背後には宝が埋蔵されているという摩耶《まや》山が控えている。普通学部と神学部に現在三十人ほどの学生が所属し、そのうち五人は神学生で、私もその一人である。始祖の地エデンの園を夢見ようとも思わないほどに、学校の立地条件は良い。健康を維持するのに十分な食事も与えられている。

この学校が国民のために開かれた日以来、教授たちは私たちが知識を身につけるだけでなく、厚い信仰心をもつように祈り励ましてくれている。神は教授たちの祈りに応えることを忘れたり、躊躇したりはなさらない。私たちは確かに主イエス・キリストの恩寵の中に、主のことを知りつつ成長していると信じ、感じている。私たち寄宿生は毎晩祈祷会をもち、貧しい主の召し使いであるけれども、神の祝福と憐れみが私たちの上にあり、様々な誘惑から私たちを守り、シオンの神殿へと導いていて下さることを感じるのである。

定例の祈祷会で信仰を新たにし、精神の変革をとげるようになってから、新入生の心は聖霊の力に感化を受けるようになり、初めのうちこそ救いの福音に耳を傾けなかったものの、信仰者同様、正義の太陽に全面的に顔を向けるようになった。だから、今では完全にキリスト教の学校であり、寄宿生は例外なく熱心なクリスチャンなのである。

この学校の地所に関して所有権を確保するために支払いが必要になったとき、資金がなかった。支払いをするか土地を失うかの瀬戸際だった。ランバス博士は香港上海銀行に行って、借金を申し入れた。金銭も担保も保証人もなく、あるのはランバス一家の名誉と誠実さと、宣教師団の評判だけであった。この外国の銀行は彼らを信用し、金を貸した。その時から今日まで、ずっとそうである。宣教師団と宣教師の信望は最高であって、いかなる会社にとっても宣教師会よりも信用できるものは世の中にはないのである。関西学院創設の資金は、ヴァージニア州リッチモンドのメソヂスト信者の銀行家トーマス・ブランチ氏によって提供された。

J・C・C・ニュートン博士(5)を部長として、神学部が直ちに開講した。学院は初年度の大伝道集会で恵みを受ける。三十人の学生全員がクリスチャンになり、四人は伝道に献身することを申し出、二人は女性伝道師を志した。学生の集団は、周辺地域に福音を伝道する実行部隊となった。この学院は今では全国でもすぐれた学校の一つにまでに発展した。一九一〇年からは、南メソヂストおよびカナダ・メソヂスト宣教会が対等の関係で関与している。現在千七百人の学生と約百万ドルの価値のある設備資産を所有している。この間ずっと、この学校はランバス博士が最も関心を示してきたものの一つであり、日本での初期の頃の苦闘とは切っても切れない結びつきをもっている。

日本での学校事業は、この国の現状と、宣教師団の現在および将来の必要を考え、賢明に計画が立てられた。日本ですでに確立している立派な教育制度を考慮すると、初等教育や、その延長線上のいかなる学校も設立は不要であった。宣教師会がその全精力および持てる資源のすべてを傾注することができる女学校と男子学校が、少なくとも初期の時代には、指導者を産み出すのに有効な礎となると判断された。宣教を一から計画した知恵と先見の明は賞賛に値する。一八八七年に宣教師会へ提出したランバス博士の報告の中で示されている概要は、事業を計画した際の注意深さと完全さを示すものとして、ここに引用する価値がある。

神戸を基本的活動の拠点化

私たちは基本的活動の拠点を神戸に置くことを、正式に決定しました。

一、神戸を私たちの正式の活動分野の拠点とします。メソヂスト監督教会はここから北に二百マイル、および南に三百マイルまでを活動地域とします。

二、神戸は現在完成が急がれている鉄道線路の中心であります。

三、神戸は四季を通じて、日本で一番健全な港市であります。

四、神戸は瀬戸内海に面していて、近海航路の船はすべてこの港を寄港地としております。

五、条約港として、ほぼ毎週、アメリカ、中国、イギリスの船の往来があり、内陸部では得られない利点があります。居住権そのものも、条約港以外の所では私たちが国内の団体に教師として雇われていない限り、改正条約が批准されるまでは許されていません。

六、神戸は高い丘陵地の南斜面に位置し、大阪湾に達しています。酷寒の冬と炎熱の夏が支配する

（上）ランバス監督とユン将軍（旧朝鮮陸軍最高司令官）
（下左）砂本貞吉牧師（日本年会が生んだ最初の日本人牧師）
（下右）T・H・ユン男爵（朝鮮での私達の教会の最初の会員で、英国朝鮮学校の最初の功労者）

長い海岸線のほぼ中央に位置しており、見晴らしが良く、幅の広い立派な道路が走り、二十五万の人々がすでに居住し、そのほかの人たちも私たちのように熱心にここに足掛かりを求めているのも当然と言えましょう。

運営計画

これまでに練られた範囲での計画は、以下のとおりであります。（一）神戸を拠点、ならびに補給地点として強力に腰を据えること。（二）同市を通って北東および南西に伸びる基本線を確立する。この線は北東に二十マイル伸びていて、帝国第三の都市である人口三十万の大阪までは鉄道で達し、ここからさらに京都（神戸から四十五マイル）に達する。ここは千二百年にわたって世間と引き離されていた御門《みかど》の御座《ぎょざ》だった西の都であり、今でも仏教や神道の有力な中心地であります。しかし今では京都にも公立私立を合わせて多数の教育施設のほかに、日本で最も活発なキリスト教のカレッジも存在しています。精巧に社寺が築かれた神聖なる京都の丘で大切に保持されている無知と迷信を確実に追い払うには、丘の下に広がる平野に点在し、キリスト教と科学を学ぶ学生が集う簡素な白塗りの建物の存在を認めるほかありません。神戸から、じわじわと二十五万の人口をもつ帝国第二の都市(6)の中心へと楔を打ち続けることです。さらに十一マイル先には長さ五十マイルの琵琶湖があり、その周囲に琵琶湖巡回教区があります。

一方、神戸から南西の基本線は、瀬戸内海の北岸に添って五つの地方を通り、神戸から二百マイルのところに位置する広島で、広島巡回教区に通じています。そこからさらに百マイル続いて周防《すおう》地方の主要都市山口を通り、陸地の端で終点となりますが、ここは本州の最西端になります。ここで幅僅か一マイルの下関海峡を境に、九州で活動しているメソヂスト派の兄弟たちと出会うことになります。現在私たちは、通訳の助けを借りてこの線に添って仕事をしています。可及的速やかに、北東方面では大阪、京都、琵琶湖に、また南西方面では尾道、広島、山口、下関に駐在してくれる人材が本国から派遣されることを願っています。この南西方面の地点はいずれも重要な商業の中心で、瀬戸内海に散在する何百という島、何千という村に影響力をもっています。

日本の住民は、内陸部がアクセスの悪い山地であるという理由から、大部分が海岸線に沿った狭い地域に集中しています。そしてシベリアの冬の直撃を受けて、北部沿岸では国内の他の地域よりも寒風にさらされるため、この火山性大山脈の南側に人口が集中する傾向があります。ここが私たちの活動の場であり、奇しくもこれまでのところ定住宣教師たちは一か所にだけ居を定めているのです。私たちは最近になってこの地に到着したばかりです。神意によって私たちに開かれている土地に対し、精力的に活動を始めましょう。この計画を成功させるために、毎年少なくとも二人の人物を派遣されることを要請致します。

田中義弘からの手紙

筆者に宛てた次の手紙は、ランバス監督の最初の教え子で、最初期に聖職へ献身した者の一人によって書かれたもので、同監督の生涯のこの時期のことを明らかに説明している。彼は長年にわたる親交に基づいて語っている。

親愛なるピンソン博士殿、一九二二年五月三日付けのお手紙に対する返事として、私たちの敬愛するランバス監督のお人柄について一筆啓上できますことは、私のまことに喜びとするところでございます。

（一）日本語の学習について

三十年ほど前、大分から宇和島まで伝道旅行でランバス監督に同行致しましたとき、先生は船上でも一日たりとも日本語の勉強をおやめになることはありませんでした。私が船酔いで少々弱っていたときにも、先生は手帳を取り出して私の言った日本語を書き留められるのでした。

先生はとても熱心に勤勉に学習なさいましたので、同じ部屋にいた誰もが進んでお助けしました。先生は公衆の面前でも恥ずかしがることなく日本語で話されましたので、多くの日本人と知り合うことが一層容易になったのです。

（二）宇和島での老伊達《だて》公爵の友人たち

神戸から初めて宇和島に旅をされたとき、この地方都市宇和島の町民たちの間に噂《うわさ》が広がりました。練達の医師でランバス博士という名の新任の宣教師がやってくる、というものでした。病気で伏せていた老公がその名を耳にして、この宣教師の医師を是非自宅に招いて診察を受けたいと思われたそうです。

ランバス博士は訪問されると、日本のしきたりに従って、とても礼儀正しく、八十才を越えていた病める公爵に対して心からのお見舞いを申されました。ランバス博士は神戸に戻られてから、聖書と栄養に富んだ食物と薬を公爵にお送りになりました。その結果、先生の親切は一般の人々からも感謝され、福音宣教の新しい道が開けたのです。

私も同行させていただきましたが、先生の二度目の宇和島への旅では、病気の診察を受けるため、そして魂の救済を求めて、多くの人々が先生の泊まっておられた旅館にやってきました。

このようにして宇和島教会の基礎は、大きな期待とともに築かれたのです。

（三）若き日本人伝道者の養成

神戸に新しい学校――関西学院が創設され、先生は初代院長兼神学部の実践神学の教授になられました。この科目での先生の講義は教科書の範囲にとどまらず、キャンパスの近くにある山の森林に学生たちを連れて行っては自由に実地の演習をさせられました。先生の教え方は、課題を行う際に幾らかの自由を与え、学生たちの考えを正しく評価して学習意欲を高めていくというものでした。

（四）日本での事業に対する姿勢

一九〇九年にカナダ・メソヂスト教会と米国の南メソヂスト監督教会の間で、関西学院で日本における教育事業を合同で行うための協議がなされていたとき、先生は私の意見をお求めになりました。そのとき先生は、「これは日本人のためにすることだ。もしこのことが日本人の利益にならないのなら、私には何も現状を変える理由は見当たらない」とおっしゃいました。

このことは、伝道のことであれ教育のことであれ、日本での事業に対する先生の姿勢を表しています。先生はいつでも日本人の幸せのことを真剣に考え、常に現実的に日本人の力になろうとされていました。

（五）先生のもてなし

先生は友人たちの個人的な出来事をよく覚えておられて、昔あったことを先生が語られて皆が思い出すということも稀ではありませんでした。外国のお友達の名前も、本当によく覚えておられました。

私は今日まで牧師として生活をする上で、先生には大変お世話になっています。特に私が米国留学中、金銭的なことでも個人的なことでも、先生が示して下さったご友情には感謝しております。現在私は、極東で一つの星が失われたことを心から惜しむものです。

敬具

一九二二年六月一日　　日本国　神戸　関西学院にて　　Y・田中

メソヂスト監督教会との間で親密な協力関係が保持されること、および東京にあるその書店が書籍、パンフレット、印刷物の補給基地として援助されることが合意された。このことは合同の精神が引き継がれ、その結果二十年後に日本メソヂスト教会が結成されることを予言するものであった。

　ランバス博士は社会事業や教育事業を主とする伝道を強調し過ぎるというふうに考えられることが、これまで時おりあった。このような結論は、博士が創立者となり推進者となってきた施設の数と重要性に基づくものである。表面だけを見るならば、この点では少なくとも疑う余地があったことは認めなければならない。これを認めると、奇妙な問題が出てくることになろう。何故彼は、それまでに受けてきた訓練や伝統の一切に反するよう政策を取るに至ったのだろうか。彼の父が口頭で福音を語り伝えることが最も重要だと信じていたことは、よく知られている。彼の理想とする宣教師像は、「荒れ野で叫ぶ者の声がする[8]」であった。その生涯は、この確信が真実であることを長期にわたって堂々と実証した。

　ウォルター・ランバスの最も初期のころの思い出は、父が会堂や家庭、路傍で、また大通りの群衆の中で、語られる言葉のもつ力を信じて疑わない崇高な信念をもって、倦《う》むことも失望することもなく説教をし続けた、忘れることのできない伝道旅行だった。印象的で、いつまでも消えることのない印象だった。これは宣教師、それも説教者としての宣教師になろうと早くから決意したことの中にも現われている。しかし彼自身は、医療宣教師になった。この事実は、施設を造るという形での宣教に彼が重点をおいたことを説明するため引き合いに出されることである。キリストの贖《あがな》い主としての愛を表わすことになり得る経路として、人間の心身のために奉仕をする施設に価値を認める彼の理解を強めたかもしれない。おそらく強めたのだろう。しかし忘れてはならないのは、彼が宣教の準備をしている間に、「医療をしようとしまいと」御言葉の宣教者となるための準備をする決心を固めていたということである。そして中国で最初の任務を果たす際に、彼は宣教と治療を同時に行いながら受け持っていた何百マイルにも及ぶ地域を巡回したのである。またここ日本では、何が必要とされているかを調査するために、まず手始めに広範な巡回説教を行い、その必要に応じるために取り入れられるべきキリスト教の組織形態はメソヂスト派であるという結論を得ているのである。

博士がともかくも日本に来ているのは、私たちがここで論じている点を含む宣教師の政策に関する論争が原因だと言うことも、あながち間違いではなさそうだ。中国では指導者の間で激しい感情の対立があり、ランバス博士が中国で仕事を始めたのは、ちょうどその対立が頂点に達していた頃だった。一八八五年に博士の父が辞表を提出し、翌年米国に帰国する許可を願い出たとき、博士もその行動に同調した。この点に関する記録はあいまいであるが、この争いに端を発するものであって、W・R・ランバスとしては父に対して子として忠実に従ったものであり、老ランバスの信念や習慣に一致しない政策、論争に対する抗議だったと推測できる。この推測が正しいとすれば、博士が仕事の利益を優先して後に矛盾しているとの非難に敢えて身をさらしたとしても、それは息子の心の広さに帰すべきことである。

この出来事のことをここで紹介したのは、W・R・ランバス博士が福音伝道を主とする宣教に対して、事業による宣教を強調した問題と関係があるからである。この二つの宣教の違いは現実的なものというよりは理論的なものであり、本質的な事実というよりは何に強調を置くかという問題である。

しかしこのこととは別に、もっと大きな問題と極めて興味深い関係を孕んでいる。もし中国で論争がなかったとしたら、果たして日本で宣教は開始されていただろうか、ということである。宣教師会は借金を負っていた。働き手は中国でさえ不足していて苦しい状態だった。マックテーア監督は一八八五年の報告書で、慎重にこの問題に触れているが、その中で述べられている条件の一つは、「そのことによって中国伝道が損害を被ることがあってはならない。日本でどれほど得るところがあったとしても、それで中国での損失が償われるものではないからである」というものであった。同監督は日本伝道を五年延期し、その間に中国伝道を強化することに専ら注意を集中するよう提案している。その言葉の調子は政治家のようであって、返答するのが容易ではないように思われる。しかし神の御意には、私たちが最も正しいと考える合理的な推論をも超越し、あるいは覆すこともできる政治性があることを、歴史は十分に立証している。ただ一人の方だけがすべての事実を見ることができ、その方だけが未来のすべてを見通されるのである。神の御手により、不可思議で傍若無人とさえ思える力が働き、不思議にも恩恵をもたらす結果を生み出すのである。

もし私たちが五年間待っていたら、どうなっていただろうか。この五年間で、日本帝国憲法が発布され、最初の国会議員選挙が行なわれている。西洋の教育が普及し、有害なものも多く含む西洋の文学は増え、このすばらしい国民の新しい理想が形成され始めたのである。最も経験豊かで訓練を積んだ働き手を中国から迎えることによって、啓蒙的中心施設の土台を据え、軌道に乗せたのである。これだけのことは五年を経過させた後ではとてもできなかったはずである。もし中国における論争が、パウロとバルナバ(9)、ペトロとパウロとの間に起きた論争(10)と同じく、たとえ中国における全体的に不十分な伝道を犠牲にしてでも日本伝道を遅滞なく開始させることを可能にし、かつ正当化し得たとしたらどうだろうか。日本伝道の機会を作り出した人たち、およびその結果によって「その知恵が愚かにされた(11)」人たちの高慢の鼻をへし折るのと同じ程度に、失敗が多くて力にも限界がある中で神の意志を実現しようとしている人たちに対する神の摂理の賢さと不眠不休の導きを益々強く感じさせるのである。

直接教えを説く伝道に対するランバス博士の態度に関して、この点での博士の熱意については諸事実がその証人である。初めに計画されていた宣教では、福音伝道が大きな比重を占めていた。最初に検討された区域を、ランバス博士はほとんど休む間もなく旅して回った。広島にいたかと思えば、神戸で伝道集会をしており、次は多度津に姿を見せ、大分《おおいた》は年に五回訪れて、そのうちの一回は「主の栄光に満ちたリバイバル」の集会に出席し、さらに宇和島、松山、徳島(12)、大阪などにも姿を現わす。その旅行はアメリカ国内を旅するようには容易でないことは想像に難くない。博士自身が語っている独特の出来事をお話しすれば、よい例になるであろう。博士の一行はある日本旅館に泊まっていた。ちょうど真夏で蚊が多く、遠慮なく襲ってきたが、旅館に蚊帳《かや》はなかった。夜遅くウィルソン監督が暑気と蚊を逃れるすべを求めて歩き回っていると、ウェンライト夫人はスカートを蚊帳替りにしており、ウェンライト博士(13)はズボンを自分の上に吊して、ズボンの片足で顔を蚊から防ぎながら床の上に寝ていたのだった。

伝道が開始されたばかりのこの頃は、何か話があると急いで至る所に伝えられた。彼らが直面したのは単に不自由だけではなかった。人々の暴力や怒りに直面することも度々あった。最初に牧師になった日本人の一人はT・砂本(14)なのだが、彼は船長を引退し、サンフランシスコでクリスチャンになった人である。彼は自分が救われた話を同胞にしたいと思って帰国していたのだった。カリフォルニアに戻るつもりでいたのだが、ランバス夫妻に出会って、そのまま日本に留まることになった。私が一九一二年に初めて氏に会ったとき、彼は人々が礼拝堂に石を投げ、彼らを襲い迫害するのが常だったと語ってくれた。「今では楽になりすぎました」と彼は語り、胸を叩きながら「ここでは私たちに力はありません。時には迫害が私たちに力を与え、主が傍らにいて下さるのもそのお陰なのです」。

当時ホノルルにいた砂本氏に宛てたJ・W・ランバスの次の書簡をここに挿入するのに何か理由が

必要なら、当時の仕事の様子を生き生きと表わしているからだと申し上げれば十分であろう。

親愛なる兄弟、砂本様。嬉しい知らせをお伝え下さった十二月二日付けのご親切な歓迎すべきお手紙は、二、三日前に無事に届きました。親愛なる兄弟よ、神が聖霊による喜びであなたをそれほどまでに祝福して下さったことを、あなたとともに私もうれしく思います。あなたがどれほどお幸せであるか、私には分かります。神は何年もの間、私にも同じ喜びと平安を与えて下さったのですから。度々私の魂を訪れたイエス様の大いなる愛について、それは言葉では言い表わせない喜びだと申し上げたことがあるのを覚えておいででしょう。主は時に恵深い約束で私の魂を満たして下さるので、私は「お我が魂よ、主を誉め讃えよ」と叫び出したい気持ちになり、イエス様に隠し立てするほど価値のあるものなど存在しないと感じるようになるのです。私は全身全霊、私の時間、存在、すべての財産を喜んで主に捧げたいと思います。神が愛と聖霊であなたを充たして下さるとき、あなたもきっと同じようにお感じになることでしょう。私がイエス様のために働きたいと思うことも、不思議にはお思いにはならないでしょう。イエス様への道を、日本の人たちに私がお教えしたいと思うことを怪しんだりできますか。ああ、私がこの国の言葉を日本人と同じ程度に話すことができたら、この人たちにイエス様の愛とみんなのために死んで下さったことをお話しするために国中を歩き回ることでしょう。イエス様を通して救いの知らせをあなたの同胞の方々に広く語ることができるよう、神が私の舌を自由にして下さるように、どうか祈って下さい。（中略）この前いただいたお手紙を何人かのこの国の兄弟たちの前で読みましたが、とてもためになりました。度々お手紙を下さい。主があなたをさらに豊かに祝福して下さり、あなたが早く日本にいる私たちのところに帰ってこられるのを助けて下さるよう、お祈り申し上げます。同信の友人たちにも私のためにお祈り下さるようにお願いして下さい。

キリストにあって、いつまでもあなたの兄弟たる　J・W・ランバス

一八八九年十二月三〇日　日本国　神戸　山二番(15)

親愛なる兄弟、砂本様。ご親切なお手紙を一週間前に拝受致しました。お便りをいただき、本当にうれしく存じます。私があなたに宛てたこの前の手紙については何もおっしゃっていませんが、ホノルルの日本領事宛てに出しました。あなたがハワイの島々で、あなたの同胞たちと共に働きながら、大いに希望を与えておられることを知って喜ばしく思います。これまでにあなたから二、三通のお手紙をいただき、また二、三人の若い方があなたからのお手紙を携えてご当地から来られました。その手紙を目につくところに置いていつでも見つけ出せるように、どうかその手紙を私に下さい。私たちは今も多度津でよい成果をあげており、会員たちはとても熱心で、自分たちの教会を建てようと決意しているようです。何人かの人たちは家から鎧、あるいは刀をもってきました。今では鎧が七つと刀が二十振り集まっています。いずれも売って多度津に教会を建てる費用にするためです。アメリカの誰かが買ってくれて、この人たちが会堂を建てるのを助けて下されば、とてもうれしいのですが。

あなたがこちらに来て、日本で私たちの仕事を手伝って下さることができるよう、切に願っています。祖国にはいつお帰りになられますか。できるだけ度々、お手紙を下さい。クリスチャンの誰かが日本に戻ってくるときは、いつでも私に知らせて下さい。その人たちに会ってキリスト教の仕事をしていただけるように、その人たちの住所も教えて下さい。三谷兄弟に、ご家族の皆さんが幸せに暮らしておられ、他の人たちをキリストに導くように努めておられるとお伝え下さい。（中略）親愛なる兄弟よ、私はキリストの福音がこの国に広められ、国民みんなに知られるようにする必要を日々ますます感じています。神の御恵以外のいかなるものも、人々が互いに愛し合うようにすることはできない

のです。

できるだけ早く、また何度でもお手紙を下さい。あなたがすべての災害や病気から守られ、多くの成果をあげられますよう、主にお祈り申し上げます。私たちみなから心からのご挨拶をお送り致しますとともに、私はあなたのためにいつも熱心にお祈りしています。

いつまでもキリストにあって兄弟たる

J・W・ランバス

一八九〇年四月九日　日本国　神戸　山二番

このパウロの弟子ともいうべき伝道者、砂本は、現在も下関市に住み、同市に建てようとしているランバス記念教会のために働き、絶えず祈りながら、その信仰は昔と変わっていない。彼はランバス夫妻が広島で初めて泊まった質素な日本旅館に筆者を案内してくれた。最近になってこの宣教師を批判する者が何人かいるが、この旅館を一度訪ねてみるとよい。そこで学ぶことは、今日の若い宣教師にとっても不都合はないだろう。

すでに引用した砂本兄弟の迫害と力に関する発言の正当性は、大分市で起こった注目すべきリバイバルで証明済みである。はるか昔にカトリック教徒を根絶やしにしようとした迫害の歴史をもつ同市で、若い改宗者だけではなく、宣教師たちの信仰をも厳しく試していたのは、迫害が多く見られた時期であった。有望と思われていた事業も永遠に阻止されかねない情勢だった。その忘れることのできない経験を共にした一人の目撃者によって当時書かれた次の記事は、一八九〇年五月二十日のミッショナリー・レポーター誌に載せられたものである。

この一連の迫害は、ウェンライト博士およびその弟子である一団の高潔な若者たちをひざまずかせた。私たちが大分に到着するころには、近く神の恵みが雨と降り注ぎそうな雰囲気が彼らを覆い、教会を満たしていた。十二月三十一日の夕刻、私たちのうち四人が兄弟の居間に集まり、一体となって祈り、改めて献身の誓いを立てた。そのときそこで、私たちはかつて経験したことのない、全能者が実在し給うという啓示を与えられたのだった。二時間に渡り、私たち四人は神と格闘した。それは私たちにとってのペヌエル(16)だった。私たちは神に面と向かい、御心にとめられたのだ。私はこのことを、畏れと謙虚な心で申し上げる。これほどへりくだったことはかつてなかった。清く聖なる神が畏れ多くも眼前に現れ、私たちを主の御前にひれ伏させたのである。二時間後、私たちは顔を上げ、押し黙ったまま驚き、互いの顔を見つめた。私たちの肉体の内に起こったことなのか、そうではなかったのか、分からなかった。夕食を食べることもできず、私たちはこぞって隣接する礼拝堂に集まった。日本人である兄弟の一人、吉岡兄弟(17)が神に導かれたように説教を始めた。それまで誰の口からも聞いたことのない説教だった。聖霊が力強い勢いで私たちの上に降り、竜巻のように吹きつけてこの集まりを揺り動かしたのだ。回心し、罪の自覚に目覚めた。罪から贖われた者の叫びは天に昇ったのである。四人の若者が、この集まりの後、聖職に献身している。二人は私たちの神戸聖書学校にいる。また二人の女性伝道者が与えられた。この若者たちは——神よ、彼らを祝福し給わんことを——その夜十二時を過ぎてから急いでその家を出て自宅に戻り、異教徒である両親を重い眠りから目覚めさせて、涙ながらに悔い改めることを説き勧《すす》めた。主は彼らの祈りに応《こた》え給い、何人かの両親は翌日、あるいは翌々日にやって来て、目に涙を浮かべて息子たちのことを誤解していたと告白した。

さらに十日のうちには、神戸にある私たちの学院にも祝福が訪れた。これを書いている時点で、私たちの寄宿舎には未信者の生徒は一人もいない。一人残らず、キリストを自分の救い主とする信仰を告白したのである。先生、ともに喜んで下さい。これは本当に主の御手のわざなのです。「主の手が短くて救えないのではない[18]」。

このとき、ランバス博士と吉岡博士とH・中村[19]が来合わせていた。ウェンライト博士も、彼らの訪問のあとに起きた注目すべきリバイバルについて、次のように書いている。ランバス博士と話していて分かったことは、ウェンライト博士は色々の障害と迫害の中で、ランバス博士は宣教師団の統率者として新しい不慣れな重荷のもとにあって、共に異常なまでに熱烈で絶えざる祈りに導かれていたということである。ウェンライト博士に語ってもらおう。[20]

その年の大晦日《おおみそか》だったか、一日か二日前だったかは思い出せないが、教会員に告知されていた夕拝に先立ち、午後四時頃、私の書斎で私たち四人、すなわちW・R・ランバス、Y・吉岡、H・中村、そして私は、ひざまずいて祈っていた。そのまましばらく時間が経ち、ランバス博士が祈っていたときにとても不思議なことが起きた。慎重に言葉を選び、祈っていたのだが、彼の声が突然弱くなり、徐々に声にならなくなってゆくように思われた。彼の言葉から、神がその場に居給うことを感じて心が乱れているのだと分かった。彼は自分の力では耐えられないほどの圧迫から解き放って下さるよう、懇願していた。彼の心を乱し恐れさせているのは、神が近くに来られて、不思議にも自分にはその姿が見えているという意識だった。彼の力が弱ってゆく様を見ていて私たちは不安になってよかったはずだが、実際には何の心配もすることはなかった。それでも、命が実際に消えゆこうとしているように思われた。彼の声が段々弱くなり、ほとんど消えてしまいそうになったとき、彼は自分と自分を圧倒する実在との間に立って下さるよう、キリストに呼び求め始めた。この嘆願はどうやら応えられたようで、というのも彼は力を取り戻し始め、キリストが近づいてくるという幻をはっきり見たようだったからである。この時には力を取り戻し始めただけでなく、満ち潮のようなものが部屋を満たしていた。それによって何か月も私たちに重くのしかかっていた重圧が取り除かれ、私たちの魂も解放された。私たちの喜びは大きく、肉体のままで生きているのか肉体を離れてしまったのか、分からないぐらいだった。知らない間に時間は過ぎ、メイドが夕食を告げに来て、ようやくひざまずいていた私たちは立ち上がった。誰も食卓に着こうとするものはなかったと記憶している。この午後の経験は非常に強烈で、私たちはその時の喜びで夢中になってしまった。階上の部屋はどれもエルサレムにあるわけではなく、エルサレムから遠く離れたこの場所で、神は最初の聖霊降臨のときにいた人々と同様、私たちにも聖霊を注いで下さったのである。

すぐに夕方になって教会員は隣の建物に集まったのだが、そこは二つの大きな部屋を一つに作り変えて、礼拝所として利用しているところだった。ランバス博士の司会で礼拝が始まり、吉岡博士が非常な熱意をこめて説教を行なった。彼がキリストとその救いの恵について語ったとき、実際彼の顔には、ただならぬ輝きが見られた。讃美歌を歌い、全員がひざまずいて祈りを捧げた。いつもの習慣に従い、皆で順番に会の進行を勤めた。突然、目に見えない偉大な方から不思議ではあるけれども真実な力が、私たちの上に押し寄せてきて集会全体にみなぎったのは、このように私たちがひざまずいているときだった。稲穂が風に揺れるように、全員がその力の前に頭を垂れているようだった。ある者は畏れた。ある者は罪を思って呵責《かしゃく》を感じた。喜びに満たされて幸せになった者もあった。忘れることのできない情景だった。若者たちのリーダーの一人だった柳原浪夫が立ち上がり、新約聖書の使徒言行録第二章を開いて読み始めた。皆に見えるように聖書を高く掲げ持ち、御言葉を指さしながら力をこめて、その部分はこれまでに読んだことはあっても理解できた者はいなかったが、今、皆の前で現実に示されたのだと宣言した。真夜中近くなってようやく閉会の讃美歌が歌われ、同じ光が全員の上に注がれたために皆の顔が一つになったように思われた。家に帰る途中、出席していた何人かが受洗の決意をした。翌日の夜はあまりに大勢の人が来たために、集会場がいっぱいになり、正面の出入り口を閉じなければならなかった。神が下って来られて、キリスト教の集会に自らを顕現されたのだという噂が広まったのだった。

最初の四年間は、働き手がとても足りなかった。中国から派遣されて来た当初のメンバーに加えて、宣教師会の全額負担で派遣された来たのは二人だけだった。一八八七年に来たナニー・B・ゲーンス嬢と、一八八九年に来たT・W・B・デマリーである。宣教師会は、旅費と身じたくの経費を本人または友人の負担とし、場合によっては生活費も自己負担とする者を派遣する、ということに同意した。このような条件の下、C・B・モズレー、B・W・ウォーターズ、J・C・C・ニュートン、S・H・ウェンライト、N・W・アトレー、ローラ・ストライダー、W・E・タウソン、メアリー・バイスが出発した。S・H・ウェンライトとN・W・アトレーは、まず公立学校で教鞭をとることから始めた。

宣教師会は債務を負っていたし、収入も少なかったため、仕事をするにあたっては困難な制限を受けざるを得なかった。四年間で費やされたのは七万八千ドルだけだった。これすらも、陳情を重ねた末にようやく認められたのである。計画は暗礁に乗り上げ、事業を始めたものの続かないこともあった。落胆させ信仰を試すようなことが何度も多事なこの年月の仕事と働き手たちの上に起こり、彼らをさらに高き力の源泉へと駆り立てた。

それでも、こうした制限と実験的試みの中にあって、この計画が放棄されることなく忠実に粘り強く続けられ、それが正しかったことが十分に証明されたのは、最初に計画を始めたときの賢明さの証明にほかならない。

訳者注

（1）John Vance Cheney (1848-922)　アメリカの作家。サン・フランシスコの公立図書館、その他で司書を勤めた。

（2）日本名は新島襄 (1843-90)。同志社の創立者として知られる。神田一橋の板倉邸で生まれ、漢学、蘭学、航海学を学ぶが、漢訳聖書を読んだことがきっかけとなってキリスト教に興味をもち、国禁をおかして渡米し、アマースト大学とアンドゥヴァー神学校で学び、三十一才で帰国して生涯キリスト教的自由自治主義の教育に尽くした。

（3）Nelson W. Utley (1860-929)　メンフィス年会で教職試補となり、日本で按手礼を受け、関西学院の創設者の一人となった。

（4）Nannie Bett Gaines (1860-932)　本名は Anne Elizabeth Gaines で、家族や友人からはナニー・ベットと呼ばれていた。児童心理学と教授法が専門で、来日して数か月で広島英和女学校（後に広島女学院）の校長となり、生涯そこでの教育に尽くした。

（5）John Caldwell Calhoun Newton (1848-931)　南北戦争に従軍ののち、宣教師となって来日し、関西学院で教え、後に三代目の院長となる。

（6）人口による都市の順位についてのこの箇所での記述には、原報告書の間違いか著者の間違いかは不明だが、混乱が見られる。

（7）田中義弘 (1870-930)　関西学院の最初の卒業生三人の中の一人。広島の人で、老ランバスから洗礼を受けて関西学院に入学。後に神学部教授、中学部長を歴任。

（8）新約　マルコによる福音書　一章三節　と　旧約聖書　イザヤ書　四十章三節

（9）新約　使徒言行録　十五章三十六－四十一節

（10）新約　ガラテアの信徒への手紙　二章十一－十四節

（11）新約　コリントの信徒への手紙（一）　一章二十節

（12）原文には Takushimi とあるが、徳島の間違いであろう。

（13）Samuel Hayman Wainright (1863-952)　ミズーリ州で医師をしていたが、南メソヂスト監督教会の宣教師として来日し、パルモア学院の院長、関西学院普通学部長の教授などを勤め、株式会社教文館を設立し、自らも多くの著作を出している。

（14）砂本貞吉 (1856-938)　広島出身。後に広島女学院に発展する私塾を開いた。

（15）後の手紙とともに Yama No.2, Kobe, Japan となっている。ランバス一家は現在の鯉川筋の西側に住んでいたが、一八八七年に山二番に移転したとされている。

（16）ペニエルとも書かれる。ヤコブがヤボクの渡しで神と戦ったと伝えられている場所の名。（旧約　創世記三十二章二十三－三十二節）

（17）吉岡美国 (1862-948)　京都生まれ。関西学院設立の際に法律上の土地所有権を委託された三人の日本人の一人で、関西学院という名の提案者とも言われる。設立の最初からランバス院長をよく助け、後に二代目の院長になった。

（18）旧約　イザヤ書　五十九章一節

（19）中村平三郎 (1864-929)　大阪生まれ。学校の設立の申請は、名目上は日本人でなければならないので、同氏の名義で県知事に「私立関西学院設立御願」が出され、院主となり、また教師や幹事も勤めた。

（20）このときの出来事は「大分《おおいた》リバイバル」として、よく知られている。

第七章　微《かす》かな光のあとを追って

彼は神の御意志を行なった。彼にとっては
この地上にあるのも陽《ひ》の中にあるのも同じだった。
ロバート・ブラウニング

ウオルターのアメリカ帰国と本国留任

家族の健康上の理由で、ランバス博士は米国に戻らなければならなくなった。彼は一八九一年初めに日本を離れた。一都市に留まることがないように運命づけられているのかとさえ思われた。今回の変更が永久的なものになるとは考えられてもいなかった。二、三週間か、せいぜい一年で戻ってくるつもりで任地を離れたのである。だが、そうはならなかった。他の仕事に就くことが神の御意だったのである。彼は休まなかった。休むことは彼の流儀ではなかった。間もなく博士は、所属教派の宣教機関誌であるミッショナリー・レポーター［宣教師報］の中で、自らの名を冠した欄を通して発言している。彼の書く記事には緊急を訴えるやむにやまれぬ気持ちが溢れ、純粋な情熱が脈打っていた。活動の第一線から帰ってきたばかりというだけでなく、今も行動中であり、活動の中に留まろうとしていたのである。彼は偉大な論説記者になることもできただろう。文を書くのが上手だっただけでなく、肝要で顕著な考えや事実をしっかりと掴《つか》み、それを生き生きと描く稀に見る技術の持ち主でもあった。彼は人々の想像力に訴えた。その訴えは抽象的であるよりは具体的な言葉で言い表わされていた。彼は人間の本性をよく認識していて、人の心に直接訴え、感動をもって同意を得る術《すべ》を知っていた。

父、ジェイムズの死

博士が米国に戻ったころ、これまで仕事の進捗を妨げてきた借金を返済するための募金活動が行なわれていた。このため仕事を続けていくにはどうしても必要であるにもかかわらず、宣教師会はやむなく経費を二十パーセント削減する。ランバス博士がいたおかげで、募金運動を推進していく上で宣教師会の影響力には勢いがあった。彼はいつものように精力的にその活動に参加していった。宣教師会では一八九一年の年次大会で、年度内は彼が米国に留まって各地の年会を巡回することを決定し、必要であれば宣教師の派遣を検討するよう要請していた。そういった機会に不足してはいなかった。間もなく彼の活動が見られることになる。彼はセントルイスで、日本に派遣予定のW・A・デービスのための旅費、家賃、教師の給料を請け負う。センテナリー教会では、一人の若い勤労女性が少ない所得の中から二十五ドルを差し出した。ミシシッピー州メリディアン地区の年会を訪問中には、二十五組の夫婦が子供を国外での宣教活動に献げる決意を表明し、五人の若い男性と三人の若い女性が自らの献身を申し出た。日本で五千人が命を失い、九千人が怪我をし、四千四百棟が全壊、一万七千棟が半壊するという激しい地震が起きたときには、宣教師会の財政難にもかかわらず、被害者救援のため、博士は救援金を要請している。

その年に起きた二つの出来事に、博士は大きな影響を受けている。一つは敬愛する父の死である。一八九二年四月二十八日、経験豊かな老宣教師は仕事と生涯を同時に終えた。同師は日本の神戸で夕陽の陰に向きあうように、揺るぎない献身と人類への立派な奉仕の記録とともに葬られ、「瀬戸内海伝道の父」という敬称を与えられた。ウォルター・ランバスの父に対する優しい愛情と尊敬は、他に類を見なかった。米国で学校に通っている間に父に対して書いた手紙は、どれを読んでも息子としての愛情に満ちている。父の死は息子をひとり寂しく遺すことになったが、それは東洋のことに関してだけではなく、それまで彼にとって大きな支えであり導き手であった優しい魂の愛と助言が得られなくなるという意味においてもそうであった。

ウォルター、宣教師会主事就任

もう一つの出来事はウェイマン・H・ポッター博士の死である。宣教師会の主事の一人で、ほんの二、三か月前に選任されたばかりだった。ランバス博士が代わりにその地位に就くように選ばれ、直ちに職務を開始している。当時主事は三人いて、I・G・ジョン、H・C・モリソン、そしてW・R・ランバスであった。ランバス博士は一八九四年の総会までこの職を務めた。ジョン博士は長期に亙る苦労の多い職務にすっかり疲労してしまっていたので、宣教師会では彼に無期限の休養を与えることを決議せざるを得なくなり、その結果働ける主事は二人だけになってしまった。招集された宣教師会の会合で、ランバス博士は暫定的に通信担当主事としての権限を与えられた。こうして彼は、宣教師会が新しい時代を迎え、これまでにも増して大きな責任に直面していながら、依然として深刻な制約を受け、広い支援を十分に受けられない状態にあるときに、その経営の責任を負う地位に就くことになったのである。一八九四年の総会でランバス博士は正式に通信担当主事に選ばれている。

このようなわけで変化は常に、彼にとってさらに密度の濃い、目まぐるしいものとなっていく。深い意味を持ち、影響力の大きな変化だった。これまで彼は、アメリカから中国へ、上海から蘇州へ、蘇州から北京へ、北京から日本へ、そして日本からアメリカへと短期の旅を繰り返してきている。また一つの宣教師団から別の宣教師団に移ったかと思うとまた元に戻り、一つの病院から別の病院に、また医療宣教師の責任者から巡回宣教師の責任者に、責任者から一時的に準主事に、それから通信担当主事や総主事に、というように地位も変わっていった。これはこの人間シャトルが地域から地域へ、大陸から大陸へと移動し続け、ついには輝かしい命の糸もぷっつり切れてしまって、疲れ切ったシャトルが止まってしまうことを予言するものなのだろうか。

ランバス博士の主事としての仕事は、宣教事業が人間の思考の中でも最もすぐれ、かつ真摯なものになろうとしていたころに始まった。宣教事業は、世界教会の大きな区分を一網打尽にし、一つにまとめるようなキリスト教運動を生み出し始めていた。こうした運動の中に彼は、全心を傾けた熱心さで自ら飛び込んでいったのである。彼は宣教師として修練と経験を積んできたからというだけでなく、もって生まれた精神の自然な包容力によって、こうした運動には特に向いていた。

この十年間に青年宣教運動、学生ボランティア運動、その他にも若い人たちの間では様々な教派的運動が生まれたが、その中にはメソヂスト派のエプワース連盟(1)も含まれていた。

このような運動の中でも、その重要性と規模の大きさで最大だったのは外国宣教団主事の協議会で、これは後に米国およびカナダの外国宣教師協議会となったものである。博士はこれらの運動に、世界を教化するという大きな仕事において、より効果的で、より頼みとすることのできる手段があるのを見てとった。

ニューヨーク州シルヴァー・ベイで開かれた最初の大きな青年協議会を組織するに当たって、彼は精力的に働いた。その熱意と知的で協調性に富んだ精神は、協議会の実現に大きく役立ったとして認められた。テネシー州チャタヌーガのルックアウト・マウンテンで一八九四年に同様の集会が開かれたのも、彼の努力に負うところが多かった。それは記憶すべき集会となり、展望と力に満ちた重要な歴史的集会の一つだという反響もよく耳にする。この高地で多くのリーダーたちが生涯を奉仕に捧げようという目標に出会い、献身の啓示を受けたのだった。

一八九四年、彼はブラジルを訪問するという特権を与えられた。ラテン・アメリカ伝道地への初めての訪問だった。任務の無限の広がりと、準キリスト教国で遭遇し克服しなければならない独特の困難さというものを、新たに実感したのだった。

母、メアリーの死

一八九四年(2)には、人生でのもう一つの大きな悲しみが訪れる。母の死である。六月二十六日、中国の蘇州で天に召されたのだ。この悲しい知らせを聞いたのは、リオデジャネイロにいる時だった。大きな精神的衝撃を受けた。母に対する彼の献身は、無限かと思われるほどだったのである。彼は母の高潔な意志を尊敬し、能力と勇気、献身的な奉仕を尊敬していた。そんな母を誇りに思わない者がいるだろうか。訃報を受け取ると、彼は中国にいる弟と妹に次のような手紙を書いた。

母上の生涯は英雄的でした。そのことはあなた方も私もよく分かっています。生涯を通して何という献身、何という苦労だったことでしょう。他人のため、またキリストのために、己の力を何と無欲に惜しみなく費やしたことでしょう。母上よ、私の母上よ、今一度、本当に一度でいいから、あなたの手を取ることができればと思います。だがノラ、これでよかったのです。私はそのような時に、あなたやロバートから母上を取り上げようと思うことは、決してありませんでした。神はあなた方が母上といっしょにいて、何か少しでも心安らかにしてあげられるありがたい特権を与えて下さったのです。私はあなた方のためにも母上のためにも、そのことを嬉しく思っています。

経費削減、ただでさえ少ない給与のさらなる引き下げにもかかわらず、宣教師会の赤字は増え続け、ついにはそれに対応するため、具体的な努力が要求されるまでになった。思いきった努力が求められる要求だった。主事たちはどこまでも勤勉に、この問題に取り組んだ。十九世紀も残すところあと十年となったころ、この国の歴史においても最も苦難に満ちた時期に突入する。金融市場では前代未聞の逼迫、その結果による取り引きの混乱、外国伝道などという一般の人たちに関係の薄いことのために資金を確保することは、常になく困難になっていたのだ。ランバス博士が気前よく寄付してもらえる個人に関心を持ってもらい、その援助を受ける術を身につけたのは、疑いもなくこの募金運動の中でのことだった。ともかく彼は、新しくそうした方法を見つけ出し、利用した。メソヂスト教会は惜しみなく支出するということを知らなかったし、博士自身は特別の企画のために特別の寄付を確保し、支持を得ることができたにもかかわらず、彼が管理責任を負っていた期間も、教会に資金面での余裕はなかったのである。

北アメリカ海外伝道宣教師協議会結成

ランバス博士は、先に触れた北アメリカ海外伝道宣教師協議会の創立のときからの会員だった。この団体は、米国およびカナダのプロテスタント系外国伝道宣教師会を代表するものである。一八九三年に開かれた第一回の会合から、ランバス博士が集会に欠席することはほとんどなく、最後まで皆から尊敬される会員だった。彼は一度、議長を務めたことがあり、重要な委員会でも度々議長を務めた。世界に福音を宣教するという仕事の大切さを見誤ることはなく、いかなる教派といえども単独でそれをなすことなどできるはずがないということも心得ていた。また分割された勢力が争い、攻撃することによって世界を最終的に征服できるなどとも信じていなかった。だから、米国とカナダの五十を越える宣教師団、宣教師会から成る団体の結成が提案されたとき、彼は全力を挙げて、このプロテスタント教会連合の努力に協力し、これを推進するために参加することに躊躇はなかった。

私たちの指導者の中にも、この運動に対する批判がなかったわけではなく、実際に諸教派全体に幾らか躊躇も見られた。しかし団結が必要だということ、アメリカ大陸におけるプロテスタント勢力の連合にどのような可能性があるかということについて明確なビジョンをもっていたので、ランバス博士の献身的努力が揺らぐことはなかった。この連合の最初の主事となり、長くその職にあったＷ・ヘンリー・グラント氏は、博士について次のように書いている。

一八九八年七月十五日、博士はクリフトン・スプリングズで先頭に立って組織化の計画とその手順を推進していった。一九〇〇年にニューヨークで開かれる超教派的宣教師会議の準備が行き詰まっていたときだった。ニューヨーク市で三千人が参加し、さらに同数の訪問者が毎日見込まれる十日間の大協議会を開く準備と運営のためになすべき仕事と組織について、全体委員会が範囲を限定したのだ。一八九三年から一九二一年まで開かれた年次大会のうち、彼は一八九三年に初めて出席し、一九二一年が最後の出席となったのだが、二十八回中十九回出席している。年次大会の自立委員会の議長も何期か務め、一九〇〇年には超教派委員会の議長をつとめている。彼の最も立派に書き上げられた論文の一つが、「外国伝道宣教師団の仕事をいかにして効率よくするか」というタイトルで、一八九六年の報告書の七八ページから九〇ページに発表されている。

一九一六年以後の報告書の索引を見れば、一九一〇年の超教派宣教師会議や世界宣教師会議など、彼が公式の仕事を多く行なっていることが分かる。彼は何期かにわたって調査助言委員会の委員をつとめ、行き過ぎがあれば常に注意深くこれを是正し、よく考えられた進歩的運動の推進者でもあった。宣教師会の雑誌に掲載されている詳細で明確な記事の中で、宣教師会に対する彼の報告が取り上げられている。

中国で飢饉に見舞われた地域を通過した際の彼の観察記事は、飢餓救済委員会を発足させるに当たって最も効果的な証言となったと言えよう。一九二一年に私はサミット・ヘラルド紙上でそれを公表したのだが、委員会はその機構を完全なものにして最新の報告を待っている間、とりあえずプロパガンダらしいことができるようにそれを何千部もコピーしてもらっている。後にそれは何万部も出版された。

朝鮮半島伝道基金

キューバ訪問

一八九六年五月に開催された宣教師会の会合で、中国伝道の責任者である監督に、朝鮮での仕事の維持発展のための特別基金を受け取る権限を与える決議が採択された。この決議には、W・A・キャンドラーとW・R・ランバスが署名した。一八九七年の『総評』で、ランバス博士は朝鮮における状勢に言及して次のように述べている。「これほど有利な場を利用するのに、教会はぐずぐずしてきたわけではない。私たちはささやかな活動部隊を二つの中心地に投入して、村々での仕事を計画し、そのうちの一つにおいては十四人の看護婦見習が生まれたことを私たちの責任者が報告している」。朝鮮地区の長老司としてC・F・リード博士の名前も初めて登場している。さらに、新しい宣教師団を組織するために、一人の宣教師が中国から派遣されてきていた。中国が過去において文明と文学の産みの母であったように、中国宣教師団は東洋諸宣教師団の母体となったと言っていいだろう。この宣教師団が、もっと直接的な意味においても、中国が産んだものだということは興味深い。T・H・ユン博士は高貴な身分の家に生まれ、少年のころに朝鮮を出てY・J・アレン博士のもとで勉強し、それからアメリカに行ってエモリー大学、さらにはヴァンダビルト大学で学び、どこでも常に優等の成績をおさめ、朝鮮に戻って国王の内閣で文部大臣の地位に就いていた。彼は自分の愛する朝鮮でも仕事を開始するように南メソヂスト監督教会を説得し、そのための最初の寄付者となった。彼は傑出した指導者となり、今日朝鮮において最も敬愛されている一人であり、誉《ほま》れの高いクリスチャンである。

米西戦争(3)が終わるとすぐ、ランバス博士はキューバに行き、島を一周して、そこで伝道を開始する準備をした。状況についての彼の説明は感動的で迫真的で、人々の心を動かし、運動への賛同を求めるにも説得力があった。世渡りが上手で保守的な人であったならば、いかなる国においてでも新たに伝道活動を始める可能性も、あっという間に消えていただろう。宣教師会の財政状況は好調というには程遠かったし、日本伝道はまだ緒《しょ》についたばかりで、施設も甚だしく貧弱であった。派遣されている宣教師団は未だ弱体で、どの分野で増強を懇願しても無駄に終わるという有様だった。パウロの場合と同様、「これらのことは何一つ彼に影響を与えることはなかった[4]」。彼を助けたのは有能で雄弁なW・A・キャンドラー監督の支持であったが、彼はその任に当たった最初の監督で、初期の十年以上にわたって発揮した指導力がこの仕事を軌道に乗せ、成功に導いたのである。

ランバスの宣教姿勢

　ランバス博士の生涯を圧倒的な力で支配していたのは、常に先へ先へと進むように急ぎ立てて止まない情熱であった。今日の成果に満足することは決してなく、常に明日の新たな勝利のために備えていた。このことは地理的な意味においてだけでなく、これまでに行なわれたことのない方法、一連の事業、活動分野といったことに新たに乗り出すなど、あらゆる意味においてそうであった。単なる維持、すなわち「教会をいつまでも同じ状態で保っておく」というような仕事は、彼の性《しょう》に合わなかった。彼の生涯を照らして導くサーチライトは、絶えず「来たるべきものを彼に示す」聖霊であった。この特質は、本書で扱っている時代の中に絶えず現われている。一方で進歩した新しい道具をわが物にしたかと思うと、他方では新しい分野に足を踏み入れ、また別のところでは新しい企画を開始し、今日は新しい方法を試みているかと思えば、明日には新しい道具を試しており、一夜のうちに新たな協力者を獲得しているといった調子である。彼といっしょに仕事をしていた人たちは、時には忙しさのためにめまいを覚え、少々落ち着かない気持ちになることもあった。彼らはこの状態を「せわしなく走り続ける」と呼び、立ち止まって「肥料を施す」ことを望んだ。銅線などは前進し続けて長く伸ばされると、どんどん細くなってしまうと彼らは考えたのだった。彼らは後ろを振り返り、時代後れで無力になってしまった監督局の方に熱いまなざしを向けていた。赤字が増え続けている帳簿を詳しく調べ、宣教師団の設備改善を求める懇願を聞き、その人数がやせ細ってゆくのを見てとった。それでも聞こえてくるのは「前進を」との声だった。

ここで二つのことが注目に値する。価値ある教訓を含んでいるからである。まず第一に、彼は決して焦ったり苛立ったりしなかったということである。狂信につきものの保守的で遅鈍な心を持った人々に対して、怒りを覚え我慢できないなどということは全くなかった。彼は、目的を定めたら諦めず、揺るぐことのない信念をもった人に特有の平静さで仕事をした。忠告のために批判しようとする人々でも、無謀だとか、礼儀に欠け思慮が足らないなどとして彼を責めることはできなかった。彼らが思ってもみなかった方法で彼が目的を達することも時々あった。皆が眠っている間に彼は仕事をし、絶えず向きを変える風を利用して流れを乗り切るために、いつの間にか帆をあげていた。彼が現れると、いつも是認してというわけではないが、それでも行動を共にせざるを得なくなっているのを知って驚くのであった。それでも信仰、豪胆さ、大いなる使命が彼の側にあるとき、一体皆は何をなし得ただろうか。彼らにできることは一つ――筋肉に力を入れ、背を曲げて仕事に取りかかることしか残されていなかった。

注目に値する第二のことは、彼の洞察力はほとんどいつも、先見者のそれであったということである。預言者の真偽は時の経過の中で試される。賢者の知恵はその子供の代にならなければ正当化され得ない。預言者と律法学者の対決で正しい評決がくだされるには、新しい世代の陪審員による審議を待たなければならないことも多い。真の預言者を擁護するために未来は武装しつつあり、殉教者の遺灰の上に新しい時代の到来を告げる白い信号の炎を燃やす使命が、生まれ来る世代に委ねられているのである。一人が涙で種を蒔き、他の者が喜びをもって刈り入れをするというのは常に真実であろう。ランバス博士が描いた計画の細部を埋め、完成するにはまだまだ時間を要するであろう。

博士が好んで引き合いに出したのは、山間部の中央で送電し、その電気が大都市で供給される場所を示しながら輝く電線のことであった。電線が太陽の光を受けて照り返るとき、博士には魂に照り輝く光と力の証のように思え、すべての勇敢な心に、その光についてくるようにと呼びかけているように思えたのだった。

訳者注

（1）Epworth League　一八八〇年に結成されたメソヂスト派の青年の組織で、交友、礼拝、奉仕活動、聖書の学習などを盛んにすることを目的とした。

（2）これは著者の間違いで、一九〇四年七月二十六日が正しいようである。

（3）一八九八年にアメリカとスペインの間でキューバの主権をめぐって起こった戦争で、その結果キューバが独立し、プエルト・リコ、グアム、フィリピンが米国に帰属することになった。

（4）原文は none of these things moved him であるが、欽定訳聖書の使徒言行録の二十章二十四節に But none of these things move me という語句が見られる。これは必ずしもギリシア語原典の忠実な訳ではなく、日本語訳聖書ではこの文の意味は表面には出ていないが、本書の著者はこの箇所を引用してランバス博士に当てはめ、代名詞と時制を変えたものと思われる。

第八章　エルサレムでの事始め(1)

熱意なしに偉大なことがなし遂げられたためしはない。

エマーソン(2)

ランバス博士は二十世紀の初めには洞察力と政治力を発揮していたが、これは後年、非常に大きな意味をもつことになる。洞察力に優れた先見者として彼は、遥か先の目標を見据えていたが、同時に政治家として、道を築くべき範囲を見失うことはなかった。現実主義者なら彼を夢想家と呼んだだろうし、空想家なら歩みが遅いと言ったかもしれない。いずれにせよ両者とも、自分に欠けている資質を彼の中に見たであろう。数多《あまた》ある事物の中から重要なことを見つけ出すこつを心得ていると言われたのはキッチナー卿(3)であるが、ランバス博士はいつも重要なことで忙しく、それを実現させる方法を辛抱強く捜し求めていた。もっともいい方法を考えないといけないということも偉大なる仕事の一部に違いはないのだが、彼にしてみれば嬉しいものではなく、むしろやりにくいものであった。一九〇二年には彼は宣教師会の向上発展のため、方策の実施を主張していたが、これらは最近では私たちに一層なじみ深くなってきていることである。すなわち総会と年会の委員会の関係をより密接なものにする、委員会の中間協議会を開く、各都市での伝道活動を総務局傘下に統一する、監督たちが外国伝道と年次大会を継続的に統括する、指導者の訓練が行き届き自立できるだけの方法が確立されるまで、外国伝道の分野における年次集会を延期する、欧米での業務に関する財政と管理を調整する、大会委員会の会計監査を行う、組織の再編成を行い、事務局に各部門の主事を含めること、などである。二十年前には進歩的だったこの包括的な計画も、今では当然のことのように思われる。

これは準備期間であった。至る所に求めてやまない精神がみなぎり、第一線では苦闘が続いていた。新時代が始まり、新しいものが次々と生まれつつある時でもあった。十九世紀の終わりと二十世紀の始まりは、人の心をかきたて幾つかの出来事で異彩を放っていた。一八九四年から九五年にかけての中国と日本の戦争は東洋を揺るがし、新勢力が活動を始めていた。ヨーロッパ諸国は、中国の大部分を強奪していた。米西戦争の結果、突然アメリカ合衆国は人々が予想もしないうちに新しい意味で世界の強国となり、キューバに自由に出入りできるようになり、フィリピン群島をわがものとし、極東問題にまで首を突っ込むようになっていた。義和団の乱(4)は中国をさらに目覚めさせたが、西欧列強にさらに大きな影響力を与える結果となっていた。世界は期待に打ち震え、変化で沸き立っていた。ランバス博士自身の言葉を引用すると、

迷信的で不道徳なローマ・カトリックはもはや活力を失い、ラテン・アメリカ諸国では不可知論(5)が横行している。日本は古来の宗教が崩壊して合理主義に陥り、中国はようやくその気になって恐るべき影響力を持つ西欧のドル崇拝と日本の物質主義に門戸を開き始めるという状況だ。キリスト教はその土台をしっかりと根ざす余裕もなく、こうした動きが私たちの周辺に起こりつつある中、世紀の重大な岐路に立っているといえるのではないだろうか。押し寄せる目覚めの潮流をどちらの方向に向けるかは、大部分が私たち次第なのである。

海外での仕事の開始と平行して、国内では準備が行なわれていた。全国キリスト教外国伝道協議会

全国キリスト教外国伝道協議会

は一九〇〇年四月、ニューヨークで開かれた。これはこの種の会合としては、世界初ではないまでも、アメリカでは初めてのものであった。「すべて感化力の流れは、その結果によって評価される。この会合こそは聖霊が使徒たちの上に降臨した日(6)以来最大の集会と宣言されるであろう」とジェイムズ・アトキンズ博士（後に監督）は書いている。協議会は米国大統領によって開会を宣せられた。カーネギーホール(7)は昼も夜も、情熱的で熱狂的な人でいっぱいだった。海外宣教計画の尊厳、意義、課題について述べられ、キリスト教の歴史においてかつて例を見ないほど、人々の共感を得た。

協議会も終わるころ、ランバス博士と二、三の友人はホテルの部屋に集まって祈りを捧げていて、その部屋が別の世界とのコミュニケーションが行われる、違った意味での「上の部屋(8)」と化していることに気がついた。この小さなグループは、南メソヂスト監督教会でも同様の協議会が開かれるべきだと確信した。このようなことが一教派単独で企画されたことは、かつてなかったことである。それでもこの人たちは「天から示されたことに背かなかった(9)」。

そこで極めて慎重に準備をして、ニューオリンズ宣教師協議会として歴史に残ることになる協議会が一九〇一年四月二十四日に同市で開かれ、南部のメソヂスト教徒は宣教活動のための新しい基準を定め、新しい目標を推進することによって新しい世紀を始めたのだった。協議会の歴史と演説を集めた書物の序文で、ジョージ・B・ウィントン博士は次のように言っている。

約束の地がイスラエル人の眼下に拡がっていたように、新しい世紀は私たちの前に横たわっている。私たちが未だ通ったことのない道である。二度と通ることもないであろう。それでも私たちは、この道を通らなければならない。ここに留まることも、後戻りすることもできない。私たちのイスラエルの全部族が、神がご自身の教会の先頭に立って歩まれるという事実に気づくなら結構なことである。

私たちは扉が開かれることを神に乞い、すべての扉は蝶番《ちょうつがい》がはずされていることを願う。もっと多くの働き人をという私たちの祈りに対して、神は多くの学生ボランティアでもって応えて下さった。今は私たちがテストされる番だ。神はご自身の役割を果たされた。私たちは自分たちの義務を果たす準備が整っているだろうか。

総主事に選任される

ランバス博士は、教会が全世界に向けての仕事に目覚め、人員を配置するよう着手した。一九〇二年の総会で博士はセス・ウォード博士を補佐として総主事に選ばれたが、ウォード博士は四年の任期中、ランバス博士の力となり、ランバス博士が監督に選ばれるまで補佐した。

この期間に伝道教会設立に必要な第一歩として宣教師になる若い人材を募集し、訓練するための準備がなされた。年会での宣教師の任務が統合、強化されるよう、ランバス博士は年会宣教主事の雇用を総会で承認してもらった。この主事たちの会合は毎年開かれ、そこで宣教師たちの知性の向上が図られ、宣教の熱意が生み出されたのだった。

このような事態に対してランバス博士の対応は際立っていた。ニューオリンズ協議会の目的、計画、プログラムは、主として彼の手によるものであった。討議された主題を見ただけでも、その幅の広さ、普遍性、大胆さが預言的で感嘆すべきものであることが分かる。その議事内容を記録した『二十世紀における伝道の問題』というタイトルは、内容を適切に要約していると言える。その中に、「南メソヂスト監督教会の外国伝道事業の歴史、方針および展望」と題して行なわれた演説の形で、博士自身の貢献が記録されている。この演説の中で、彼は将来のために幾つか提案をしているが、その中には、宣教師会の会合の期間を少なくとも三日に延長すること、事務局の人員を増員し再編すること、「管理部を国内のどんな会社の事務局とも肩を並べることができるよう設備を整えること」、都市伝道と教育を推進するための組織制度を整えること、すなわちすべての部局、教会、構成員を動員するために、直ちに前進を開始すること、などが含まれている。次の記事は大いに引用に値するものである。

教会は二十世紀の好機を掴みたいのなら、二十世紀に備える必要がある。イリノイ中央鉄道はシカゴに本社を置き、ニューオリンズに支部を持ち、五千マイルの線路を管理している。私たちは六つの大きな伝道地で仕事をしているが、その中の二つは合衆国よりも広いのである。イリノイ鉄道の乗客数は千六百万人だが、私たちが伝道活動を行なっている地域の人口は五千万人に及ぶ。イリノイ鉄道の文具費は年間三万四千ドルに達するが、私たちは四千ドルにすぎない。この鉄道会社の役員の給料が総額十五万七千ドルなのに対し、私たちのところでは六千ドル。事務員や現業社員の給料総額は鉄道会社で年間二十万六千五十七ドル、宣教師会では二千七百ドル。彼らの事務経費や備品費が十万二千ドルであるのに対して、私たちのは二万ドルに満たない。ニューオリンズ停車場では四十人の従業員が働いているが、ナッシュビルにある私たちの中央事務局では、主事が二人と速記者一人のみ。この違いは、見過ごすには大き過ぎる。こうして数字に照らしてみると、世界伝道のための設備はあまりに馬鹿げていると言わざるを得ない。教会はこの事実を真正面からしっかりと見据え、私たちが直面している企画に見合う手段を与えて下さることを願うものである。私は生きている間に、五十台のタイプライターがガチャガチャいう音を聞くことができるようになると信じている。

進展は迅速ではなかったが、博士が生きている間にこの目標は達成され、博士は五十台のタイプライターの音を聞くことができた。

この演説の中には、彼の考え方の傾向を示すものとして、他にも注目に値する所見が幾つか見られる。以下のような幾つかの原則が承認されている。

一、現地のキリスト教伝道者に高い地位を与え、もっと大々的に大胆に用いるべきである。新約聖書の使徒たちの先例を見れば、教化したいと願っている国で働き手を募るのが望ましいということが分かる。

二、何を教えるかということを、注意深く見守る必要がある。私たちは道徳、聖職者、教義の体系や制度を教えるために派遣されているのではない――人であり給う生けるキリスト、福音書のキリストを伝えるために遣わされているのである。無意識のうちにキリストの御顔をヨーロッパ化してしまっていることが多すぎるのである。

三、この人たちに対する伝道にふさわしい者が派遣されなければならない。すなわち、この仕事のための訓練を受けた、最もすぐれ、最も有能で、最も広い教養を身につけた者である。

四、私たちの伝道の最終目的は、各教派の支部を設立することではなく、その土壌に天の王国の種を植え、その結果、その国の特質に最も適合した形でのキリスト教を発展させることでなければならない。もちろん、キリスト教の大原則は守られなければならないが、礼拝形式と牧師の職制の両面ではこれらの制限を越え、最大限に自由な発展が許されるべきである。

以上のように熟考された陳述は、他の陳述とともに、著者が宣教方針と現今の情勢という問題を慎重に熟慮しているという印象、彼が賢明にも建設的で健全、進歩的な見解をもっているという印象を、どうしても与える。彼は牧師の目というよりは、使徒の目でものを見ており、自分の考えに合わない一時代のしきたりや、不安に左右されるような保守主義の束縛を受けることもなく、神の国全体から見た大きな表現で語り、いつでも、またどの国の人々に対しても同じ意図で語ったのである。

日本メソヂスト教会合同

これらの原則は、日本のメソヂスト教会を一つに統合しようという問題が起きたときに、試されることとなった。この運動は、一九〇七年にメソヂスト監督教会、カナダ・メソヂスト教会、南メソヂスト監督教会が一つに統合され、日本メソヂスト教会が生まれるという結果をもたらした。こうしてできた教会は、信仰箇条、職階制、礼拝形式などにおいて、三つの教会のどれとも同じではなかったが、それでもそれは日本的であり、全くメソヂスト的でもあった。日本メソヂスト教会は成功によって、上述の宣教原則が正しかったことを証明した。一九〇七年六月三日に最初の日本メソヂスト教会監督――全アジアで最初の現地人監督でもある――が選ばれたとき、ランバス博士もその場に居合わせ、次のように言っている。「投票者は、その職務にふさわしい資質を備えていると確信していたので彼を選んだのである」。さらにつけ加えて、「これは私たち全員にとって喜ばしいことである。感動はあったが、激しい興奮は見られなかった」と言っているのは意味深い。彼は「現地の教会が今ここに目覚め、その責任を新たに自覚するであろうことを私は確信し、満足している」という確信に満ちた予言を敢えて口にしているが、これが正しかったことは、その後の事実が証明している。

信徒伝道運動

信徒伝道運動が突如として起きたのはこの年、一九〇七年のことだった。ランバス博士は偉大なる日の先ぶれとして、これを歓迎した。彼にとっては、包囲攻撃を受けているところに援軍が到着したようなものだった。彼が東洋に行っていて留守だった間に、テネシー州のノックスビルで予備会議が開かれた。有能で熱心な信徒の集まりであった。この会合から発展して後にチャタヌーガで次の会合が開かれ、有望な前途を示すものと思われた。疑念や危惧《きぐ》を口にする者もなかったわけではないが、彼はそういった一人ではなかった。彼は留守中に助手たちがしたことを最大限に支持し、その運動に対して心からの共感を示し、協力の手をさし伸べた。あれこれと心配するのは彼の流儀ではなかった。

彼が好んで用いた表現は、「それはなされるべきだ。そしてなされるべきことは、必ずなされ得る」だった。いつも神の導きを示す印に気をつけているのが彼のやり方だった。彼は神が祈りに答えて下さったことを信じ、イエス・キリストの絶えざる生きた導きを信じるが故に、新しい未経験のことを喜んで受け入れる用意ができていた。神の力と知恵が予告もなしに新たに顕現しても、それは彼にとっては驚きでも何でもなく、たとえその現れ方がびっくりするようなものであっても、喜んで受け入れた。彼は神が恵みを賜わるときの条件についてあれこれと言い争うことなく、いつでも喜んでそのまま受け入れ、「キリストは絶えずご自分の民を見守ってい給う」という立派な確信をもつが故に、どうすれば安全かというような自分の考えや予見にはとらわれないのであった。

博士が長い間抱いていた夢の一つは、教会が統一された宣教指導のもとにあることだった。これまで教派内での布教の進展は大部分個人やグループの主導と手腕に委ねられていて、代表する権能をもった教派は、伝道全体の責任に積極的に注意を払うことがなかった。散発的で大体においてそれぞれが孤立していた伝道活動は、それ自体はよいもので、職務を十分に果たすものであった。しかし組織的な統一性に欠けていて、時には互いに張り合ったり、混乱することもあった。団体の数が増え、人々に対して単発的に接していたので、信徒たちは戸惑いを感じるようになっていた。この状態を改善して、教会の力を結集して偉大な仕事にあたるために、ある点において矯正できると思われた調整案をランバス博士は提唱した。この問題を考えるため、一九〇六年の総会で一つの委員会が任命された。彼らの仕事は困難を極め、不可能とさえ思われた。それでも総会が開催されたときには、ランバス博士は委員会に報告書を提出できるように取り計らっていて、この報告書は最終的にすべての関係団体によって承認され、委員会が総会に提出することになった。この報告書が可決されるように唱道したことは総主事としての博士の最後の仕事で、抱き続けた希望の集大成であり、これにより南メソヂスト監督教会は、宣教活動の運営においてこれまで他のいかなる教派も試みたことのない実験に踏み切ることになるのだが、今では他の教派もそれに倣《なら》いつつある。その後様々の変遷があり、中止や再編成を求める努力が多くなされたにもかかわらず、この連合組織はなおも存続し、提唱者の分別が正しかったことを、その後十六年間、証明してきている。

宣教師総主事に選任されて以後の宣教活動

ここで再び、国内伝道への彼の関心に言及するために年次報告書を見てみると、彼の管理のもと、彼の裁量による資金には限界があったものの、許される最大限がこの分野の仕事に割り当てられていたことが分かる。宣教師を呼び戻すか、支援金を削減するか、どちらかを選ぶように提示していた間も、国内宣教地区への毎年の支援は、収入から十分の割当を受けていた。実際のところ外国伝道の地域の広さ、人口、キリスト教がまだ浸透していないことなどを考えると、国内を優先しすぎるとして異議を唱えられていても仕方なかったかもしれない。

主事として在任中、博士は西部伝道の支援と拡大のため、特別の準備金を用意した。C・F・リード博士は、健康が悪化したために朝鮮での仕事を離れて帰国することを余儀なくされていたが、太平洋岸宣教師局の代表に採用された。リード博士はこの職務権限で、以前太平洋の反対側で行なっていたのと同じぐらいの熱意を持って、苦戦続きの仕事の拡大、整備、保持に奔走した。

一九〇六年の総会で、ランバス博士は宣教師会の総主事に再選されたのだが、彼は国内伝道の仕事専任の補佐を選ぶよう要請した。この職には、テキサスのジョン・R・ネルソン牧師が宣教師会によって選ばれ、任ぜられた。同時に、ルイスビル年会のW・W・ピンソンも総主事の補佐に選出された。一人の主事補佐を国内伝道の仕事に専任させることは、次の総会でなされることになる国内伝道の調整局設置に向けての第一歩だった。さらには、エドワード・F・クック牧師が青年宣教運動担当局の主事に選ばれた。

一九〇六年から一九一〇年までの四年間は、稀に見る重要な期間となった。国内伝道の方針に進展が見られたのだ。宣教師教会という目標と計画の実現においても、進展があった。教育と広報活動も前進し、収入は増加した。新しい宣教活動は始められていなかったが、すでに始まっているものは強化された。信徒伝道運動と青年宣教局の活動は盛んになり、日本メソヂスト教会は実験段階を終えていた。伝道を行なうべき理由は教会の前にはっきりと提示され、人々の心により大きく訴えかけ始めていた。

二十世紀初めの十年間の主たる難事は、収入が限られていたということだった。古い借金の返済に精一杯だったにせよ、財政状態の故であるにせよ、定期的な収入は減少し、その上二つの新しい伝道が予算に追加された。このため、払い終えた負債よりも大きな負債が新たに生じるという結果になっていたが、これは疑いなく古い借金を返済しようと努力したためであった。収入の減少はすでにくい止められ、増加に転換していたが、それでも赤字を解消するには十分ではなかった。ランバス博士は生来の倹約家であった。子供のとき彼は二十五セントを節約するために手押し車を押し、生活費を助けるために畑に出た。後に彼は、学校から手紙を書き送って、「ここに四か月いて、使ったのは三ドルだけでした」と述べている。しかし、宣教活動においては厳しく節約することはなかった。自分の欲望を抑えることは厭わなかったが、愛してやまない大義を否定することはできなかった。彼は借金をせずにすませたいと願い、そう心がけたが、ますます大きくなってゆく責任に歩調を合わせたいという関心の方が強かった。主義を貫きたいという熱望と時の急速な経過の中にあって、彼は現状と、その状態を必然的にもたらした条件を実感することはできなかった。次のことだけは確かである。すなわち、もし借金が伝道において正当化し得るものであるならば、今は借金が美徳たるべき時だということである。この素晴らしい時代の要請に応え得なかったとしたら、それこそ罪だったであろう。一世代に及ぶ祈りの前に城壁は崩れ落ち、世界は開かれたのだ。借金は重荷であり返済するのは容易ではないが、この借金のおかげで得られた恩恵ほど大きなものを教会に与えてくれた投資がこれまでにあったかどうかは疑わしい。キューバや朝鮮で得られた成果を、単に均衡のとれた収支と取り替えたいなどと誰が思うだろうか。確かに借金は望ましいものではないし、また教会が前払いすることができていれば利益はもっと大きかったことだろう。でもそれができなかった以上、熱情と信念で財政上の慎重さという障壁を打ち破り、教会が自らに対してもっていた信頼よりも大きな信頼を表明した人物によって、この仕事がなされたことを喜ぶのは当然であろう。この二つの宣教活動は、精神的な意味での報いは言うに及ばず、不作の年月の間にたまっていた赤字の額よりも大きな現実の金額を今や払ってくれているのである。

訳者注

（1）この章の表題について訳者の私見を述べさせていただくと、第八章の内容を読めば分かるとおり、「エルサレムでの事始め」というのは、イエス・キリストが公生涯の最後の段階で首都エルサレムに上って、十字架上の死と復活、そして福音の成就という最も重要な締めくくりをされたことを引き合いに出して、総主事、続いて監督に任命されることによって、ランバス博士の宣教活動もいよいよ重要な段階に入ることを示唆しているものと考える。

（2）Ralph Waldo Emerson（一八〇三―一八八二）　アメリカの詩人でエッセイスト。カントやヘーゲルに代表される

Transcendentalism（先験論）と呼ばれる哲学を唱道した思想家でもある。

（3）Horatio Herbert Kitchener（一八五〇－一九一六）　英国の軍人で政治家。ハルツームおよびブルームの初代伯爵。国務大臣として第一次世界大戦に備えて軍備を整えた。

（4）The Boxer Movement　一九〇〇年、清帝国末期の中国で、農民を中心として、列強の帝国主義に反対して起こった運動で、北清事変とも呼ばれる。

（5）人間は人間の感覚で把握できる物質的現象以上のこと（たとえば神や来世の問題など）は知り得ないという考え方。

（6）新約　使徒言行録　二章

（7）アンドルー・カーネギーの寄付により、一八九一年にニューヨークに建てられた、かつてのアメリカの代表的な音楽会場で、約三千人を収容する。

（8）新約　使徒言行録　一章十三節、九章三十七節、三十九節、二十章八節

（9）新約　使徒言行録　二十六章十九節

第九章　監督と道なき道の探索者

己を越えることがなければ、人間など何と取るに足らぬものであることか。
サミュエル・ダニエル（1）

南メソヂスト監督教会監督に選任される

一九一〇年の総会でランバス博士が監督に選ばれることは、あらかじめ決まっていたようなものだ。票数が数えられ、それが確定した。博士が選ばれたことで教会全体に大きな満足を与え、世界規模の奉仕活動が正しく評価された証として受け止められた。

監督としての初めての統括範囲には、極西部地方年会、ブラジル、それに提議されていたアフリカでの新しい伝道活動などが含まれていた。一人の監督の分担として相応しい割当だということには、大方の同意が得られるであろう。その中のどこもないがしろにすることはなく、南米を二度、アフリカのコンゴを二度訪問するなど、最初の任期の四年間、一つの仕事だけに打ち込んだり、怠けたりということは決してなかった。疲れを知らない勤勉さ、管轄下にあるすべてのものへの細やかな気配り、新しい突破口を熱心に探ったり、新政策やその修正案の必要を敏速に感じ取ったり、筆者はそのすべてを自ら目の当たりにしてきた。

やがてランバス監督の無欲で愛情に溢れた精神に、年会は感銘を受けることになる。喜んで犠牲になり、労苦を皆とともに負いたいという彼の姿勢と民主的な精神が、彼を年会の指導者に押し上げ、その精神はそのまま委員会と監督の仕事にもちこまれたので、伝道者たちは彼のことを、助け導いてくれるために派遣されてきた兄弟だと感じた。一人の長老司が伝えるところによると、監督は自分の管轄下にある年会の一つに出席し、司会をするように懇請された。答は、「それはなりません。あなた方の集まりなのです。あなたのやりかたで司会をし、会を進めるべきです」というものだった。激しい異議はあったが、監督は終始参加者の一人として、他の伝道者や代議員たちに混じって着席していた。討論中、ある規則に関する問題が提起され、司会の者は監督にその決定を委ねようとしたが、監督は要請を丁重に断り、司会者に議長として責任をもって決するように言った。会が終わり、監督は司会をした長老司に、採決は正しかったと言って安心させた。この出来事の教訓は、兄弟たちに与えた印象と、未来のために作られた正しい環境である。

彼が委員会で委員長をつとめていたとき、そこでは聖職者の任命に関して繊細さが要求されてくるのだが、そこでも彼は同じ精神をもち続けた。それなのに彼に党派的な結びつきを求めたり、不正な働きかけをしようとしたりするのは馬鹿げたことで、そんなことをしようとするのは、自分に下心があるのを暴露するだけだと言われている。彼は自分の考えを持った上で心を広く持ち、新しい考え方にも柔軟だったが、一旦これと確信した場合はまた別だった。「色々な点で、彼は私が知る中でも一番穏やかな監督だったが、騙すようなことをされた場合は、心に焼きつくような核心をついた言葉で言い返した。委員会でもそのようなことが二度あった。しかし後に尾を引くことはなかった。彼は何かをしなければならないと考えたら、どのような反対があろうとそれをした」。

他のところでも引き合いに出されている性格における矛盾点の一例を、ここで見出すことができる。前途にはっきりした目標を見定めることができたとき、彼は「異議があったとしても」、また時には同僚たちに賛成されなくとも、前へ前へと突き進んだ。このことは当然、自分の性格で批判を招きたくはないと思うことで、彼を批判にさらすことになった。他人に手厳しい判断を下したりすることのなさそうな人が言っている。「彼は頑固な意志をもっていた。何かをしようと決心したら、一つのやり方でうまくいかなかったとしても、別のやり方を試す」。欠点であるにせよ美徳であるにせよ、速やかな正面攻撃が相手を打ち負かすことが運命づけられている場合、そのおかげで彼の決意がそう容易くくじけることはなく、困難にぶち当たっても推進力、屈することのない忍耐力となって、彼自身と運動の目的を大いに役立たせてきたのである。

国内での監督の業務には単に現状を維持するためだけの仕事、すなわち管理業務が多すぎたという理由であるにせよ、あるいはその開拓者的精神の故に本来は別の仕事に適していたためであるにせよ、彼の最もすぐれた業績は国内担当の監督という仕事において達成されたのではなかった。彼は確かによい働きをしたが、彼の働きの中で最高のものとはいえなかった。

彼が主事を勤めていた期間、資金不足のために、外国のどの地域においても必要とされるだけの教会を建設することは叶わなかった。このことは特にブラジルにおいて顕著だったが、ここではカトリック教会が教会の建物の理想を高く設定していた。少なくともリオデジャネイロとサン・パウロに二つの大きな教会を建てる資金を確保するべく、努力が続けられていたが、それまで失敗に終わっていた。資金集めの必要を念頭に、彼は最初のブラジル訪問に、当時の教会拡大委員会主事であったW・F・マクマレイを伴って行った。予算をたてるために広範な調査が行なわれ、資金を確保するための計画も実施された。しかし宣教師会の負債、特にブラジル宣教団がかかえる負債のために、宣教師会はその時点ではこの資金計画を包括的に実行することはできなかった。それでも数年後には宣教百周年委員会のお陰で、ブラジル宣教団に教会の建物を提供し、聖書を現地の言語に翻訳するために予定していた額を上回る資金を集めることができた。

一九一〇年の総会の前に、次のような決議が宣教師会によって採択された。

承認可決

一、宣教師会はアフリカでの宣教師団の結成に向け、直ちに具体的措置をとること。

二、アフリカでの宣教師団を結成し、それに協力を約束するという件に関して、婦人外国宣教師協会によって提出された建白書を感謝して受け入れた。

三、J・W・ギルバート教授が、先祖の地アフリカでの伝道活動に関して申し出られたことを、大いなる興味をもって拝聴した。

四、アフリカ伝道開始に関して、前回の黒人メソヂスト監督教会の総会で伝道活動での協力に関連して任命された委員会と共に協議するよう、わが主事たちに指示すること。

五、アフリカ訪問の権限を主事の一人に与え、伝道活動に適した場所を一ヶ所以上選び、現地の状態を研究させること。また、アフリカでこうした形で伝道事業に着手するのに必要な資金を確保するために「特別扱い」を認めること。

教会は冒険に打って出るつもりだった。いつものことながら資金はなく、ランバス監督はこの計画に興味をもったか、そうでなくても彼が興味をもつことには興味をもつ友人たちからの資金集めに着手した。このようにして資金は集められ、長い旅に必要な手配が全てなされた。そのことについて、少し説明をすることにしよう。

アフリカを初めての訪問したときの話は、教会の興味を大いにかきたてた。若い人たちの想像力をとらえるのに著しく効果的だった。極めて困難で試練の多いこの仕事をしたいという志願者に不足はしていなかった。実際すぐに、私たちの活動の中でも最も人気のあるものとなったのである。

エプワース連盟(2)の青年たちは、自分たちの活動分野としてこれを取り上げ、その支援のために全国の教会から結集した。この組織が、費用全部を引き受けることとなる。テキサス支部では、宣教団が内陸部深くまで旅をし、物を運ぶために船を一隻提供したが、ここはランバス監督が七百五十マイルも徒歩で旅をしなければならなかったところである。

この旅の準備段階の一つとして、黒人メソヂスト監督教会に興味をもってもらうことが必要だった。ランバス監督は、キリストの教会の活力と霊性を維持するためには海外派遣宣教師団が必須だと信じていた。彼はまた、アメリカの黒人クリスチャンはアフリカの兄弟たちに対して福音を伝えるべき義務を負っているという強い信念を持っていた。福音は、これまでアメリカの黒人たちに大きな恩恵をもたらしてきたのだ。彼は、多くの立派な若者たちが学校で教育を受けており、喜んで宣教師として海外に行ってくれるものと信じていた。要するに、そうすることがこの教会にとって新しい命、新しい力となり、特に南メソヂスト監督教会の子弟たちがこの仕事に参加することが必要だと信じていたのだ。そこで彼は、直ちに熱心な反応を示してくれたこの教派の指導者や教会と共に運動を開始した。最終的にこの協力の目的が達成されそうになかったことは悔やまれる。というのも、運動にとって大いに有望で、両関係教派によって綿密な計画が立てられていたからである。アフリカでの宣教のためにアメリカの黒人代表を派遣するに際して障害は色々あって、どういったものであるにせよ、それを克服することはできなかった。いつかは必ず克服されるであろうし、白人との接触で異教から解放された黒人たちは、神によるアフリカの救済のために大きな力を発揮することであろう。

南部における黒人の代表者として真に偉大なジョージア州オーガスタのジョン・ウェスレー・ギルバートがランバス監督の最初のアフリカ行きに同行することになったことは、二つの教派を結びつけようとするこうした努力が生み出した、まことに幸いな結果であった。彼が選ばれたのには、少なくとも二つの理由があった。一つは黒人メソヂスト監督教会の代表がこの旅行に参加すべきだということ、もう一つは長期の旅行には道連れを伴うのがランバス監督の習慣だったことで、特に晩年においてはその傾向が強かった。二度目のアフリカ訪問時には、アラバマ年会のJ・T・マンガム博士を連れて行ったし、さらにその後ヨーロッパに行ったときはG・C・エマンズ氏に加えて、セレクマン氏も秘書として同行した。一九一九年の東洋訪問にはR・E・ディッケンスン博士が、一九二一年にはF・S・パーカー博士が同行した。監督は仲間といっしょに何かをするのを好んだということが一つにはその理由であろうし、また「一人で千人を追い払うことができるなら、二人では一万人を敗走させることができる」ということが、おそらく基礎となっていた原則だったのだろう。主イエスが弟子を遣わされたとき、二人ずつお遣わしになったということが、常に監督の頭の中にあったのだろうか。

アフリカを訪問するのに、ジョン・ウェスレー・ギルバートよりも相応しい道連れを見つけることは困難だったであろう。

ギルバートは、黒人にとって最も忠実な友の一人であったジョージ・ウィリアムズ・ウォーカーのもとで学び、ペイン・カレッジを卒業した。彼はその後ブラウン大学に学び、そこで奨学金を与えられ、ギリシアのアテネにあるアメリカ古典学校でギリシア語を一学期間学ぶ機会を得た。彼は語学にすぐれていた。次の手紙の中で、ランバス監督は彼に相応しい賛辞を贈っている。

一九一八年二月十九日　　カリフォルニア州オークデイルにて

ジョージア州メイコン、モンロー街三七七

J・A・マーティン牧師様

拝啓、お送りいただきましたジョン・W・ギルバート教授の素描を含む記事を、読むほどに興味を深めながら、拝読致しました。貴殿、そして教授と関係のある他の方々（その全部ではなくとも、大部分が彼の学生たちですが）の、教授に対する心からなる愛情に溢れた賛辞でした。

そこに示されている尊敬の言葉に、私も心から全面的に賛意を表することをお許し下さい。これらの賛辞は決して度の過ぎたものではなく、事実に基づいた評価と十分それに値する称賛の範囲内のものです。私ほどジョン・W・ギルバートをよく知る人はそれほどいないでしょう。ペイン・カレッジの学長であるジョン・ウィリアムズ・ウォーカーを別とすれば、多分白人の中で私ほど親しく彼を知ってきた者はいないと思います。その目的の誠実さ、立派な人格、高邁な理想などの点で彼に匹敵する人は少なく、彼を越える人はいないでしょう。彼はギリシア語、フランス語、それにアフリカの原住民の言語も幾つか勤勉に学んでいましたので、私が海陸での長い旅の間に出会ったいかなることも乗り越えることができました。彼はその仕事に頭を使うだけにとどまらず、心から打ち込んでいました。まことに立派な働きでした。

彼が私よりも上手にフランス語を書けると知り、私はベルギーの当局に出す手紙を口述してから、それをコンゴとベルギーの公用語に訳してくれるように彼に頼みました。その仕事があまりに見事だったので、後日ブリュッセルを訪問したとき、植民大臣はあの手紙を書いたのは誰かと尋ね、フランス人でもベルギー人でもない者から公式に受け取った手紙の中で、最も正確で洗練された文体だったと言われたほどです。

私はこの友人がこれから何年も生き永らえて職務に専念してくれると信じるだけでなく、神の摂理により、これほど適した資質を与えられている仕事をする機会が最大限に与えられますよう、お祈りする次第です。

敬具

当時ペイン・カレッジの学長だったJ・D・ハモンド博士に宛てて、ランバス博士は次のように述べている。

これほど有望な活動の地は他にありませんが、この仕事は熟練した働き手がなすべきだと考えます。よく訓練され、イエス・キリストを信じる信仰と同じくしっかりした信念を持つ人です。ジョン・ウェスレー・ギルバートこそ、適材です。仮にペイン・カレッジが今後、彼のような人物を一人も生みだすことがないとしても、これまでに費やされた経費と努力は決して無駄にはならないでしょう。それどころか、十分に有意義だったと言えましょう。彼は勤勉で労を惜しまず、献身的で心が広く、教養があり、敬虔な人物です。日常生活の中で心の底からのキリストを信仰し、人間の魂をためすような状況下に彼があるのを見ることも度々ありました。この伝道活動はジョージ・ウォーカーが世界に残した輝かしい遺産で、この者の生涯は現在、アフリカ伝道に惜しみなく捧げられています。ペイン・カレッジの影響力を暗黒大陸に浸透させていく有能で信頼に足る宣教師の長い系列における最初の実りであると考え、私は喜びに耐えません。貴大学の教授会を構成され、黒人メソヂスト監督教会、アメリカ南部、それに今やアフリカのためにペイン・カレッジがこれまでに果たしてきた業績に貢献してこられた英雄的で無私の精神に溢れた男女を神に感謝する中に、ハモンド夫人とともに惜しみなく捧げてこられました先生ご自身の献身的奉仕のことも、どうぞ加えさせて下さい。黒人たちはこれ以上の友をもってはおりません。他の人たちが捧げる共感と祈りに私自身のそれをつけ加え、私の能力の及ぶ限り協力させていただくことをお誓い申し上げます。

W・R・ランバス

私たちの帰国は、五月の協議会にも貴大学の卒業式や理事会にも、間に合わないでしょう。一九一三年までは当地で仕事を始められないと思いますので、ギルバート教授がもう一年、その地位に再選されますよう、私個人としてもお願いします。ここで仕事をする許可をもらうには、申請書がベルギーまで回って行かねばならず、ヨーロッパの役所仕事につきものの遅延にさらされることでしょうから、コンゴを離れてから九か月はかかると思います。理由は他にもあります。そのようなわけで、理事会への教授推薦の件、何とぞご配慮のほどよろしくお願い申し上げます。

二人は共に旅をし、共に危険に直面した。ギルバートから直接聞いたのだが、アフリカ内陸部への旅行中、彼は常に先頭を進み、危険に直面するときは彼の黒い胸がいつも最初で、白い友人を守ることができるようにしたという。ギルバートは話が上手だった。帰米後の彼の講演は白人の聴衆を魅了し、人々はいつでも彼の話を喜んで聞いた。彼は、ランバス監督とちょっとした釣りを楽しみに行ったときの経験について、よく話をした。魚が餌に食いつくのをじっと待っていたときのこと、小舟からそう遠くないところで物音がして、何と大きな河馬が突然凸凹の顔を水面に突き出したのだ。ギルバートが極度に神経を尖らせていたまさにそのとき、舟の反対側にも鼻を鳴らす音が聞こえ、振り返ると、そこにも河馬が大きく口を開いていて、両顎《あご》が機関車の前の排障器のように見えたという。それから舟上の客人たちが完全に落ち着くのを丁重に待つこともなく、周囲には次々と河馬が頭を突き出した。二人がどうしたかは申し上げるまでもあるまい。無事に生きのびてこの話を語っているということが十分に説明している。ギルバートは言う。「黒人の中には縮れ髪を真っ直ぐに伸ばしたがる人もいるが、私は違う。このときに経験したのだ。私の頭の上では髪の毛が完全に真っ直ぐになって、一本ずつ立った。白くなりたいとも思わない。白くなるのがどんな感じかは分かっている。このときしばしの間、私の顔面は百合のように真っ白になったのだから」。

彼らはまずベルギーに行った。そこで必要な手続きをすませ、アントワープから地中海を横断する船旅に出たのだった。

一九一一年の十月二十四日、彼らは船上からダカールの陸地を見た。監督は書いている。「ギルバートと私は船室にこもり、大いなるアフリカ大陸の入口において、私たちが生涯を再献身し、新たなる一生の仕事を始めることを神が受け入れ給うように祈った」。彼らは午後四時に上陸した。彼らの前には、西欧文明を示す数々のしるしがあった。フランスの三色旗、カーディフから運ばれた石炭、鉄製の荷車、鉄道などである。相並んで異教的なものの象徴も存在していた。装身具で身を飾って赤ん坊を連れた女たち、赤いトルコ帽をかぶって着飾ったアフリカの男たち、婦人のパラソル、黄色いスリッパ、そよ風になびいている青いガウンなどである。通りの片側には長いスリッパを履いた一人の黒人女性がいて、赤ん坊を背負い、首には三筋の首飾り、耳には三列の垂れ飾りを付け、髪の毛はトウモロコシの穂のように編んでいた。反対側にはパリから帰ってきたばかりの彼女の妹がいて、ハイヒールを履き、身を乗り出して、ガウンは両脚にまつわりつき、十本の指に指輪をはめ、肩にはマダガスカル産の猿をのせていた。

ダカールに短期間滞在した後、彼らは船に戻って再び旅を続け、コンゴ川の河口まで行き、この神秘的な大河を遡って九十マイル上流のマタディへと向かった。

このようにして興味深くて労苦や窮乏、危険に満ちた旅が始まるのである。今私の前には、注意深く且つ忠実につけられた日誌があって、それに目を通したいという欲望を抑えきれない。しかし事の性質上、ところどころ瞥見《べっけん》するにとどめ、またの機会を待つことにしよう。この日誌がそのまま出版

ジョン・ウェスレー・ギルバート教授
（Prof. John Wesley Gilbert）

されたなら、極めて興味深い宣教師冒険譚《ぼうけんたん》となるであろう。

もしもこの上なく熱心な開拓者を満足させ、それ以上に望む余地がないと言わせるものがあるとすれば、それはベルギー領コンゴの奥地にはるばる入って行く旅であろう。実現間近だったのは、いつの頃からか抱いてこられたこのような夢だった。日本にいる友人からの手紙によると、W・R・ランバスは日本にいた初めのころ、アフリカと関係のあることには何でも深い関心をもち、アフリカ大陸からの新聞記事を彼にも読ませ、デイビッド・リビングストン(3)やヘンリー・M・スタンレー(4)の生涯や業績には特に興味をもっていたという。その頃からすでに、この大冒険に備えつつあったことは間違いない。一つの考えを思いつくと、それにこだわって忍耐強く頑張るのが彼のやり方の常であって、遅かれ早かれそれは報いられるのだ。騒がず、あわてず、歓喜せず、ただひたすらに心の中に持ち続けたのだった。

訳者注

(1) Samuel Daniel(一五六二―一六一九) 英国の詩人。詩作の他に全八巻からなる『ヨーク家とランカスター家の内戦』など散文の歴史書も幾つかある。ベン・ジョンソンに先立って、最初の桂冠詩人の称号を得たという説もあるが、それを確認することのできる公式の資料はない。

(2) 第七章の注参照。なおエプワースはメソヂスト派の創始者ウェスレーの出生地の名である。

(3) David Livingstone(一八一三―七三) スコットランド出身の英国の宣教師でアフリカ探険家。王室地理学会のために中央アフリカの分水嶺、ナイル川の源流などを探り、ビクトリア瀑布などを発見した。

（4）Henry Morton Stanley（一八四一－一九〇四）　アフリカ探険家。ウェールズ生まれだが、アメリカの商人の養子となる。新聞特派員として世界各地に行くが、中央アフリカで行方不明となっていたリビングストンを発見し助けたことで知られる。

第十章　ジャングルと向かい合って

彼は私をさし招き　私は行ってみようとした
貧窮や災いよりみじめな　あらゆる罪が
浮かれ騒ぎ　悪徳が行き交うその中に

作者不明

彼らはベルギー領コンゴを目指し、広大なコンゴ盆地を目指していた。この地域に魅せられたのは、その道がかつてスタンレーがリビングストンを求めて行ったときの足跡をたどるものであり、そこが文明世界を震撼《しんかん》させたばかりの「ベルギーの大虐殺《ぎゃくさつ》」として知られるようになった事件の現場だったことが誘因となっていたことは疑いない。ランバス監督はこの旅について自ら書いた記事の中で、企画の理由を四つあげている。

一、世界を凝視《ぎょうし》することが、ひどく悲惨なまでに求められていること。
二、黒人のことをよく知り、その真価を認めているアメリカ南部の白人は、黒人と特別な関係をもち、他の誰よりも宣教師として彼らとともに働くのに適していること。
三、何年にもわたって南部長老派教会から、アフリカに来ていっしょに仕事をするように熱心な誘いかけがあり、また、彼らの宣教活動が驚異的な成功をおさめていること。

四、「全世界に行って、すべての造られたものに福音を述べ伝えなさい(1)」という主のご命令が二千年前になされたが、まだ果たされていないこと。

この目的を遂行するために、彼らは船でニューヨークからロンドンに、ロンドンからアントワープに、さらにアントワープからはコンゴ川下流の航行の出発点であるマタディに行き、そこから鉄道に乗り換えてスタンレー・プール(2)に向かった。かつてこの恐ろしい地域を徒歩で横断したスタンレーの旅とは何という違いだろう。今回は、鉄道技術者と商業の先兵が福音宣教の先駆者の足跡をたどり、知らぬ間に他の平和の使者のために交通路を築いてくれていたのだった。スタンレー・プールからコンゴ川(世界最長の川(3))で、神秘と危険と悲劇の川)を船でさかのぼり、さらにカサイ川(コンゴ川の支流)、ルルア川(カサイ川の支流)をさかのぼり、スタンレー・プールでの待機期間十日を含めると三十日かかって、一九一一年十二月七日に一行は長老派教会の活動の中心地であるルエボに着いた。テント、ハンモック、食料、塩、布、薬箱、タイプライターなどを六十人の人夫に背負わせ、彼らは探険の旅へと出発した。ランバス監督は言っている。「価値のあるものといえば、十六袋の塩と何梱《こり》もの布だけだった。内陸の僻地では通貨など何の役にも立たなかったからである。わが隊は、林道伝いに半マイルもの長さに広がって進んだ。ギルバート教授が先頭に立ち、私は落後者が出たり、攻撃者に襲われたりするのを防ぐために、しんがりをつとめた」。七百五十マイルに及ぶこの長い旅の間に、一行は川を渡り、湿地帯を進み、熱病の危険をものともせず、カニバリズムの村で野営をし、四百人の病人を治療し、五十人の部族の長と会い、二百の村を訪れた。彼らは今バテテラ(現地名は「アテテラ」で、複数は「オテテラ」)地方の中心にあるウェンボ・ニアマのところに来ていた。ここの大部族長は初めのうちは少々懐疑的で不機嫌だったが、突然大きな喜びの光が彼の上に射した。人夫の一人が、行方《ゆくえ》が知れなくなって二十年近くも会っていなかった長の友人だと分かったからである。それからは、万事が好都合だった。長はどっしりとした体格の人物であったが、監督たちを自分の家に連れて行き、よく太らせた山羊を屠り、米や果物や山芋などで皆をもてなした。

現地の食べ物は必ずしも結構なものばかりとは限らない。監督は言っている。

ギルバート教授と私はチャンビ、干した蟻、椰子虫《やしむし》、芋虫のフライなどを新年のご馳走として食べ、そのあとで山羊と猿の肉の食事も何度かあった。チャンビはパンの替わりになり、干した蟻も空腹時ならそう悪くはなく、自由に選べるならば、固いアフリカ山羊よりも、慣れさえすれば、柔らかい猿の肉がよい。山羊肉と砂の混じった米を食べてみれば、リビングストンがいかにして歯を何本も駄目にしたか、よく分かろう。マンゴ・ペーストは素晴らしく、料理人が調理中に柄杓《ひしゃく》をやたらに嘗《な》めたりさえしなければ、よいデザートになる（もっともそれは新年のご馳走として、「監督に素晴らしい料理を出そう」とするための行為だったのではないだろうか）。ギルバート教授と私は徒歩で、しかも睡眠は常にハンモックという旅をすでに四百マイル、さらに船まで三百五十マイル、その後は千五百マイルを蒸気船で、スタンレー・プールまで行き、そこからマタディまでは鉄道、そこから汽車と船を乗り継いで行政府の所在地であるボマまで三百マイル行き、そこで宣教師館を建てるための土地の利用許可を最終的に受けなければならないということを補足して申し上げれば、私たちが遭遇している困難について、読者の皆さんにも私の同僚たちにもご理解いただけるものと思う。

「母がよく作ってくれたパイ」のことを思い出しながら、初めて食べる美味な料理に敢然と挑んだときの断固とした決意、向こう見ずな豪胆さ、不屈の我慢に比べれば、ジャングルを通り抜けての長旅の危険と苦労も、心地よい花の寝床のようなものだったということは想像できよう。それでも食物は驚くほど豊富で、魚、蝸牛《かたつむり》、蟻、芋虫、椰子虫などのほかにも、穀類、野菜、鶏、卵（地上に昔なじみの忠実な雌鶏がいない所があるだろうか）、羊、山羊、かもしか、それに野牛などがあった。蟻は体長が半インチもあって、塩を少し加えて乾燥させるのだが不味《まず》くはなく、味は臭みのあるベーコンに似ている。芋虫は焙《あぶ》り焼きにして、油に漬けて頭から丸呑みにする。初めて牡蠣《かき》を食べた人はこの世で一番勇敢な人間だとよく言われるが、それはアフリカに住んでいた人に違いない。

ランバス監督は、決してユーモアを忘れなかった。どれだけまじめな気分でいるときでも、笑いが常に近くにあった。彼の生涯は、ゴルフやテニスといった一般の人が考える娯楽とはほとんど縁がなかった。そんなことをしてみようと考えたことがあったかどうかさえ疑問だ。それでも彼は、いつも精神的緊張や疲労といった状態からユーモアのある明るいところへとうまく逃れ出て、健全な笑いで気苦労の圧力をかわしてしまうのだった。このユーモアという人間特有の要素が彼を元気づけ、重荷を背負った精神を鼓舞し、心の健全さと親切さを保つ助けとなっていた。熱心さのあまり常軌を逸するということはなく、ファリサイ的な独善に陥ることもなかった。そのユーモアを解する心が彼を守り、しっかりと現実を見据えさせていたといえる。

一九一九年にランバス監督といっしょに大西洋を横断した最後の旅のことを思い出す。世界がまだ苛立っている時代だった。監督も含め、戦争の恐怖と狂気から抜け出せていなかった人たちは、何とか戦争を忘れて、神経を落ち着かせようとしていた。監督は船室で礼拝の司式をするように頼まれた。彼が示した臨機応変の才と洞察力に接することができ、大変うれしかったことを覚えている。ただでさえ過敏になって緊張しすぎている感情に、あるいは既に過剰に刺激されている熱情に訴えかけたりする代わりに、彼は旅行、特にアフリカの旅の話をして船客たちの心をなだめ、興味をひき、楽しませたのだった。それは隣人たちへの配慮と愛を抱いているが故に、アフリカ大陸の兄弟たちへの強い関心にかこつけて、旅を共にしている船客たちが必要としているものを忘れてしまうということができない真の宣教師の姿だった。

彼がつけていたアフリカ日誌を見ると、天候の状態、幼児の健康問題、ベルギー政府の政策、無線電信、輸入品、貿易ルート、彼が注目しなかったものは何一つなかったように思われる。いつ果てるとも知れぬ旅行やその他の活動の最中にあって、様々な出来事の詳細や統計、事実を記録し、地図や村や小道のスケッチまでするのにどれほどの労力と時間を費やしたか、注目してみると面白い。この原稿を書いている私の前に二ページ分の覚え書きがあって、椰子油、タバコ、国費の支出、移動家屋、死亡率、平和、フランス語、盗まれた帽子の返還をめぐる交渉、ツェツェ蠅《ばえ》、レオポルドヴィルにおけるスタンレー・プールまでの徒歩旅行などに関して、ぎっしりと書き込まれている。今はページを無作為にめくってみたが、さらにページを一枚めくってみると、次の二ページも役立つことが分かる。あるページを数えてみると、十項目あった。カサイ地方、河馬、バム島、スタンレーがドーヴァー・クリフスと名付けた断崖、カリム・ポイント、ハイ・レンジ、再びツェツェ蠅、急流、櫛《くし》、枕の十項目で、これにスケッチが加えられている。説明は必然的に短いものであるが、明瞭で要点をついている。

十一月十日の金曜日には、次のように記録されている。

誕生日、五十七才！　時はあっという間に過ぎ、とても貴重だ。神よ、時をよりよく用いることができますようにお助け下さい。アフリカにいるという名誉を与えられていることに感謝。少年だったころ、私はロバート・モファット(4)の生涯とデイビッド・リビングストンの探険のことを本で読み、アフリカで宣教師になりたいと願った。一八九一年に合衆国に戻って、コンゴ川上流またはその近くで宣教を始めることを申し出た。宣教師局の準備はまだ整っていなかった。ヘンリー・M・スタンレーと会ってみて、私は自分の見解の正しさを確信し、決意をさらに強めたのだった。彼は、私と私の教会に来るように誘い、畑は開かれていて豊かに実っている、するなら早い方がよいと言った。一八九〇年に私が日本から送ったアフリカ伝道に関する記事は、セントルイス全体協議会のデイリー・アドヴォケイト誌上で公表されたが、そのとき教会は動かず、それは私が提案しても同じだった。教会がかかえていた負債と、信念不足の故である。

この結びの言葉は、まるで宣教の希望を葬る棺にかけられる土のように、これまで幾度発せられてきたことだろう。

ようやく私はJ・W・ギルバートを同行者として、宣教師会が伝道の開始を決めた場所について調査し報告をするために、ここに来ている。私は厳粛かつ慎重に、また喜びに溢れて、ここにおいて、またどこにおいても、わが主にこの生涯を再献身する誓いを立てる。私の手も心も、私のすべては主のものである。生まれ来る何百万もの魂を救う伝道の基を据えるため、どうか主が導き助け給わんことを！

このときはまだ彼が、南メソヂスト監督教会において与えられる最高の地位、最高の名誉とも呼ばれる職務に任ぜられて間がないことを、思い起こしていただきたい。もっと安楽にかまえて、あの果てしない旅や過去の労苦から少しは解放されてよい立場になったと考えてもよかったであろう。彼はそうではなく、また別の犠牲を強いる新たな仕事を引き受けたのだった。彼が何故そのような気になったかを理解する鍵は、上に紹介した誕生日の所見の中に見いだされる。

この所見を読むと、私は二つの会話を思い出す。一つは、私たちがいっしょに仕事をするようになる七年前のものだ。私たちは彼が大好きだった徒歩旅行をしながら、互いに腹蔵なく会話を楽しんでいた。彼は将来の仕事の計画について率直な意見を述べ、使徒のような熱意と緊迫感をもって声を震わせながら言った。「私は目の前にある仕事を急がなければならない。やりたいことがたくさんあって、何をするにしても十年以内にやってしまいたいのだ」。後になってわたしがこれらの言葉を何度も何度も思い起こすことになるのは、言葉そのものよりも、むしろその言い方、その夢、そして終始示された視野の広さのためだった。さらに彼は二十年の勤務の後、死のほんの僅か前に、深い満たされないあこがれをもらすかのように言っている。「宣教師としてアフリカで生涯を終えることができないのかどうか、まだはっきりとは分からない」。彼がそのとき監督の地位を辞することを考えていたのは公然の秘密である。これは疑いもなく、彼が就いていた職務よりももっと高いところから神の招きがあると感じていたからである。

中央アフリカのバムバから、一九一一年十二月二十四日の日曜日に、ベル・H・ベンネット嬢に宛てて書かれた手紙の中で彼は言っている。

仕事が終わり、私の心は満たされています。自分の考えを述べなければならないと思っています。特にあなたはこの大きな仕事にもいつも理解を示して下さいましたし、私を全面的に信頼して下さいました。私が心を打ち明けることのできる真の友人は、あなたです。貴女は何年もの間、私のために毎日祈って下さいました。私がこの職務に就くべきだというのが貴女の確信でした。私は、教会が私のことで重大な誤りを犯しはしないかと思って長い間躊躇し、大いに祈りました。教会の声は神の声でなければなりません。しかし貴女もご存じです。私も存じております。教会でさえも時には神のご意志を判断し損なうことがあり得るのです。

これは監督の職を軽くみたものではなく、最高の使命に対する責任について、個人的な意見を述べたものである。安心も気楽さも、名誉も個人の利益もすべて一つの大義と理想のために惜しみなく喜んで捨て去ることのできる人がいるということは、この世にとって希望である。そのために死んでもいいと思えるほどの大いなること、尊いことを見出す人が本当に少ないのは、未来にとって災いであり、絶望である。すべての価値ある進歩のために道がはっきりと示されてきたのは、自分の人生を自分自身のために大切だと思ってこなかった人たちのためである。

次の手紙は、友人たちに手紙を書くのにいかに時も労も惜しまなかったか、また監督の観察がいかに徹底したものであったかをよく示すものである。

ジョン・R・ポッパー他への手紙

テネシー州メンフィス　　ジョン・R・ポッパー様

親愛なる兄弟へ。あなたと、あなたの日曜学校のために、今ここでスナップ写真をとることができればよかったのにと思います。今日は曇っていて、私のコダックではこんな光の中ではうまく撮れないでしょう。でも情況がどんなだったか、できるだけよく分かるようにお話しさせてください。

私から十フィート以内のところに、大きな半円を描くように、できるだけ正確に見積もって二百人の子供たちが一心に目を見開き――それに心を傾けて――私とタイプライターを見つめています。一時間ほど前に張ったばかりのテントから十五フィートと離れてないところにある大きな木の下で、この手紙を書いているのです。観客は列を作って並び、年下の子らは地面に尻をつけてしゃがみこみ、年上の子らは皆がよく見えるように後ろに並んでいます。衣服を見る限りでは、少々欠乏状態にあることを認めざるを得ませんが、ここは熱帯で、アフリカ大陸の中心です。なにしろギルバート教授と私は、海から千三百マイル以上も奥地に入ってきているのです。今朝は二十マイル進みましたが、六百マイルも徒歩で行くために必要なだけの野営用具を運んでいることを考えれば、六時から十二時までに歩いた距離としては十分でしょう。子供たちの多くは腰に紐を巻いて、そこから三インチ幅の布切れを垂らし、裸体の前部を隠していますが、それすらしていない者も七十五人以上います。一人の小さな子は腰帯に真鍮の鈴を結びつけているのですが、想像するに、近くのトウモロコシ畑で遊んでいるときに母親が見つけやすくしているようです。私の背後に生えているトウモロコシは高さが七フィートもあって、大きなよく実った穂をつけています。五才ぐらいの小さな女の子は左の手首に三本の真鍮《しんちゅう》の棒をつけ、腰帯には二本の青いビーズをつけ、首には麻の細引きを巻きつけていて、その麻紐には貝殻の形をした装飾品をつけています。貝殻はよくおまじないに用いられます。先日、一束の麦藁《わら》に固定した貝殻を見ましたが、そこには村の医術師が二、三十本の矢を射込んでいました。この地方で広く行われている宗教は、恐怖の宗教です。彼らは実際の、あるいは想像上の精にとりつかれています。人生は重荷で、特に女は生きるのに疲れてしまい、よく自殺をします。二、三日前、一人の女が椰子の繊維《せんい》で作った輪で首を吊っているのが発見されました。死んでいたのに、自らの足で立っていました。嫉妬《しっと》や痛ましさの多くは一夫多妻制のせいとされ、国内の奴隷制も責任の一端を担ってるようです。今朝、片手に槍を、もう一本の手には小さな楽器をもって、頭に重そうな荷物をのせた二人の女を市場に追いたてている一人の男に会いました。その時にはすでに、五十マイルも歩いてきていました。私といっしょにいる伝道者(5)とその夫人の話をお聞きになれば、あなたは戦慄《せんりつ》をおぼえることでしょう。二人とも、自分の村が他の部族に襲われた結果、子供のころに奴隷として連れ去られたというのです。

子供たちのことに話を戻しましょう。子供たちの日曜学校にもなっている麦藁葺きの教会が、私たちのテントから三十歩以内のところに立っているのですが、それは長さ六十フィート、幅三十フィートほどで、土の床に立てられていて、ラフィア椰子の葉で作られた屋根も五十本の棒で支えられています。説教壇は粘土でできていて、小枝を編んだもので内部が補強されています。説教者の椅子は、竹の縦材と、竹を割って交互に編み合わせたものと、椰子の繊維を精巧に細工して作られています。この子供たちは山上の説教、主の祈り、十戒を暗唱することができ、讃美歌も二十曲は歌うことができるということです。本当だと思います。というのも、南長老派教会の二つの拠点であるルエボとイバンイェで、五百人もの子供たちがそうするのを聞いたことがあるからです。それよりももっと驚くのは、ここへ来る途中で昨日見聞きしたことです。ちょっと話を中断することになりますが……。村の長が私たちに贈り物として山羊を一頭届けてくれました。これはもちろん受け入れなければなりません。お返しの贈り物もしなければなりません。私は一ドル五十セント相当のアメリカの亜麻布を贈るつもりなのですが、これは長の妻、というより妻たちのうちの一人、のために着物を作るのに十分なものです。山羊は私たちキャラバン隊の六十人で分けたいと思います。各人に当たるのは僅かの肉切れですが、彼らにとっては大変なご馳走です。

昨日は夜が明けるころに出発しました。村を離れる前に、角笛の音を聞いて集まってきた百二十人ほどの人たちといっしょにお祈りをしたのですが、その大部分は子供でした。五マイルばかり行ったところで、出迎えてくれた二十人の現地人と握手し、案内された先は地面にむき出しの棒を敷きつめた小屋でした。そこには七十五人ほどが座っていましたが、彼らは男も女も子供も腰から上は何も身につけていないので、冷たい霧の中で震えていました。一時間も待ってくれていたのです。私たちが入口に立つと、彼らは讃美歌集も何も見ないで『溢れる恵み』を歌い始めました。裸で、寒さと飢えに苦しみながらも顔を上に向けて歌っている彼らの姿を見て、ギルバートも私も涙をおさえることができませんでした。彼らが歌っていたのは彼らが必要とするものであると同時に、長い間顧みられることのなかった方面で注がれることを私たちが祈り続けている恵みを現わす歌だったからです。ここは本当に、神にも人にも見放されたかと思えるほど長い間放置されてきたのです。もちろん神が彼らを見捨てられたなどということは、真実ではありません。このカサイ地方とサンクル川流域全体で、プロテスタント教会は一つしかありません。南長老派の教会なのですが、同派によって設立された代理部の働きによって宗教的な目覚めの兆しが見えてきており、多くの人がイエス・キリストを知り、救いに入ることになるに違いありません。

さらに八マイル進み、私たちは先程の村よりも大きな別の村に着きました。ここでは、道端に三百人ほど収容できる立派な造りの小屋がありました。その小屋は人でいっぱいで、長は信者ではありませんが、そこで待っていて私たちを握手で迎えてくれました。ここでも讃美歌と祈祷と十戒を聞き、そのあとで私は、人夫頭《にんぷがしら》で通訳もしているドゥファンダの通訳を介して短い話をしました。アフリカに来た理由を話し、私たちを迎え朝の祈りをするために来てくれた（実際に数えてみて）二百人もの人に会えてうれしいと伝えてから、神の王国とサタンの支配の違いについて次のような話を簡単にしました。私たちが夜を過ごした村で料理人が朝食の準備をしていたとき、十フィートも離れていない藪《やぶ》の中で赤銅《しゃくどう》色の蛇がとぐろを巻いて襲いかかろうとしているのを見つけ、彼は大声で叫びました。蛇の背は緑色で、腹は黄色でした。この黄色は毒蛇であることを示すもので、皆そのことは知っているのですが、黄色い部分は見えないので毒蛇だということに気づかないのです。サタンも、この蛇のようなものだと話しました。サタンは犠牲となる獲物に襲いかかる準備ができるまで、姿も性質も隠しているものなのです。サタンがひと働きしたことは確かでした。私たちが眠ろうとしていたとき、突然殴打《おうだ》するような物音がして、続いて近くの小屋から女が悲鳴をあげながら走り出し、心臓が破裂するのではないかと思うぐらいむせび泣きながら、背の高い草むらに駆け込んでいったのです。サタンが一人の男の心に入りこみ、妻を打つよう命じたに違いありません。本来は愛して面倒をみるべき妻なのに。対して神の王国は正しい生き方の国であり、平和の国であり、私たちみんなの父がイエス・キリストを通して約束し給うた聖霊における喜びの国なのです。以上の話は、狙い通りの効果を発揮しました。何人かの男たちが意味ありげに互いに顔を見合わせ、それから女たちの方に目を向けたのです。引き返す前に、私たちはこれから神の福音のことを聞いたことのないカニバリズム（食人）の習慣を持つ人や異教徒の中を通って行くので、道中ンザンベ（神）の導きがあるように祈って下さいと私は彼らに言いました。彼らは毎朝六時に私たちのために祈ることを約束し、周りに群がってきて握手をしました。私はギルバートに、今私たちが来ているのはメソヂスト教徒の国なのだと申しました。皆と別れを告げたあと、一人のハンセン病患者が進み出て片手を差し伸べました。私は同情をこめて触れることを拒む気にはなりませんでした。彼に与えてやることができるものはそれ以外になかったからです。ああ、私に彼の病気を癒やす力があったら、どんなによかったでしょう。しかし私はそれよりもっとよいものを彼に進呈しました。命のパンであり、ギレアドの乳香(6)であるイエスです。（以下略）

カサイ地方　カフルンバにて

一九一一年十二月二十七日

昨日の午後四時、丸太の太鼓が打ち鳴らされて、二百四人の男女子供が夕拝のために集まってきました。女性たちの多くはそれぞれの小屋の前で燃やしていた焚き火を離れ、伝道者とその夫人から習った讃美歌を歌い聖句を暗唱するために走ってきたのです。字が読める成人はまだ非常に少ないからです。祈祷会が終わると、ギルバートは子供たちに馬跳び遊びを、もっと大きな子供たちにはキャッチボールを教えてあげました。彼は皆の心を完全につかみ、町中をとりこにしてしまいました。なにしろ、町中みんなが出かけてきたのです。長でさえ今度ばかりは威厳もどこへやら、何人かの取り巻きに中腰の姿勢をとらせ、背中を飛び越えてみたりしたのです。女性たちは身をよじらせて大笑いし、老長が「豹《ひょう》のように跳ぶ」ことができると分かったときの喜びようを見て、私もくずおれそうになったぐらいです。

夕食後、私は例の伝道者夫妻（ムディンビという名前でした）と料理人と二人の男にテントまで来てもらって、半時間の礼拝をもちました。真理はイエス・キリストにあり、その忠実な証人となる責任が彼らにあるということを思い出してもらって、信仰を強めてほしいと思ったのです。私たちはともに祈りをささげ、ギルバート兄弟も私も、愛してやまないメソヂスト派のために遥かな国で道を開く仕事に従事できるとは何という特権だろうと自覚し、私の心は燃えたのでした。私たちは豹、毒蛇、象、野牛などが群がる国を通過しているのです。モリソン博士からは、豹がこの地区の村々で人を襲って喰わえ去る事件がたびたび起こっているので、気をつけるようにと警告を受けました。それでも私たちは床に就いて、テントの中にあってメンフィス(7)にでもいるかのように安らかに眠りました。これまでのところは不思議なぐらい危険から守られていて、免れ得る人が少ないといわれる恐ろしいアフリカ熱にもまだ罹《かか》っていません。この病気は必ずしも命にかかわるものではありませんが、私たちは心配もせず、それどころか合衆国にいるようにずっと元気にしております。個人的には、私はここ数年ずっと調子が良かったわけではありません。私が元気でいられるのは大部分、神の御恵のもとに、大きな仕事が心を鼓舞してくれること、毎日十五～二十マイルを歩き、路上で積極的な運動をしているおかげだと思います。

今朝、三十人の男、二十四人の女、六十四人の男児、五十人の女児が冷たい霧の中、六時半に小屋に集まって、いつものように朝礼拝を行いました。あまり寒いので、体を少しでも暖かくするために小さな裸の体の上で腕を組み合わせている子供たちもいました。私はオーバーを着ていました。彼らは伝道者夫人の指導で『全ての者の主に栄冠を』と『北のはてなる』を歌いました。『北のはてなる』は聞くだに凍えそうな歌詞でしたが、元気に歌うことでそんな印象も克服しました。外は二十フィート先までも見えない状態でしたが、南長老派の宣教師たちが二十一年間で達成した偉大な伝道の成果を見て、私は心の中で喜びました。少数の白人と黒人の働き手が、八千人の熱心なクリスチャンを集め、そのうちの三百人が教師や伝道者になり、自分自身もまだ訓練を受けながら、毎日五万人以上の子供と二十万人以上の大人を教えているのです。それだけではありません。無限に広がってゆく可能性を秘めているのです。唯一の限界は、活動家の数と力量です。ルエボを基地、中心地として、そこからほぼ全方向に九日間の徒歩旅行をしてみて、信徒の手でこのことが実行されることを思って、私の心がおどるのをおかしいとお思いになりますか。これまで任職を受けた説教者は一人もおりませんが、三百人から成る自立した二百の伝道隊によって行なおうというのです。言い換えれば、学校や教会として使える小屋を建てるだけでなく、村々が人々のために家を建て、食料としてパン代わりのキャサバや椰子油、山芋、鶏、卵、蟻、バッタ、芋虫などを補給するのです。

私たちの教派の信徒にとって素晴らしい目標ではありませんか。国内ではこのような大いなる派遣団を十分に活用したことがありません。これこそ何ができるかということを、国外の伝道地が示す良い例です。この人たちは牧師ではありませんし、牧師になろうと思っているわけでもありません。彼らはクリスチャンの学校教師で、教えられた通りに神の言葉を解説する人たちなのです。小屋で祈祷会を開き、日曜学校を組織し運営しているのです。彼らは神を知っています。私が滅多に聞いたことがないお祈りをします。彼らはどうすれば神と語ることができるのかを学びましたし、熱心に人々を真理の道と正しい生き方に導きます。この人たちと、彼らを指導している宣教師の働きは、信仰と祈りに根差しているのです。三百人もの人が一年中、毎朝六時に祈祷会に出てくることを考えてみて下さい。ルエボで水曜日の夜になると、二マイルもの範囲にわたって、半円形になって、小屋で祈祷会が行われるということを考えてみて下さい。私は宣教師のための英語の礼拝の司式をするために伝道所の敷地を歩いている間に、五十もの地点から聞こえてくる歌声を聞きました。私たちがその夜、主の実在し給うことを実感したとして、何の不思議があるでしょう。自分の見聞きしたことを、神に感謝します。しかもそれは、全体の半分でしかないのです。

ギルバートと私が長老派の活動地から何マイルも東にあるバテテラ族のところへ行こうとしているというのは事実です。彼らはカニバリズムの習慣を持っていますが、それがどうだというのでしょう。緊急という点においては、彼らの方こそ私たちを必要としているのです。私はずっと、最も必要とされ、他の使者が行ったことのない地方で福音を述べ伝えたいと切望してきました。もし私たちが道を開くことができたら、教会もきっとそのあとに続くことでしょう。これは私たちにとって、未開人への伝道としては初めての試みとなるでしょう。これまでは文明人の中で働いてきました。私たちの教会に本当の人材がいるかどうかを示す機会なのです。私はいると確信しています。私たちには働き手が必要です。働き手は必要なときに得られるでしょう。私はそのことを疑いません。すでに何人かの人が来ると約束してくれています。私たちには資金が必要です。信徒の中にはお金をもっている人がいます。わが教派は負債を背負っており、宣教基金は赤字に苦しんでいるという人もいるでしょう。教会は魂の救済のために重荷を負っているのでしょうか。それが真っ先に答えていただきたい問題なのです。二百万の信徒をもつ教会が、一つの大陸の伝道が非常な危機にさらされているときに、六週間もあれば払拭できるような僅かばかりの赤字でたじろいでいてよいのでしょうか。経費節減を大声で訴えるのはふさわしいことではありません。私たちの中に尻尾を巻いて逃げようとする者などいるでしょうか。退却の仕方など知りません。一つの教派が発奮し、最善を尽くすためには、大きな冒険をものともしない企業心が必要です。これこそ人間が従事することのできる最大の事業なのです。天使たちは喜んで私たちの代わりをしてくれるのかもしれませんが、それは許されていないのです。彼らは、神の御子が救済の使命を果たしに行くのにふさわしいと考えられたことを喜んでいます。恐れを捨て、神を心から信じましょう。

主に在りて

ウォルター・R・ランバス

一九一一年十二月二十八日

J・D・ハモンドへの手紙

次の手紙は、少し後になってペイン大学の学長であるJ・D・ハモンド博士に宛てたものであるが、同様に興味深いものである。

ジョージア州オーガスタ　　神学博士J・D・ハモンド牧師様

拝啓、J・W・ギルバート教授とテーブルを挟んで座り、木の下でこの手紙を書いています。彼は、現地人がバテテラ語に訳した『ローマの信徒への手紙』の仕上げをしています。私たちの周りには少なくとも二百人の原地の住民がとりかこむようにして立ち、タイプライターを珍しそうに眺めたり、私たちの一挙手一投足をも見逃すまいと熱心に覗き込んでいます。ここは数百戸の家がある大きな村で、幅が七十五フィートもある大通りから入るようになっており、その両側に伸びる幅がその半分ほどの通りには家々が面しています。ここの一つの特徴は、どの家も通りの方を向いてではなくて、反対の方を向いて立っていることです。プライバシーを守るためなのですが、それでも生活はあけっぴろげなので、住人は男も女も他人が何をしているか知っています。アフリカにはプライバシーがないのです。私たちが来ることは、十二マイル先でも聞こえる大きな太鼓で知らされていました。この国の役人に何らかの動きがあるときは、前もって国中に知らされます。これは原住民が税金を逃れる一つの方法にもなっています。前もって森に隠れてしまうので、徴税人が見つけることができるのは老人や無力な女性たちだけで、身体壮健な女性も逃げてしまっているのです。このような状態は、かの悪名高きレオポルド王による悪政以降、非常に悪化しています。

このあたりは高原地帯、高い丘陵、きれいな川、肥沃な土地、それにトウモロコシ、カサバメロン、ピーナツ、山芋、バナナ、プランテン［大型バナナ］、パイナップル、山米などの産物が有名です。山米は灌漑なしでも育ち、森にはゴム、コーパル［樹脂］、ココア、バニラ、固い木材などが豊富で、文明社会ではほとんど知られていませんが、原地の住民が有効に利用している薬用植物も多くあります。住民はバテテラ族で、コンゴ峡谷に住む多くの種族の中でも最も知性が高いということが一般に認められています。この地域は長老派の人たちのおかげで私たちも自由に入れるのですが、彼らは立派な仕事をしていて、私たちにできる限りの好意を示してくれ、今回の長い危険な旅でも私たちを案内してくれる現地人の伝道者や荷物運びの人夫まで用意してくれています。長い旅で、三百マイル歩き、寝床はハンモックという毎日ですが、この先まだ四百マイルあります。狂暴な野獣などで、旅は危険に満ちています。象は村から声が届くほどの距離のところで耕作地を根こぎにして荒らし、豹は山羊をさらってゆくだけでなく人間の男女をも殺して茂みに引きずってゆきます。それから今も私たちを眺めている者たちはカニバリズムの習慣を持ち、山羊や犬の肉よりも人間の肉を好むと言われています。今までに数人の白人がここから百マイルも離れていないところで殺され食べられたと聞きます。それでも私たちはこれまでのところ災難には遭っていませんし、これから遭いそうにはありません。私たちは平和の使いとして来ているのですし、彼らもそのことを承知しています。そうでなければ、このように私たちの周りに集まってはこないでしょう。それに私たちは自分の勝手で来ているのではなく、大きな使命を帯び、私たちを遣わし給うた方のご意志を実行するために来ているのです。私たちの毎日の祈りは、私たち個人の身の安全ではなく、主の目に喜ばしいと思われることをする知恵と徳を与えられるように願ってのものです。そうです、この目で見たことはなくとも、私たちが愛し奉るお方の目に喜ばれることを。

中央アフリカ、カソンゴ・バテテラにて

一九一二年一月二十二日

原地の住民は初めて聞く神の音信とその使者のことを忘れはしなかったし、理解せずに終わることもなかった。

ここに紹介する手紙は、原地の住民伝道者の一人であるムディンビの妻が、ランバス監督に宛てて書いたものである。

ムルンダ、ウォンギ・カベンジェレ(8)。心からご挨拶申し上げます。お元気でいらっしゃることと存じます。この手紙を書くのはとてもうれしいことです。大変幸せで、先生が大好きで、先生からお手紙をいただいてとてもうれしく思い、筆をとった次第です。先生が大切なお仕事の手を少しでも休め、私のようなもののために手紙を書いて下さるなんて大変な驚きでした。私たちは毎日、先生のためにお祈りしています。先生がお亡くなりになる日まで続けます。別の話になりますが、先生と同じく愛情に溢れた心をお持ちで、何かのご用で当地に来て下さる宣教師を神様が選んで下さるように私たちは願っています。夫のムディンビも子供たちも、先生によろしくと申しております。私たちの神様は、また息子を一人与えて下さいました。私が子供たちみんなを永遠の命に至る道に導く知恵をもつことができますよう、どうかお祈り下さい。

敬具
マレンドラ

アフリカ、ルンボにて　一九一二年六月六日

もう一つ、現地の住民の説教師がランバス監督（現地語でカベンジェレ）に書いた手紙をご紹介しよう。

カテムプエの手紙

親愛なるカベンジェレ様、ムトンバ・ンクシバ。心からのご挨拶をたくさんたくさんお送り申し上げます。私たちの神の力に満ち満ちていらっしゃいますか、如何でしょう。お手紙とお薬、ありがとうございました。妻のカサのことについてお知らせ致します。妻は死にましたが、私たちの神はカサを助けて下さり、病気に苦しむことはもうないのです。イエス・キリストと聖霊の御名において、今回のことで先生に御礼申し上げます。神がそのお力をもって、いつも先生といっしょにいて下さいますよう、祈っています。ムディンビとドゥファンダにたくさんよろしく。同信の友たる、

カテムブエ

ルアラブルグにて　一九一二年一月十五日

このような反応を得、経験をすることができ、まだ目覚めていない教会にこの人たちのことを教えることができたということは、船と鉄道を二千六百マイル乗り継ぎ、徒歩で狂暴な野獣やほぼ野性のままの人たちのいるジャングルの中を抜け、千五百マイル旅しただけの価値があったものと言えよう。

訳者注

（1）新約　マルコによる福音書　十六章十五節

（2）コンゴ川がカサイ川を合わせて南西に流れを変える付近にある、面積四百五十平方キロの大滞水域。

（3）現在の知識ではコンゴ川は長さ四三七〇キロで、長さではナイル、アマゾン、ミシシッピ、揚子江、オビ、黄河、ラプラタに次いで八番目のはずであるが、川幅は極めて広く、流域面積も広大で、かつてはナイル川の上流と考えられたこともあった。ここで著者が世界最長と言っているのは、そのためであろう。

（4）**Robert Moffat（1795-883）**　南アフリカで宣教活動をしたスコットランドの宣教師で、聖書をセチュアナ語に翻訳している。

（5）原文では **the evangelist** であるが、現地人で **Mudimbi** という名だと後で記されている。教派から正式に任職を受けたのかどうかは分からないが、実際に牧師のような仕事をしている信徒伝道者ではないかと思われる。

(6)旧約　エレミア書　八章二十二節　および　四十六章十一節ギレアド(ギレアデ)はヨルダン川東の全域を指す。乳香は犠牲の祭儀に用いられる高価な香。イエス・キリスト誕生のとき、東方の博士が黄金、没薬とともに贈物として献げたことで知られる。(新約聖書　マタイによる福音書　二章十一節)

(7)テネシー州南西部にある工業都市で、この手紙の宛先人であるポッパー牧師の居住地。

(8)現地の言語による挨拶または呼びかけの言葉で、Kabengele はバテテラ語でランバス監督に対する敬称。

第十一章　コンゴ川流域に戻って

探険の終わりは事業の始まりである。
デイヴィッド・リビングストン

二度目のアフリカ訪問

一九一一年に初めてアフリカを訪問した際、ランバス博士とギルバート博士はウェムボ・ニアマこそ会いたかった人物だと確信していた。そこで出会った四十万の兵力をもつ勢力盛んな部族は、デイヴィッド・リビングストンによって部分的に探険されていたルアラバ川から西方に移住してきていたのだった。二人の宣教師は、独立心旺盛で自尊心が強く、ベルギー人以外の何者にも征服されたことのないこの人たちに心引かれていた。男たちは狩猟と建築に熟達しており、女たちは農耕を得意としている。ランバス監督は、彼らの建てる家に比肩し得るものは、アフリカの他の地域では見たことがないと言っている。彼らの村の大通りは百フィートの幅があり、日光はさえぎられており、たいていきれいに掃除されている。

ランバス監督は出発前、場所に関して二つの主要な目標を考えていた。一つはベルギー領コンゴで南部長老派のすぐれた仕事に合流することで、これは以前から長老派から期待されていたことで、熱心に誘われていたということもあった。もう一つは中央アフリカを横断する伝道活動に合流することで、これは着々と南進を続けるイスラム教に対抗するためでもある。スーダンから来た商人であるイスラム教徒は片手にコーランを、もう片手には商品をもって、中央アフリカを目指していた。彼らの活動は基本的に商業上のものではあったが、熱烈なイスラム教信仰の種を蒔くことのできる土壌を見いだしていた。監督はその動きを食い止めるため、プロテスタント伝道の一連の活動を形成する手助けをしたいと願っていた。この条件は大陸の中央付近のバテテラ族(1)とその村で満たされ、そこを出発点とし、その大部族長は友人となり、協力者とすることもできた。

宣教師たちの最初の訪問は、非常によい印象を残していた。部族の長はランバス監督を月光のもとに連れて行き、月が十八回巡るまでに、長の影と監督の影が再び相並ぶことを約束するよう求めた。長は月が一回めぐってくるごとに棒に切り目をつけ、十八回続けると言った。監督は南アメリカで引き留められていたために約束の時に戻ってくることができなかった。長は大いに失望した。監督は約束を守れそうにないと分かった時点で、何とか伝言を伝えてもらおうと四人の男を千マイル離れたルエボ(2)から使いに出してやむを得ず遅れるということを長に伝えてもらい、二十四回巡るまで約束の時を伸ばしてくれるように頼んだのだった。長はこの思慮深い計らいを大いに評価し、カベンジェレ（バテテラ語で監督の呼び名）は引き続き信用されることになった。長は言った。「よかろう。白人は約束を守る」。

使者は食物や一人一枚ずつの服地などを贈り物としてどっさり持たされた。長は彼らに自分の槍を渡し、「カベンジェレが一行と共に来るとき、安全に守られる保証としてこの槍を贈ってくれ」と伝えた。これは彼が以前に何人もの人を殺し、その肉を食べたときに用いた槍であった。監督は八人の宣教師を伴って月が二十四回巡るより一日早く到着し、長の歓迎を受け、最初の夜はその家でもてなされた。ウェムボ・ニアマを二度目に訪れたこの時のことについて、監督は後に次のように書いている。

二年後にアフリカの中心に戻ってきたとき、私は宣教師の家族を三組同伴していた。マンパワー博士夫妻、ストックウェル夫妻、ブッシュ夫妻、それに赤ん坊を腕に抱いたまだ若いメアリー・エリザベス・マンパワーである。ウェムボ・ニアマ大部族長は月がめぐるたびに棒に切り目をつけていたが、私たちが到着した次の日に二十四回目の切り目をつけ、二年が経過した。彼は私の手を握ると、その大きな顔に満面の笑みを浮かべ、「モヨ（命）」と言った。これは暗闇の中で、あるいは死に直面しているようなときに受ける挨拶で、重要な意味を持つものである。この気性の荒い長は過去に二十四人の白人を殺しており、カニバリズムの習慣を持つ長である。しかし彼は常に約束に忠実であり、私たちの同労者に食物を与え、その仕事を助け、またお守りを捨てて、自らの誠実さを示してきた。私たちは彼の心が感化され、その生涯がイエス・キリストに捧げられることを祈っている。

この部族の長の友情は揺るぎなく、友人のカベンジェレに対しても子供のように全幅の信頼を寄せていた。すでに述べたように、宣教師に対して寛大であった。しかし次の手紙が示すように、その寛大さは自分の寛大さが忘れられることはないだろうという確かな期待を伴っていないわけではなかった。

ウェムボ・ニアマの手紙

親愛なる友、カベンジェレ様。アメリカにおられるあなたの部族の長に、水差し、鍋、コップなど、良いものを何でも私に送って下さるように言って下さい。アメリカの長に、私が好きなものと当地でバテテラ族の間で不足しているものを送ってもらって下さい。当地にいる彼の子供らを通して、私に手紙を書くように伝えて下さい。ブッシュはじめ彼の他の子供たち（人々）がここに来るようにして下さい。私は彼の子供たちに大勢来てほしいのです。それから私が正装するのにふさわしい上着、靴、ズボン、ベッドなども送ってほしいのです。あなたは何故私のところに物を送って下さらないのですか。わが友カベンジェレよ、村を見にすぐにここに来て下さい。アメリカのオワンジ(3)ならびにカベンジェレに沢山の挨拶を送ります。(M)博士(4)とママ・ケイト(M夫人)、私にズボンを送って下さい。ママ・ケイトとご主人に私から沢山の挨拶を送ります。

一九二〇年九月四日　ミバング・レにて

長ウェムボ・ニアマ

これはバテテラで部族の長の妻の一人が書いて、H・P・アンカー牧師が翻訳したものであるが、同牧師はランバス監督に対して次のように書いている。

先の手紙はウェムボ・ニアマ部族の長の手紙を大急ぎで訳したものです。先生とウィルソン大統領に宛てたもので、長の妻の一人によって書かれました。長は先生が昨年アフリカに来られず、またブッシュ氏に託して沢山の贈り物をされなかったので大変失望していました。彼があまりに失望していたので、私は数日前にシカゴの大きな靴屋に行って、サイズ十二のとても大きな靴を彼のために一足買いました。戻る前には、長に服も何着か買わなければなりません。それを持って帰って、先生のお名前で長に進呈させて下さい。彼は何か月も喜んで満足することでしょうし、彼によくしておくことは宣教師団にとっても有益なことです。

宣教師の一人に宛てた手紙の中で、ランバス監督は次のように言っている。

今朝一人の黒人女性に会いましたが、彼女はウェムボ・ニアマにとても興味をもっています。長にソックスを二足送りたいと言っていますが、彼はあまりに大きな靴を履いていましたので、ソックスは必要に違いないと私は申しました。どうか私のメッセージと共に、彼が心から主を愛するようになることを願っているとお伝え下さい。当地では大勢の人たちが彼の名をあげて祈っており、私たちは彼と彼が統治する人たちが真実で正しい生活を送られることを望んでいるとお伝え下さい。

ランバス監督が示した宣教師や原地の住民に対する父親のような心づかいと優しい関心は、彼らがお返しとして彼に抱いた愛情や信頼を除いては、それ以上に美しいものはあり得ない。彼は公然たる未解決の「世界の傷」を癒やすため、その偉大な心の誰よりも豊かで貴重な能力を惜しみなく注ぎ込んだようであった。ジャングルに裸で住む人々の惨《みじ》めさ、悲劇、恐怖といったことが、彼の同情を引きつけて離さなかったのだ。彼の呼びかけに速やかに応じ、英雄的な勇気で危険に立ち向かい、困難に耐えた宣教師たちは、彼にとって自分の子供のようなものだった。アフリカにいたとき、彼は次のように表現している――「中国は私の初恋だったが、アフリカは私の最後の責務だ」。だがアフリカは責務以上のものだった。アフリカを救済することは、情熱だった。次に引用するのはある宣教師の家族に宛てられた手紙の抜粋で、その特徴をよく示している。

親愛なるジョンならびにメアリー・ルー様。もう長い間手紙を差し上げていませんし、私は怠慢な父親、祖父になってしまったのではないかという気がします。でもきっと、幼いウォルター・ランバスの世話にかかりきりで仕事もお忙しいでしょうし、私の怠慢にはお気づきではなかったことでしょう。断じてあなた方への関心がなくなったせいではありません。コールレクチャーがあったり、六つの西部年会に出席しなければならなかったり、色々あったのです。

私の名に因んで名づけられた赤ちゃんの写真と、そのあとでメイヨー氏からいただいた写真、ありがとうございました。とても健やかに育っているようですね。間違いなく皆が誇りにしてよいお子さんです。頭を真っ直ぐに起こしていたり、両足の位置を見ても、少なくとも六か月ぐらいには見えます。彼が生まれたことであなた方のご家庭が祝福され、日々新たな関心があなた方に加えられたことを改めてお喜び申し上げます。

故郷の人たちへの手紙のコピー（三十七番）を同封して下さった四月三日のお手紙、大変楽しく読ませていただきました。さつまいもの栽培に成功され、この上質の品種をわがものとすることができて宣教師たちのみならず原地の住民も喜んでいることを知り、嬉しく思います。ところで何年か前に聞いたことがあるのですが、アメリカの黒人たちがさつまいもや西瓜《すいか》を好むのは、彼らのはるかな先祖の時代にはそれらがアフリカに野生していて、多年にわたって彼らの食物だったからだそうですね。それで、カンサス選出の前上院議員から最近聞いたジョークを思い出しました。ワシントン市の通りを歩いていると、知り合いの黒人が大きな一切れの西瓜を顔を埋ずめながらおいしそうに食べており、指の間から汁を滴《したた》らせていたそうです。そこで次のような会話があったというのです。「ラスタス、その西瓜にはどうしてそんなうまそうな果汁ができたのかね」、「知らないんですか、旦那《だんな》、上院議員なのに」。そこで上院議員は言いました。「知らないね。もし知っていたら教えてもらえないか」、「そりゃ旦那、春［すなわち英語では spring で、泉の意味もある］に植えるからでさ」。

さらに次のように書いている。

チャールズ湖畔から手紙を書けたらよかったのですが……。私はそこでメイヨー夫妻といっしょに日曜日を過ごしたのです。でもその日は朝の列車で到着してから四回スピーチをしなければならなかったり、あなた方の生活や仕事に関わることで大切な話し合いや会議があったりで手紙を書く時間がなかったのです。翌朝早く、テキサスのヒューストン行きの列車に乗り、そこでまた忙しく一日を過ごし、夜にはダラスに向かい、そこで五回演説、それからシカゴに行って、そこでの二日はクック博士、ウィリス氏、ブッシュ兄弟などといっしょにモンゴメリー区の同僚たちのところで過ごしました。その次は大陸を横断する旅です。仕事と地方との対応に追われていたというわけです。明朝サンフランシスコに旅立って二つの地区協議会をもちますが、一つは朝鮮人、もう一つは日本人のためのものです。このようなことを申し上げるのも、私の手がいかにふさがっていたかを知っていただきたかったからです。あなた方とマンパワー博士夫妻のことを一日たりとも忘れていたわけではありませんので、ご安心下さい。一日に何回も、私の想いと祈りがアフリカとその伝道本部のことに向いてしまうことがあります。

チャールズ湖のことに戻りますが、時間の大部分話をさせてくれている限り、終始楽しむことができました。夜行列車で到着した後の朝食の何とおいしかったこと。私はビスケットとコーヒーをいただきながらあなた方二人のことを思い、あなた方とウォルター・Lがそこに居てくれたらサークルも完全なものになったのにとメイヨー夫人にも話しました。私はウェムボ・ニアマのところを発ったとき、何かおいしいもの――本物のアメリカ南部の家庭での食事など――を食べるたびに、あなた方のことを考えようと心に誓ったのでした。どこに行っても親切に食事に誘っていただくことが何度かありましたが、メイヨー夫妻は私がくつろげるよう、とても配慮して下さいました。おかげでその日はより静かで安らかに過ごすことができましたし、勤務の合間には過去二年間を振り返り、来たるべき年に想いを馳せることができました。色々と質問され、それに答えることでその人たちに理解できなかったアフリカでの生活の有様に光を当てる助けとなったのでした。これからもお手紙を下さい。人々の日常生活や習慣の詳細に立ち入って書いていただければ、それだけ概念が鮮明に形成され、興味を持てます。民間伝承に手をつけようとしていらっしゃるようですね。使用人たちから独創的な原地の住民の物語を知ることができるはずですし、諺を集めることもできるでしょう。アフリカの言語には諺がたくさんあります。最初の何年かで注意深くかつ組織的に収集すれば、いずれ知識の集成となって、後続の人たちにとって、現地の人々の性格を知るための価値ある手がかりとなることでしょう。取るに足りないことなど何一つとしてないのですし、何事も見過ごすべきではありません。現地の人々の日常の営みのごく普通の事がらの中にこそ、彼らの信仰と個人および共同体の生活の根源が見出されるのです。

その家を去るときには、あなた方お二人にまたお会いしてきたような感じでした。当然、家のすみずみまであなた方にはなじみ深いものでした。食堂を見れば、食卓を囲んでいつも集まっていた小集団のことをまざまざと思い出し、事務室と図書室がいっしょになった部屋は、忙しい職務に費やした何時間もの時を示唆してくれました。キリストがこの世で可能にして下さった家庭に、何と感謝したらよいでしょう。社交的な生活や暖かさはもちろん、家庭には家族が集う祭壇があり、それは牧師を中心とした教会でのより大きな集まりを示すものです。アズベリー監督(5)の伝記を読んで、この国にメソヂスト派を確立する要素としての家庭というものに感銘を受けました。教会が建設されるよりもずっと前に、開拓者たちの家が礼拝のために開放され、福音が述べ伝えられ、偉大な文明の礎を据えることになる人々の集団が生み出されたのです。旅行中にそのような神の感化力と祝福の中心となる所をいくつも見出しましたが、常に深甚なる感謝の気持ちをもたずにはいられませんでした。どうかこの家庭というものが、あなた方がクリスチャンの共同体を創り出される時に、いつもしっかりと心に留めておかれる、可能性に満ちた単位となりますように。それは線を一本ずつ重ねるように、ここに少し、あそこに少しと、一つ一つの教えが積み重ねられてゆくものでなければなりません。しかしアフリカがキリストのものとなることを望むのであれば、それは原地の住民たち自身によってなされなければなりません。それもイエスを心の中で尊崇するだけではなく、家庭生活の中で中心となる最高の場所にイエスを置くような人たちによってです。あなた方お二人に愛をこめ、ウォルター・ランバスにはたっぷりと愛をこめて、お一人お一人に祝福を心から祈りつつ。

敬具

ウォルター・ラッセル・ランバス

一九一三年のこの二度目のアフリカ訪問の旅は、監督および同行した宣教師たちの一行に、J・T・マンガム牧師が加わって、十一月五日にロンドンを出発した。監督の日誌は十七の地点を含む到着と出発のスケジュールで始まる。旅行は最初のアフリカ行きの時と比べると著しく短かった。一つには、一行がルサンボから船で行くことができたためであって、以前には徒歩で行ったところである。この距離をさらに縮めるために最初に懇請されたのが、カサイ川を渡るのに船を使用したいということであった。これが実現すれば補給品の輸送がずっと容易になり、旅行そのものも遥かに簡単で安全なものになるはずであった。

南メソヂスト監督教会のエプワース連盟がこの船を提供してくれ、後にはアフリカ伝道の全補給を自分たちの特別任務として請け負ってくれた。カサイ川に浮かべられた宣教用の一隻の蒸気船は、百年前に進水してかの長距離踏破の預言者アズベリー監督や荒野の炎の使徒マッケンドリー(6)を乗せたハドソン川の最初の蒸気船の直系の子孫であり、深淵に住むレビヤタン［怪物］を育む母として有名なこの川の最初の航行を、驚異の目で見つめている。宣教師はしばし歩みを止めて、科学者を世に遣わして発明をさせて下さったことを神に感謝し、無意識のうちにではあるが、神の王国の進展に素晴らしい貢献をした思索の先駆者たちに敬意を表さなければならないことが度々ある。ワット、スティーブンソン、モールス、マルコーニ、ガリレオ、コロンブス、他にも行動を共にして木を伐《き》り、岩石を爆破し、建設をしてきた人々、また、世界を結びつけて隣人とし、キリストの使徒たちが世界を兄弟とするための道を敷かんがために危険をおかし、苦難に耐え、そして死んでいった一団の誉れある人々のことを思うと、「主のために荒れ野に道を備え、私たちの神のために荒れ地に広い道を通せ。谷はすべて身を起こし、山と丘は身を低くせよ。険《けわ》しい道は平らに、狭い道は広い谷となれ。主の栄光がこうして現れるのを肉なる者は共に見る。主の口がこう宣言される[7]」と荒れ野で叫ぶイザヤの声に従うほかないと思わせられる。それは揺れ動く振り子、引力によって落ちる林檎《りんご》、沸《わ》き立つやかん、磁石の針、そして天高く宇宙を飛び交う電波の通路を支配し給う主ではないか。

　私たちに先立ってベルギー領コンゴで活動した九つの宣教師団体の名が列挙されている。先ず一八七八年にイギリス・バプテスト宣教師協会およびアメリカ・バプテスト宣教師連盟、それから一八八五年にスウェーデン、一八九八年にコンゴ・バロロ宣教師団（イギリス）とアメリカ・キリスト教宣教師連合、一八九〇年に南長老派、一八九六年に海外キリスト教宣教師協会（アメリカ）とウェストコット独立宣教師団、一九一二年にメノナイト派宣教師連合となっている。長老派宣教師団が美しく気前よく提供した援助に対して繰り返し表明されている謝意においてのみでなく、主キリストによって示された「一人が種を蒔き、別の人が刈り入れる[8]」という原則の例になるような出来事や経験を繰り返すたびに、宣教運動の統合の必要が強調されているのである。

　カサイ川をはるかに下ったところで、一行は十二月十二日の朝、「いつくしみ深き友なるイエスは[9]」という歌声で目覚めた。五十八人の黒人たちが歌っていたもので、この人たちは前日に木を伐り、寒

（上）ウェンボ・ニアマ部族長（Chief Wembo-Niama）
（下）ランバス監督のメッセージを部族の長に届けた使者達

さを防ぐ衣類もほとんどなしに地面にじかに眠ったのである。歌が終わると、真ん中に立っていたリーダーが、自分たちのためだけではなく、バテテラ人の国に行くのを手助けしていたカベンジェレと同行の宣教師団のために熱心に祈っている間、各人は黒い頭を垂れていたが、その姿は霧の中にかすんで見えた。彼らはまたムトンボ・クッチ（ギルバート）のために祈ることも忘れなかった。私たちに人間の本性の深淵に触れる思いをさせてくれるのは、このようなことである。「その多くの欠点と弱さ」にもかかわらず、彼らには心を引かれずにはいられない。

この話には残念ながら別の面もある。原地の住民のカニバリズム、残虐さ、魔術、悪魔崇拝などに加えて、酒色にふける白人商人たちの堕落や不正直などを訴える声は天にも届くほどである。彼らや白人を代表する――あるいは間違った形で代表する――他の連中は、しばしば吐き気をもよおさせるほどに嫌悪すべき罪を犯している。コンゴにおける白人の飲酒は文明の不名誉と言われており、せっかく何世代にもわたり積み重ねてきた成功を、ことごとく無に帰させかねないものである。遅延、損失、危険、時には死をもたらしてきた立場にあると名指されている十人もの人たちは、活字にするのもはばかられる状況を作り出している。白人は嫌われており、西洋の宣教師たちの仕事は悲しくも妨げられていることを不思議に思うことはできるだろうか。一つの実例をあげれば、何百もの質問に答えることになるだろう。カサイ川の河岸にある木材集積地であるボシシンベで、ポルトガル人のゴム仲買人が独り暮らしをしていた。ランバス博士は上陸して、彼と長時間ポルトガル語で話をした。この商人はフランス語も現地の言語も話せなかったからである。彼はここに五か月、ルエボに二か月いたが、英国海軍の海兵隊員になってマニラでの戦闘に参加したこともあった。かつては東海岸全域、コロンボ［スリランカ］、海峡植民地［現在のマレーシアとシンガポール］、広東《カントン》、上海、神戸、横浜、チモール島［インドネシア］などに行ったこともあり、ポルトガル領の出身であるが戻りたいとは思っておらず、書物や読み物などは何も持っておらず、おそらく字も読めず、母と二人の兄弟がいるだけで家で彼を待つ家族もいない。漂流人間とも呼ぶべきこの男は、休むことなく寄せてはかえす運命の潮によってここに打ち上げられ、金銭以外の何にも興味がないと言って、意味ありげに親指と他の指をひねくり回していた。監督は「私は父なる神の言葉を何とか彼に伝えようとしたが、彼に理解できるかどうか疑わしい」と言っている。サン・トメ［アフリカ西海岸の島］への奴隷貿易を助け、ゴム取り引きで起こった極悪非道な行為に手を貸してきたのは、このような連中である。

伝道の苗を植え、建物の建設を好調に滑り出させ、愛してやまない宣教師たちとの暇《いとま》ごいもすみ、長い旅も終わって帰途についたのは一九一四年二月十三日のことであった。大部族長は二マイルほどもある村のはずれまで送って行くと言ってきかず、よき友カベンジェレと手に手を取って歩いた。それから周りの人たちを見回して言った。「白人の長は国に帰らねばならないと言う。だからそうするがよい。彼にはしなければならないことが山ほどあるのだ。仲間を私のところに残して行けばい。私の仲間となるだろう。私は彼を信用しているからだ（文字通りには、私は彼を受け入れたからだ）。残していく人たちのことを心配することはない。教会堂の建設が終わったら、私の働き手はあなたの許しを得て、あなた方の家を建てるのをお助けしよう。それが全部終わったら、皆さんを豹の被害から守るために、高くて丈夫な柵を竹と椰子で伝道所の回りに作ろう」。監督はその言葉に対して礼を述べ、次のような答辞を述べた。「ウェムボ・ニアマ、あなたは偉大な長で、あなたの言葉は強い力をもっています。これまで一度も私を騙《だま》したことがなく、私が残してゆく私の子らの面倒を見てくれなかったこともありません。真に偉大な長の心は善良で、神が賜わったもの以外の何ものでもありません。あなたの心をイエスに捧げて下さい。そうすれば、イエスはそれを立派な強い心にして下さるでしょう」。今から何年も経ってこの伝道の物語が書物に書かれるときでなければ、この始まりが真にどれほど重要な意味をもつものであるか、知ることはできないであろう。

訳者注

（1）第十章参照。

（2）コンゴのカサイ・オクシデンタル地方にある、ルルア川沿いの町。なおコンゴはこの物語の当時はベルギー領だったが、第二次大戦後は独立して、現在はブラザヴィルを首都とするコンゴ共和国、キンシャサ（ベルギー領時代にはレオポルドヴィル）を首都とするコンゴ民主共和国の二国に別れている。後者は一九七一－一九九四年にはザイールと呼ばれていたが、この物語の舞台は主としてこちらの方である。ランバス博士は南米での仕事が手間取ったため、アフリカには戻ってきていたのだが、バテテラ族の村までは約束の時までに戻れなかったのであろう。

（3）バテテラ語で部族の長のことだと思われる。なお手紙文中の（　）内は、訳者の注ではなく、原著者の注である。

（4）**Dr.Mumpower** のことだと思われる。

（5）第一章の注（3）参照。

（6）**William McKendree (1757-1835)** アメリカのメソヂスト監督教会で初めてのアメリカ出身の監督となった人。アズベリー監督の協力者。マッケンドリー大学は彼を記念してその名を冠したものである。

（7）旧約　イザヤ書　四十章三－五節

（8）新約　ヨハネによる福音書　四章三十七節

（9）一九五四年版讃美歌三一二番（讃美歌二一では四九三番）。ジョセフ・スクリヴンが一八五五年に作詞し、チャールズ・クルザット・コンヴァースが一八六八年に作曲した。

第十二章　鎧《よろ》える柔和《にゅうわ》

勇者の舌は己《おの》が言葉の勝利を誇らず
偉人の穏やかなる振舞は偉大さの証《あか》し。
エドウィン・アーノルド（1）

エディンバラ会議

一九一〇年、「地上の神の王国の歴史の中で、このような集まりはかつて開かれたことがなかった」と言われた画期的な会合が、スコットランドのエディンバラで開かれた。これはヨーロッパとアメリカの全プロテスタント団体を代表する人たちの集まりで、一九〇〇年にニューヨークで開かれた超教派宣教師会議の後を継ぐものだった。このエディンバラ会議のための準備会が一九〇七年に始まり、八つの委員会が任命された。ランバス監督は「伝道地の教会」に関する第二委員会の副議長だった。彼は熱心に計画に取り組み、会議の成功に向けて役割を最大限に果たした。その委員会は素晴らしい調査をいくつも行っているが、その多くは、彼の熱心で勤勉な努力に負うものである。その報告書は三百八十ページになる。準備のための役割に加え、彼は会議にも積極的に参加し、閉会のときには継続問題委員会の委員に選ばれ、休会後も会議の仕事を進めた。

教派間協力の原則設定

この会議では、宣教政策の最前線での教派間の協力の原則が設定された。それ以前にも協力がなかったわけではないが、運動を最大限に成功させるために隊列間の隙間《すきま》をなくす必要があると教会が考えるまでには至っていなかった。第八委員会は「協力と統一の推進」を主題としていた。この委員会の報告書は、今もこの問題に関する古典的資料とされている。提案を受け論議した精神とその後に続いた行動が、この問題を全クリスチャンの心の前に、完全で決定的な形で提起したのである。現地の人々が理解できず、宣教師が正しく説明することのできない教派間の分裂と張り合いをどうにかしなければという世界の伝道の前線から寄せられた切実な声を、その提案は伝えていた。競合することによる金銭、人材、感化面での無駄を強調し、信仰告白や教職の職制以外の面での協力の可能性を指摘し、キリストに対するより深い忠誠心から「私たちは違う意見があることに同意し、愛するために決議することができる」ことを主張した。キリスト教会は従来の枠《わく》を越えて新しい時代に入っており、旧来の教派の別や対抗意識はもはや生き残り得ず、新しい精神とキリストの王国の新しい要望に従うほかはない、というのが出席したほとんど全ての人たちが感じたことであった。ランバス監督もこのことを確信するに至った。それは彼の生来の包容力の大きさに合致することでもあった。彼は「正しかろうと間違っていようと、わが教派が……」ということを口にする類《たぐ》いの人ではなく、むしろ「わが教派が正しければその正しさを守ろう。もし間違っているなら、正そう」という人であった。彼ほど大きな忠誠心をもって、あるいは狭量に陥ることなく、自分の教派に仕えた人はいなかった。

　ランバス監督が主事を務めていた期間、朝鮮で伝道地域の境界問題が生じており、彼はその問題に熱心に取り組んでいた。他の地域ではすでに同じ礼譲[2]の慣行に承認を与えていた。日本で一九〇七年に三つのメソヂスト派を一つに再編する手助けもしていた。まつわる諸問題を考慮した結果、彼は危険を覚悟してもそうした思い切った決定に敢えて賛成し、新しく生まれた日本メソヂスト教会に自由と独立性を与えることを支持する一票を投じたのである。教派の宣教師会の総主事として最後に行なったことの一つは、それよりも二十年前に彼がその設立と発展に最善を尽くした神戸の関西学院を、カナダとアメリカの南メソヂスト教会の両宣教師会の共同管理ならびに共同経営とすることを推進することであった。

彼は外国伝道宣教師協議会のメンバーであり、その中の調査助言委員会の委員で、協議会の議長に選ばれ、会議継続問題委員会でも委員を務め、すべての分野でその仕事を代表し、ある意味ではすべてのプロテスタント宣教師会を代表していた。要するに彼は、今世紀初期に特有の諸教派連合運動全体に、単に受け身の支持者としてよりも、熱心な関与者、推進者として関わっていたのである。

メキシコ伝道への問題提起

私たちが住む世の中では、原則と理想はどうしても試されることになる。良質の金はみな、火の中をくぐり抜けてきているのである。協力の理想が試される時がきた。それは一九一四年にランバス監督がメキシコで監督の責を負うようになったことと関連する。その年の海外宣教師協議会で、メキシコにおける宣教師の数の調整と受持区域の再配分という問題が浮上していた。この問題は同国のある地域では宣教師が集中し、他の地域では空っぽになるという事態の結果、労力と資金が無駄に使われ、限られた成果しか得られなかったことから起きた。ランバス監督は計画作りに熱心に取り組んだ。一九一四年の六月三十日から七月一日まで、メキシコで伝道をしている宣教師会の代表者から成る会合がシンシナティで開かれた。ランバス監督はその会議の議長に選ばれ、各関連宣教師会に提出するために、施設や教会堂の交換を含む受持区域の再配分のための入念な計画を立てた。この計画は、それまでに実行された教派間協力の中でも、最も大胆とまでは言わなくても、最も徹底した冒険と考えられ、結果として厳しい目で吟味され、たっぷりと批判にさらされることになった。南メソヂスト監督教会の宣教師会では、反対意見がかなり険悪な様相を呈した。新聞にも取り上げられ、最終的には一九一八年の総会にもちこまれた。

その結果は歴史に残る重大事であって、ここで詳細に述べることはしないが、ただ一つ言えるのは、実行した結果その「計画」の賢明さが見事に証明され、現在では最も保守的な人たちでさえ批判することは容易ではなかろうということである。ここでこのことに言及したのは、それがランバス監督の心の広さと包容力の大きさを示すよい例であるというだけでなく、彼の多面的な性格におけるもう一つの顕著な特色、すなわち教会に関することにおいて平和主義者であったということをよく示す例でもあるからである。もの静かで礼儀正しいこの紳士が、洗礼の授け方や教職の職階制の正当さに関する討論に参加していたと聞いたら、路上の喧嘩《けんか》に加わったと聞いたのと、同じぐらい人は驚くであろう。彼については、「叫ばず、呼ばわらず、声を巷に響かせない(3)」と言われるのが当然だ。他のところでも申し上げたように、彼の気質は反乱者のものでもなければ因習打破主義者のものでもなかった。そのような戦闘的なタイプのメソヂストではなかった。彼が中心になった論争を思い起こすのは困難といえる。彼が論争を引き起こしたことなど、そもそもあったかどうかさえ疑わしい。これほど黙って耐えることのできる人を私は他に知らない。彼は長く苦しみに耐え、思いやりのあるキリスト教的愛の精神をもっていた。そうした愛が有効でなくなったときでさえも、彼は稀《まれ》に見る自制力を発揮することができ、しかも人にはそうと気づかせなかったのである。

こうした全てが、彼が指導者の立場にあった期間に教派内で起こった幾つかの激しい論争を通じて、事実であると立証された。いずれの場合も、彼がどちらの側に味方していたかは、ごく親しい友人以外、誰にも分からなかった。メキシコでの担当区域再配分に関する論争が、その方面での彼の監督責任地区の周辺に直接降りかかる形で激しく起こった。論争は二年続き、一九一八年の総会で頂点に達した。それでもその間を通じて彼は平静さを失わず、目に見える個人誤差を取り除いたのである。総会で討議されている課題よりもこの論争に巻き込まれている人の方が多く、彼は教派の将来のために必要とされる役割を果たすことのできる立場にあると皆に認められた有力なリーダーであることを自覚してほしいという会話が、教会員の間でもあった。彼は自分の地位を精力的に公然と守るべき責任を、神のご意志によって負わされているのだという説得さえなされた。このようなことはすべて、我々が危険をおかすわけにはいかない結果をもたらしかねないとして、彼ははねつけた。後に彼は再び総会でこの問題に関して激しい挑戦を受けたが、やはり彼の結論は論争を避けることであった。別の場合にも、彼が同じように試されて同じ結果に終わったことがあった。十五年間の親交で、ほとんど取るに足りない状況で、彼が公然と攻撃的な態度で主張したことはほとんど知らない。

彼をよく知る人たちは、この特質をどう説明したらよいのか、人から説明を求められることがあった。そのために生き、そのために死ぬことのできる強い信念が、彼にはあった。彼の不屈さ、粘り強さは皆が知っていた。大胆に物事を行ない、勇気のない人ならゾッとするような危険も冒した。利己的な目的や利益を守ろうとすることなどは、その全生涯と矛盾する。一つには、彼は変わらぬ信仰をもって生まれていたので常に落ち着いており、「落ち着いて……あなたたちのために行なわれる主の救いを見[4]」ようとしていたからである。また別の理由としては、論争は必然的に人間を巻きこむものであり、人間を愛するが故に、仲間を傷つけてしまうよりは不利益に耐える方がよいと判断したからである。しかし何よりも、論争は誰が勝とうと得てして真理を敗者にしてしまうという、確信とまではいかなくとも、深く根ざした考えを、彼はもっていたように思われる。それはそれで賞賛すべき立派なことなのだが、無抵抗の服従を生み出す素地になると非難されても仕方がないであろう。ジョン・ヘイ[5]とともに次のように問うてみたいと人は思うかもしれない。

主の報復はいかにしてなされるのか?
その目的が鮮明ならばいかに?
主が自ら御座《みざ》から降りて来給わねばならないのか?

地上には主の手足となる者はいないのか？

槍を取り悪に向けて構える闘士が見つかり次第、「地上に叩きつけられた真理は再び立ち上がるであろう」。そしてその軍旗を身に着け、名を連ねる騎士が見つかれば、すぐに正義が打ち勝つであろう。しかし鉄を打つには鉄床《てっしょう》と金槌《かなづち》がともに必要であり、しかも鉄床は金槌よりもあとまで残るのである。

人格の深みにある部分は、もがき苦しむ。ここでは経験から判断することはできない。人生は驚くほど複雑なものであり、パラドックスや計り知れない神秘が潜んでいる。この神の僕《しもべ》の一生には、相容れない二つの遺伝の働きが見られるように思われる。一つはスコットランドの高地から打ち寄せ降りてくるもの、もう一つはイングランドの緑の牧草地から静かに流れ出てくるものである。この世に生まれ来て、正しいものを見出し、我慢強く平静にそれをなしとげる優しくて温厚な父親と、間違ったことを見出してそれを正す、ジョージ・B・マクレラン将軍(6)やグローヴァー・クリーブランド(7)のような枝を生み出した家系の木に連なる母親——この二つの系統は彼の生涯の中で支配権を争って終わりなき戦いを続けていたように思われる。一方は常に「平和に、平和に」と言い続け、他方は「汝の祭壇に火を燃やすために攻撃せよ」と叫んでいる。スコットランドの花崗岩が百合《ゆり》や牧草の間から顔を出すような日々もあった。雲雀《ひばり》の喜びの歌声の下に青々とした牧草だけが安らかに茂っているような日々もあった。人を知るには、昔に死んだ多くの人々のことも知らなければならない。幸いにしてランバス監督の場合、ここで論じている問題の中で出会う二つの勢力は、どちらも同じ目標に向かって同じ方向に静々《しずしず》と進んできた。母親の激しい反乱の精神と父親の柔和で平和な頑固さが、不屈の決意、たゆまぬ勤勉さ、我慢強い忍耐の中で一つに結ばれ、ついには道を見出して一つになったのである。だから私たちも、これでよしとしよう。彼が言わなかったことから、実際にしたことに目を転じれば、彼の大きな感化力の源泉を見出すことができる。彼は人を引きつける優しさ、無欲な献身、燃えるような情熱で教派の多くの人々の愛と信頼とを勝ち得たので、人々は彼の戦闘への呼びかけに耳を傾けるよりも、彼がどの道を進もうとしているかを知ろうとした。そしてそれを知ったときには安心して従うことができると感じたのである。これまで述べてきた非好戦的な特質であるが、一九一五年に起こった一つの出来事の中に、明らかな例外と言ってよいものがある。南メソヂスト監督教会は論争の最中にあって、その結果、同派が経営する唯一の大学であるテネシー州ナッシュビルのヴァンダビルト大学を失うことになった。彼は一九一四年の総会の大荒れの会期には何とか間に合うように、二度目のアフリカ旅行から戻ってきた。この会議で最終の決議案が提案されたのだが、彼は議決には加わらなかった。

次の年、論争の残り火がまだくすぶっていて、新たに炎をあげることもあるときに、彼は同大学のコール・レクチャーで講義をすることで、教派中の大きな派閥の否定意見に対して静かに挑戦したのである。他の人たちなら敢えてその講義をするようなことはしなかったであろう。多くの人は、彼もすべきではなかったと感じた。それでも低い声でささやかれる以外には非難の声もなく、講義は行なわれた。ウォルター・ランバスはなし遂げたのである。向こう見ずでもなければゲリラ的でもなかった。きっと大丈夫に違いないということで、その出来事はそんな具合に過ぎ去っていった。

この一連のコール・レクチャーの中に「ミッションとその担い手」という講義があって、これはおそらくシリーズ中で最もすぐれたものであった。彼は主要題目に「キリストに従う道」という題を選んでいたが、担い手についてのこの講義では、彼を親しく知っていた人なら、彼自身の理想像が描かれていたことに気づくだろう。敢えて苦難に耐える気高い行為について述べている。「このような気高い生き方は、人間の考えのためではなく、神意のためである。人間の考えへの執着《しゅうちゃく》は大衆の共感を得るが、神意への執着は反対、憎悪、迫害、戦いを生む。気高い行為の動機は人間の感情ではなく、神の愛であり、無理やり押しつけられ、やむにやまれぬものであり、心に吹き込まれてくるものなのである」。ここで彼が考えていたのは気高い生き方であって、人間の感情から生まれた荒れ狂う人間的動機の中で、人間の考えがぶつかり合うことではない。また別のところでは次のように言っている。「気高い行為というのは決して大げさな演技のことではない。行為に内在する高貴さのことである。目を見張るような目覚ましいものは何も伴わない。自意識が出てきたら気高い行為は死んでしまう。高尚な感情と高い理想、神への無条件の信仰から生まれる高遠な行為なのである」。彼はまさにここで述べている言葉のとおりに生きた。もし彼が実際とは違う人であってくれたらと私たちが願うようなことがあったとしたら、その願いが叶えられた時点で、彼はそれほど人に愛されなくなってしまうだろう。そして私たちが考えるような現世的な偉人に近いものにしてしまったら、彼が最大の勝利をおさめたところで、敗北させてしまうことになり、神が造り給うた傑作を平凡な粘土細工《ねんどざいく》に変えてしまうことになってしまったかもしれない。

　第一次大戦が勃発《ぼっぱつ》したとき、彼はちょうどアフリカから戻ってきたところだった。世界を揺り動かした「この血なまぐさい砲火の合唱」は、ただでさえ過重ぎみの彼の精神に、また新たに義務を負わせることとなった。何百万という人類が苦難を受け死んでゆくときに、その苦難を取り除くために手を貸し、あるいは少なくとも自由な範囲で彼らに慰めを与えることもせずに、同じ地球上に暮らすということなど考えられなかった。苦しんでいる人々が自国民ではないということなど、問題ではなかった。みな人間なのだ。人種や民族の違いで彼が行動を起こさなかったり、躊躇したことがかつてあっただろうか。この大戦争の初期の段階で、可能な限りの救援策に対して彼は支持と援助の手をさし伸べた。しかし彼が最大限の献身をもって身を投じたのは、合衆国が参戦したときであった。一九一七年の七月、ニューヨークのフレデリック・W・リンチ博士宛てに手紙を書いている。

市民に与えられる特権や保護をこれまで何年も享受してきたというのに、このような非常時に国のために軍務に服するのを拒否する人に共感することなどできないと認めざるを得ません。教会にせよ国家にせよ、個人の受ける特権というものは、何らかの形で応えるべき個人的義務を伴っています。もちろん私はクエーカー教徒以外にも、軍務に対して良心的に反対する人たちがいることは認めます。しかしその場合でも、すべて誠実な人や市民が国に対し、また全人類に対して負っている義務から免れ得るという考え方には賛成できません。そのような義務は、「良心的兵役拒否」に関する条項に定められている「代替義務」に当然含まれていると考えます。その中には病院での奉仕活動、赤十字の仕事、ＹＭＣＡでの諸種の奉仕活動なども含まれるでしょうし、それは政府によって承認され場所を与えられてきたことなのです。自分の仲間が、この恐ろしい世界の悲劇の中で窮地に陥っているときに、そのような形で憐れみや助けの手をさし伸べることを頑なに拒否する者は、反対のための反対論者で、善いサマリア人[8]の精神を持ちあわせず、キリスト教社会の中でも存在するにほとんど値しない人です。

訳者注

（1）Sir Edwin Arnold（1832-1904）英国の詩人でジャーナリスト。デイリー・テレグラフのエディターを務めた。仏陀の生涯と教えに関する詩『アジアの光』をはじめ、東洋思想に関する著述が多い。

（2）**comity**　アメリカのプロテスタント教会の各教派間の慣行として、互いに信者が他の教派に転向することを禁じたもの。

（3）旧約　イザヤ書　四十二章二節

（4）旧約　出エジプト記　十四章十三節

（5）**John Hay (1626-97)**　スコットランドの軍人で、トゥィーデールの侯爵。国王チャールズ一世を処刑した清教徒革命で、クロムウェルとともに戦った。

（6）（7）ともに第一章の注（17）および（16）参照。

（8）新約聖書　ルカによる福音書　十章二十五―三十七節

第十三章　同じ塹壕《ざんごう》でともに戦って

彼は生きて雄々しく励み　己が分の労苦を担い、
弱き友のため　負う荷をば軽くす。
ジェイムズ・ウィットコウム・ライリ（1）

第一次大戦の勃発

ベルギー政府のコンゴ提案

一九一四年、世界大戦が勃発《ぼっぱつ》した時、ランバス監督は二度目のアフリカ旅行から帰ったところだった。ベルギー政府はコンゴでの土地使用権に関して、彼を寛大に遇してくれており、彼もこれには感謝していた。ドイツ軍の砲撃でこの美しい国は荒廃の一途を辿り、ドイツ軍による暴力行為が横行、到るところで惨状を呈し、苦難が蔓延し、監督は女王による救助活動を手助けすべく、資金を集めた。

彼は論文の中で、ドイツ皇帝の意図と、皇帝が最終的に東洋全域で成功をおさめるための計画について慎重に評価している。『十九世紀』誌の一九〇八年一月号に載った「ウィルヘルム二世の外交政策」に関する記事に基づくものであった。この分析は世界情勢に対する強い興味を示すだけでなく、すでにその時点で世界平和への関心と、平和的意図をもっているというドイツの主張への疑念を示すものでもあった。

一九一四年十月、アフリカへの手紙に次のように書いている。

繰り返しベルギーに手紙を書いているのですが、返事はありません。ドイツ軍の侵略はあの美しい国を、破壊の帚《ほうき》で一掃してしまいました。福音主義教会も大きな被害を受けていることと思います。私はベルギーで苦しんでいる人たちのために千ドルの募金を呼びかけ、千七百ドルが集まりました。わが国民は深い同情を寄せてきました。女王にはすでに千ドルを送金しましたが、もし福音主義教会のリーダーと連絡がとれたら、数百ドルは教会のために確保しておきたいと思います。またワシントン市にあるベルギー当局を通じて、さらに別の計画も進めるつもりです。

このように、合衆国では少なくとも一人は厳密には中立を守ってはいなかった。戦争が始まってまだ三か月と経たないうちに、委員会の決定や様々な運動を待たずに、被害を受けた人たちを助けるために自分のやるべきことをしていた。

彼が戦争の初期に書いた手紙を読めば、彼が中立とは程遠かったことが分かる。ドイツ皇帝とその計画に対する手厳しい非難は、無力で抵抗できない男女に加えられた不当な行為と傷害に対して、人々に対する彼の愛情が白熱の炎をあげて燃えていたことの証である。私は幸いにも一九一九年の初めごろ、塹壕でデコボコになり、砲弾でえぐられた壊滅状態のその国を彼といっしょに旅することができた。誇張ではなく、文字通り何千という焼けた鉄道車両や、その他何千というトラック、乗用車、飛行機、砲架《ほうか》などの残骸《ざんがい》が、ねじ曲がった屑鉄《くずてつ》の気味悪い不格好な山と化して、戦争というものがいかに物質を空しく浪費させるものか無言で訴えており、急造の墓と「幾重にも並んだ」粗末な十字架が、人間の命を残酷に浪費したことに対してさらに恐ろしい証言をしていたのである。私たちは戦争について討論をしていた。眼前に恐ろしい時代錯誤の赤錆《あかさ》びた残骸を見ていながら、どうしてそうせずにいられただろうか。休戦と、そうすることで精神および政治に及ぼす効果の問題も話し合った。私にとって驚きだったのは、監督が休戦の締結が早過ぎたと主張したことで、連合国は当然の罰としてドイツに自分で調合した苦い薬を自ら味わわせるべきだったというのである。同席した数人の監督と何人かの牧師たちの中で、圧倒的多数がその立場をとった。最も平和的だと思っていた人がベルリンの入口で戦闘の砲声が雄弁な効果を望んだとき、この討論のおかげで私は、人間の心がもつ驚くべきパラドックスについて考えることになった。もしその時のグループの中の誰かがアメリカの大統領で、その時その場での気分にひたっていたら、合衆国はもっと早く参戦し、もっと長く戦争を続けていたかもしれない。しかしその中の誰一人として、特にランバス監督は、瀕死のドイツ軍兵士を助けるため、あるいは塹壕の中で飢えているオーストリア人兵士にパンを与えるため、危険を避けたり死を恐れたりするようなことはなかった。

首尾一貫ということは愚者の徳と呼ばれてきた。確かに信念と行動は人の徳ではない。そのような人は、時と理由次第で、聖人にもなれば兵士にもなり、弁護士にもなれば裁判官にもなり、また親切な人であったり仇《あだ》を打つ人であったりする。まさにこのとき、ランバス監督はヨーロッパで奉仕をし、慰め癒やしていた。監督の聖職者服から軍服に着替え、露営地や戦場での危険を共にするためにYMCAの指揮下に身を投じていたのであった。彼は砲火の煙が重々しくたちこめ、砲弾の衝撃で大地が震動する中に入っていった。自分で洗濯をし、兵士と食事を共にし、機会を見つけては「歩兵たち」に郷里や母、神や国家のことを忘れないようにさせ、生きるも死ぬも、うまく適応できるように助けようとした。

自分にできないことを他人に要求するというのは、彼の流儀ではなかった。従って戦争が始まると、チャップレンを初年兵訓練所に派遣し、突然連れ去られて人殺しという穏やかならぬ訓練を受ける羽目になった若き男子たちの精神と知性と肉体をケアするため、あらゆる可能な手段を提供する計画を実行に移した。この場合、ウィルソン大統領の厳しくおごそかな呼びかけは、「戦争を終わらせるための戦争」ということを根拠にした国民の良心によって是認されていた。一人の偉大なリーダーの高い理想と雄弁な言葉が、偉大な国民の心をこれほど動かし結集させて、彼の言葉を借りれば「国民総志願兵」に至らせたことは、恐らく未だかつてなかったであろう。一九一八年の総会で、ランバス監督は戦争委員会を構成する決議を通した。この委員会は、ランバス監督を委員長、E・O・ワトソン博士を書記としたもので、組織も運営もすばらしいものだった。彼の説得により、五百万ドルが百周年調査委員会に要請されていて、その時点では兵営と戦場での仕事、ヨーロッパでの復興と福音伝道の活動のために教会に負担が割り当てられつつあったのだが、当面の必要を満たすために前金による措置が取られた。これも含め様々な形での救済と奉仕のために、ランバス監督は休む間もなく活動していた。彼は兵士たちの宗教と道徳の需要に答えるために全米キリスト教会連邦会議によって選ばれた委員会のメンバーであった。

それでも彼は満足するに至らず、自ら志願してＹＭＣＡの指揮に従って出かけて行った。このための資格を得るために、一般の場合と同じテストを受けなければならなかった。彼はどう見ても兵士に向いているようには見えなかった。色々質問されたが、その中に、徒歩での旅に耐えられるかどうか、というものがあった。彼はうれしそうに目を輝かせ、唇にはかすかな微笑を見せて、「はい、時々徒歩旅行をします。記憶に残っているもので一番最近のものは、千五百マイル歩いたことです」と穏やかに答えた。そのときの様子は容易に想像できるであろう。その後の沈黙は、その時の若い審査官が、監督のアフリカ遠征のことを思い起こし、その徒歩旅行がどれほどの距離に及ぶものだったか計算し、あるいは不適格な点がどれほどあるかを考えていたためなのかどうか、私たちはただ推測するほかない。ともかく彼は、署名欄に署名したのだった。

ランバス夫人宛ての次の手紙が、その旅行のことをすべて語っている。

カリフォルニア州オウクデイル　W・R・ランバス夫人殿

最愛のデイジーへ。規制が大幅に緩和されたので、ニューヨークと、こちらに来る途中で起きた幾つかの出来事について書くことができるようになりました。すべての動きを特徴づけていたのは、この上なく厳重な秘密保持でした。乗船予定の船の名前すら知らされず、船の番号を教えられただけでした。出帆する日時も波止場も、最後の瞬間まで知りませんでした。主事たちの何人かは、ヴァージニア州のニューポート・ニューズから出港させられました。十分な設備を確保するのも一苦労だったようです。普通船客として乗船しなければならない人たちもいましたが、混雑した船内では決して楽しいことではありません。

出発前に、番号を刻印した小さな銀板を手首に取りつけられました。私の番号は二三三六で、この飾り物を今日までずっと身につけています。兵士たちはこれに「犬札《けんさつ》」という調子のよい名前をつけていました。これは陸上でも海上でも何か事故があった場合に、身元を識別するためのものですが、海底に沈んでしまえば何の役にも立ちそうにありません。それを手首に固定していた鎖《くさり》はスチール製だったので、すぐに錆《さ》びて皮膚がひりひりしてきました。船に乗るまさに直前に、私たちは宝石店に駆け込んで銀製の鎖を手に入れました。エモンズと私はどうにか一本買って、それを二つに切ってもらったのですが、一人二ドル九十九セントしました――三インチの鎖としてはいい値です。でも時間ぎりぎりでしたし、やむを得ないでしょう。

朝早く「チェルシー」を出たのですが、順番に並んで荷物の検査を受けるために波止場で三時間も引き留められました。ようやく乗船の許可が出たのですが、鍵を取り出して鞄を開ける必要もありませんでした。大いに役に立つと思っていた書類や覚え書き、書物をたくさん残してきましたが、持っていっても全部没収されるだろうと言われたからです。「知ったかぶりの話」はそのぐらいにしておきましょう。一旦乗船してしまえば、もう後戻りはできません。陸上との通信は、検閲を受けて手紙を出す以外は一切許されませんでしたが、そんな手紙に大したことを記せるはずもなく、私には全くつまらないものとしか思えません。それでも私が送った手紙は受け取ってくれたことと思います。そのことに君は手紙の中で全く触れていないし、ニューヨークを出発する日に送った写真のことに君も家族の誰も一言も触れていませんが、恐らくは手紙も写真も届いていないのでしょう。写真の中には制服を着てポーズをとった、三人の気取り屋（というのが適当な言葉だと思う）が写っていたのです。

船は三十六時間近くニュージャージー側の埠頭《ふとう》に横づけになったままで、取り囲む大きな倉庫が見通しを阻《はば》んでいました。すぐ近くには、かつてのドイツの「ウィルヘルム大帝」号、今は接収されて「リヴァイアサン」号になっている客船が停泊していて、兵士を満載していました。排水量は一万二千ないし五千トンで、アンクル・サムがカイゼルの優秀船をどう使っているかを知ったら、ドイツ皇帝も悔しがって歯ぎしりしたに違いありません。それは確かに運命の皮肉でした。「オーデュニア」号は「リヴァイアサン」号に比べれば子供にすぎず、それでも何とか千八百人の兵士を詰め込みました。彼らは連絡船でハドソン川をやってきて、艦船に積み込まれるのです。私はニューヨークに滞在している間、この移送が行われるのを見ながら、当時大西洋で盛んに活躍していた潜水艦が忍び寄ってきて何隻か沈められはしないかと、とても不安になりました。潜水艦が近づけないように何か手を打っていたのでしょうか、私にはさっぱり分かりません。防潜網でも張っていたのか、それとも爆雷《ばくらい》で威嚇していたのか、おそらくその両方でしょう。一つだけ確かなことがあります。常に警戒を怠らず、務めを果たしている海軍には、私たちは大きな恩義を受けているということです。

しかし、埠頭に集まった千八百人の若者たちを見ていると、大きな同情の念を感じずにはいられませんでした。ぎっしりと四列に並んで行進し、これから戦争に行くという緊張感も見せず、軍旗を翻《ひるがえ》すでもなく、軍歌を歌うでもなく、一言も発することなく一時間も立ったまま、ただ命令の言葉を待っているのです。何と恐ろしく、うんざりすることでしょう。彼らの表情と、落とした肩に読み取ることができました。それからようやく、ゆっくりと辛《つら》そうに勾配《こうばい》の急な乗船板を登り始めるのです。一度に一人ずつ、重い足を引きずりながら昇ってきました。各兵士は行軍用の重い靴に加え、装備、毛布、鉄かぶとなど、重さ六十ポンドもある荷物を背負い、銃も加えれば七十ポンド以上担いでいるのです。彼らがとぼとぼ歩いているのを見て、私は涙を抑えることができませんでした。滑って足下の荒れる海に落ちてしまわないように傾斜した板を一歩一歩ゆっくりと、慎重に踏みしめながら昇ってゆかなければなりません。彼らの大部分はまだほんの少年で、海に潜《ひそ》む海賊どもと向かい合い、対岸に着けば殺意を持った敵の機関銃の前に身をさらすのです。

船倉は兵士たちでいっぱいになりました。それから排水が流れ出るカーキ色の水流に変わり、船首から船尾へと流れ広がってゆきました。夜の帳《とばり》が降りて細かい霧雨になり、若者たちはどうしているのか見るために私は甲板に昇ってゆきました。彼らは固いデッキの上に身体を伸ばし、一枚の毛布を敷いた上にもう一枚の毛布を被っただけで、震えながら横になっていました。ある者は吹きつける雨のために膝までびしょ濡れになっていましたが、中隊長がすぐに船側に雨覆いを張らせ、それである程度は救われたようです。若い兵士たちの中にはアラバマやノース・カロライナから来た者が大勢おり、彼らが出てきた家、後にしてきた快適な生活、母親などのことを思ってみたとき、私は心が大きな痛みに強く引かれる思いを感じました。二度と家に帰ることのできない者も、少なからずいるのです。インフルエンザがまだ流行していなかったことは幸いでした。彼らは露天にさらされていることを特に苦にしているようには見えませんでした。この頃には彼らはもう、よく言われるように「釘のように頑丈《がんじょう》」になっていたのです。それでも惨めな食事には不平を言っていました。食物はアメリカ船よりもイギリス船の方がひどくて、私たちが乗ったのはイギリス船でした。でも彼らに一晩中そこで寝させ、私たち残余の者が特等船室で気持ちよく泊まっているというのは、本当に心苦しいことでした。

七月三十一日の午後に港を離れて随分と時間がたってから、私たちは十四隻から成る護送船団の中にいて、一隻の巡洋艦と一隻の駆逐艦に守られていることが分かりました。この二隻の軍艦は十二日の航海の間ずっと私たちの船に寄り添ったり、船団の少し前を進んだりしていました。アメリカ海軍の勇敢なこの同僚艦とその乗組員のお陰をどれほどこうむっていたか、計り知ることはできないでしょう。特に駆逐艦はしょっちゅう全速力で走り回り、まるで意図的にその小さな鋼鉄の鼻を苦労の中に突っ込もうとしているかのようでした。実際、浮遊している機雷と潜水艦の間にあって、苦労の種はいくらでもあったのです。船団の船はみんなジグザグ航行をし、日夜ほとんど一時間ごとに進行方向を変えていました。これは潜水艦の目をくらまし、私たちを魚雷攻撃しようとした場合に狙いをそらすためです。言い忘れましたが、私たちはニューヨークを出て何マイルかの間、二列に並んだ駆逐艦の間を通過し、中空には潜水艦監視のための大きな気球が浮かんでおり、一日目の遅くまで、やはり注意深く綿密に監視を続けている数機の飛行機が付き従っていました。私たちの安全を守るのに、これ以上何ができるでしょう。あるとすれば、あなた方のお祈りだけです。そして私たちはみんなが祈ってくれていたことを知っています。それが私たちに安心感を与えてくれたのです。

一九一八年十二月四日　フランス、パリにて

主として戦場から彼が書き送った手紙を読めば、監督がどんな活動に従事していたのかをある程度

うかがい知ることができる。教会には兵士の洗礼に関して、母親や父親にはその息子のことに関して手紙を書いており、牧師として役に立つことなら、自分に出来るどんなことでも忙しく働いていた。一九一八年十月十五日に、パリからE・O・ワトソン博士に宛てて次のように書いている。

拝啓、数日前になりますが、パリのYMCA宗教部が私たちの従軍牧師に、聖餐式の道具、ベビー・オルガン、聖書、讃美歌、それに何冊かの書物のセットを提供してくれるという手紙を差し上げました。それに加えて幻灯機も何とか手に入れたいと思っているのですが、病院の病棟やテントで用いて、YMCAが主催する映画を見に行くことができない人たちがスライドや映画を見て楽しんだり、知識を得たりできるようにするためです。伝道集会でも利用することができます。

私は従軍牧師養成学校を二日間訪問して帰ってきたところですが、そこでは二十人がランドルフ少佐の監督下で教育を受けていました。私も滞在中に五回話をしましたが、集まっていた素晴らしい人たちのグループにとって、なにがしかの貢献ができたのではないかと思います。その人たちも私の話が大変役に立ったと言ってくれましたし、もう一度来るようにと丁重にお誘いいただきました。私がはるばるここまで来たのは、第一に従軍牧師と彼らが牧している兵士たちに対して使命を負ってのものです。話をするだけではなく、彼らと親交をもち、一人一人のために祈ることができたのはとても名誉なことでした。この忠実な人たちは、恐ろしい緊張を強いられています。二人は毒ガスの攻撃を受け、ようやく回復に向かったところです。別の二人は砲弾の破片に当たって、一部の身体機能が不能になってしまいました。昨夜私といっしょに来た人は、塹壕の中にあまり長くいたためにリューマチを患っています。彼らは兵士と困苦を共にすることをものともせず、傷跡は一生消えません。戦場の露と消えた人も二人います。

ここに来て、自分の命を惜しいとも思ってこなかった人たちに可能な手段で助力するのを、私が生涯の特権とみなしていたとしても驚かれはしないでしょう。私は戦場全体について、そしてそこで何が必要とされているか、注意深く研究してきました。とても大きな問題で、通常の宿営地だけでなく何百平方マイルにもわたって散在し、また何千という村の民家に宿泊している二百万の兵士の道徳的宗教的なケアにかかわることなので、全容を一日で把握することも賢明な結論を急ぐことも不可能なのです。私のアイデアもようやく形が整い始めたばかりで、一つの教派として、宗教活動や教育活動において従軍牧師、ＹＭＣＡの主事たち、それに赤十字の救済事業などと提携するべきだということが明確になりつつあるところです。私はクリスチャン・アドヴォケイト紙に「教育計画」について記事を書き送りましたが、「宗教活動計画」についての記事も送るつもりです。兵士たちから教会の場所をよく尋ねられますが、彼らが帰国したときに、私たちが何らかの影響力を持とうと思うなら、教会の代表が現地にいることがどうしても欠かせないのです。私はこれまでに何度も礼拝を行なってきましたが、その一つ一つで若者たちに進み出て手を差し出し、どこの出身か、どの教会に所属するのかを聞くようにしてきました。これは、そこの教区牧師と連絡をとることができるようにするためです。何人かは将来牧師になって、伝道の仕事に就くと申し出てくれました。この立派な若者たち（彼らこそわが国が誇るべき精華です）が現在入学者が減少している神学校に入って、外国の伝道地で手薄になっている宣教師の陣容を強化することができるように面倒を見てやらなければなりません。

私はこれまで黒人たちを相手に多くの説教をし、彼らの牧師や指導者と相談し、教団本部では特に沖仲仕たちの一人一人にもっと力を入れて注意を払うよう努力してきました。後者は港で船から積み荷を下ろし、鉄道に積み込み、線路や積み荷置場や道路などの建設に従事している人たちです。彼らの周りにある誘惑はものすごく、ギャンブル、これ以上悪いものはどこにもあるまいと思われる要因、すなわち荷揚げ労働者や船乗り相手の下宿屋の経営者との接触、そして酒、女です。わが軍の当局は彼らの力でできることは何でもしているのですが、それでも悪は跡を絶ちません。私たちの中で、黒人および南部のこと、適切な保護策なしにそうした危険にさらされているとどんな結末が待っているかを知っている者は、能力のおよぶ限り、軍の指導者を助ける努力をしなければなりません。

私がその地方の方言を話すことのできる中国の北部および中部からも、労働者が何千人も来ており、そこに別の分野での必要と機会があることを知り、彼らの野営地を訪れて読み物、特に聖書を配布しています。ロンドンにある『英国および外国の聖書協会』から入手したものです。

私は仕事で忙しく、心は充実しています。幾世紀分もの機会が目の前にあるのです。私たちは生きている間にその要求に応え、適切にその必要を満たすことができるのでしょうか。神よ、我らを助け給え。失敗すれば、私たちは教会全体として恐るべき非難を受けることになりましょう。わが国は今、その仕事に懸命です。私たちはそれよりも少ない働きで許されるのでしょうか。私は真剣にそのことを問うものです。ランドルフ少佐の話では、従軍牧師委員会はブレント監督を通じてパーシング将軍と絶えず連絡をとっていて、六百人の従軍牧師の増員か、それとも必要な割り当てに達するまで毎月百五十人の増員をするか、どちらかを求めているということです。牧師による奉仕が得られていない連隊があるのです。四千人の兵士に対して牧師が一人しかいない場合もあるということです。当面、事態を貴下と委員会にお任せ致します。委員会の皆さんには時々お会いになると存じます。どうかよろしくお伝え下さい。そして皆さん方の手に委ねられたこの大きな仕事をなし遂げる勇気が、貴下と委員の皆さんに与えられますように。私がここで試みていることの概要が皆さんに提示されるように、この手紙のコピーを委員各位にお送りいただけたらと思います。どうか主イエス・キリストの恵みが貴下と教会と共にありますように。

フランス某地からの手紙

福音にあって兄弟たる、W・R・L

「フランスの某地」からの手紙では、彼は友人に次のように書いている。

従軍牧師は兵士たちといっしょに寝起きし、前線におもむき、負傷者に手を貸し、臨終の者のために聖餐式を行ない、死者を埋葬し、戦死者の故郷にいる友人たちに手紙を書き、階級の低い兵士たちに代わって他の人にはできないことをする立場にあります。これは貴重な特権です。グランベリー、マックフェリン、ソウリー、マーヴィン、モリソン、その他にも同様に私たちの教会で一八六〇年代に積極的に英雄的な活動をした多数の人たちの名前を思い起こさずにはいられません。今回の戦争におけるほど、人が真理に自由に接し得たことは未だかつてありません。この前の日曜日、私は午前八時に祝福された聖餐式をもち、それから十マイル車で行って十時半に説教をし、さらに車でもう二十マイル行って、夜にまた説教をしました。偽装も何もありません。それは単刀直入に罪、悔い改め、そしてイエス・キリストを信じることによる救いあるのみでした。ただイエス、イエスで、主はそこにい給うたのです。おお、彼らの反応はいかばかりだったことでしょう。この誉れある若者たちに伝道することよりも大きな使命があるでしょうか。

この手紙の別の部分も引用したいと思う。この大戦の一つの側面について述べており、手紙の筆者のある特質を垣間《かいま》見させてくれる。

この従軍牧師養成学校は例の少佐（この人のことは以前から知っており、人柄も立派ですし、フィリピンやリオ・グランデ川流域、メキシコでの働きの故に尊敬してきた人です）から訪問を要請されたところで、多分中欧諸国(2)を除けば、私たちの国も含めて世界の至る所で広まっているタイプの民主主義の類型に当てはまるという点でユニークといえます。ここには長老派のほかに、バプテスト派、メソヂスト派、ディサイプル派、英国国教会（聖公会）、ローマ・カトリック教会、ユダヤ教などの人たちがいます。人類みな兄弟という友愛の精神と考えが学校全体にみなぎっており、この新しくてより大きな関係の中から、その中にあっては些細なことは見失いそうな大きくて真実な生活が育ってゆくに違いありませんし、倫理的にも精神的にも真の価値というものが生まれることでしょう。組織的結合のことを論じているのではなく、神はより現実となりつつあり、人間は互いに兄弟愛を深め、倫理の問題を論じる中で、また生き生きとした信仰の中で、キリストが益々あるべき場所を与えられつつあるという事実に注意を向けようとしているだけなのです。

今この文を書いている私の前に、彼がフランスで教会に迎え入れた一人の青年の授洗証明書がある。これは監督がケンタッキー州ルイスヴィルのマーカス・リンゼイ教会の牧師に送ったものである。この証明書が読み上げられたときの会衆一同のうるんだ目と無言の感謝、それに何よりも遥かな地から伝えられてきた良き音信《おとずれ》を天使の合唱のように聞いた母親の喜びは、容易に想像できよう。一九二一年、彼はフランスで洗礼を授けた元兵士の若者に、朝鮮から次のような手紙を出している。「あなたが洗礼をお受けになったときの誓約を守っているというだけでなく、神の摂理の中にあってあなたにできるクリスチャンとしての働きに熱心に身を投じておられることを、私は切に願っています。そのうちにまたお会いできたらと思っています」。

すでに申したように、彼は説教をするために黒人の連隊を訪れ、いつでも暖かい歓迎を受けていた。

国外で祖国の旗の下に戦っている肌色の異なるアメリカ市民のことを忘れないということは、アメリカでもアフリカでも、その他どこにいても彼の常であった。南部の黒人たちが暗い危険な状態に置かれていた時代にあっても、彼は差し迫った問題を防ぐために速やかに行動した。彼は都市の黒人指導者たちと、数人の白人を呼び集め、協議会をもった。この会合から彼の心にひらめいた全人種問題解決の啓示を、わたしは決して忘れることができない。共感に満ちた雰囲気の中で与えられたインスピレーションのもと、私たちが理解していると考え、また私たちを理解してくれていると考える一民族の胸に秘めた思いに到達することが可能であった。二つの人種が離ればなれになって、互いに相手を知らず、また事の性質上、相手を理解できようはずもない世代が登場していたことを、私は初めて知った。ランバス博士は、この沈黙と疑いの亀裂に橋を架けようと誠心誠意努力した。

黒人兵士に対する彼の強い関心は、彼らがアメリカに帰国してからも止むことはなく、彼らのためにできることは何でもした。彼が書いた手紙を読むと、彼らに対する関心がいかに深かったかということ、彼らの復員後の社会復帰の手助けをしたいと願っていたことが分かる。

宣教百年記念としてヨーロッパへの展開

この章の始めの方で、一九一九年に監督といっしょにヨーロッパを訪問したことに言及した。メソヂスト派の一行がフランスのボルドーに到着したのは、一九一九年一月一日のことだった。一行は宣教百周年記念の年に入っていたアメリカのメソヂスト監督教会を代表していた。百周年記念年として知られている一九一九年は、メソヂスト派の歴史の中で新しい時代に入ったことを示す年でもあった。二つの教派を代表する人たちは、戦争で勝利を収めた軍事上の盟友であった国民(3)と、今回は積極的に道徳的、精神的盟友となれる道を模索して、いっしょに船旅をしてきていた。アメリカは世界が「民主主義」にとって安全な所になるようにと公言してきた目的のために戦ったが、この代表団の出身である両教派はむしろ、「世界にとって安全な民主主義」を確立しようとしていた。メソヂスト監督教会からはW・F・アンダーソン監督、T・S・ヘンダーソン監督、フランク・メイソン・ノース主事が来ており、南メソヂスト監督教会からはジェイムズ・アトキンズ監督、W・R・ランバス監督、W・W・ピンソン主事が来ていた。

既述のように、ランバス監督は先にフランスに行って私たちを待ってくれていた。私たちはパリで落ち合った。最近の戦禍による苦悩と死、現在の破壊と恐ろしいまでの荒廃、引き裂かれた戦場で血がまだ乾いてすらいない時に、この恐怖の日々について話を聞き、ほとんど実体験してきた道程をつなぎ合わせれば、故国を出てから大変な距離を旅したことになる。さらに私たちは、ウィルソン大統領と勇敢な「歩兵たち」の国から来たという理由で、国王に対する以上の歓迎で迎えられもした。しかしながら、この話の主人公が重要な役割を果たした研究と大きな仕事の計画についてこれだけ語っても、この話の正式な目的の一部にすぎない。この研究には、戦争の被害を受けた国々に対して二つの教派が共通に負っている責任を果たすため、二つの教派がその人員を合体させようとする協力計画も含まれていた。大体の輪郭では、すでに船上で始まっていた。その計画は野心的で、非常に大胆な冒険とも言える協力の仕方であった。パリでさらに二人の監督が加わった。メソヂスト監督教会のエドウィン・H・ヒューズと、南メソヂスト監督教会のジェイムズ・キャノン・ジュニアである。日夜ますます熱意は高まり、希望をふくらませながら仕事は進み、少なくとも二つの結論を得た。一つは共に生活する仲間の美しき例としての友好と、目的の統合であり、もう一つは私たちが向かおうとする道に沿って遥か遠くまでずっと看板を立ててくれる協力の方針と計画である。これらすべてに対して、ランバス監督は熱意を持って、効果的に関与した。この計画が関係当局によって採用されなかったことは、最終的に計画が賢明なものでなかったということを証明するものではなく、立派で遠大な目的が欠如していたという証明でも決してない。最終的に実現された成果は、やはり共同作業によって得られたものであった。同じ地域で協力する代わりに、地域の分割が行なわれることになったのだ。

フランスで仕事をすべきだという願いにランバス監督がどれほど固執していたか、私は忘れられない。わが国の勇敢な若者たちは、フランス兵と共に戦った。その当時フランスの額《ひたい》には、殉教者の後《ご》光《こう》のようなものが射していた。フランスが体験した悲劇的な苦難、破壊、そして死は、アメリカ人の心に強く訴えるものがあった。わがランバス監督はその暗黒の日々にフランス人と共にいて、彼らの災難の証人だった。彼の偉大な心はそれらのことに向けられ、自分の教会にその大義を訴えたいと思った。しかし私たちがフランスに行くのなら、彼は何とか一つのメソヂスト教会として行くのでなければならないと考えた。宣教師会はこの協力案に同意せず、代わりに地域の分割案が採用されることが明らかになり、南メソヂスト監督教会にはベルギー、チェコ・スロヴァキア、ポーランド、ロシア南部が受け持ち区域として任されることになった。ランバス監督はその合意を文字通り遵守する立場をとり、誤解や争いを避けるための政策を支持した。

メソヂスト監督教会がブラジルでの伝道活動とその教会員全員を私たちの教派に引き渡して同国を去ることになったのは、彼が監督をしているときであった。南メソヂスト監督教会に西インド諸島における独占区域としてキューバを任せるという合意ができ、一方メソヂスト監督教会はその活動を同諸島の他の部分に限定することに同意したのは、彼が主事として教会運営の責任を負っていたときだった。長期にわたって真剣に熟考した結果、二つの教団の外国伝道活動において長い間支配的であった礼譲と協調の原則にも合致する合意事項にランバス監督が認可を与えるのは、当然と思われていた。

教派の権利や責任ということに対してランバス監督が無関心だったという印象を残すとすれば、それは彼に対して公正ではないし、事実を正しく見ているともいえない。彼が何よりもキリストの王国を優先し、すべての福音主義教会がそれぞれ自分の利益を求めるよりも「先ず神の国と神の義を求める」[4]ように努力を一つにするべきだと信じていたことは、事実である。もしもっと大きな利害のために必要なのであれば、団体を犠牲にするという大きくて滅多に適用されることのない原則を、自分の教会に適用してもよいとさえ思っていた。しかし彼は、自分の教派がもつ力と資源を十分かつ自由に使えるように、また神の与え給うた機会に対してその無制限な権利を用いることができるように、常に注意を怠らず目を凝らしていた。彼の性格のこのような面は、その晩年においてさらに明白に現われていたと言える。彼に最も近い人たちなら、キリスト教会による平和と善意の黄金時代が速やかにやってきそうにもないという幻滅のようなものを抱き、悲しそうに悔やんでいる彼の物思いに沈んだ様子を思い起こすことだろう。それは戦争に続いて人々がもつようになった大きな感情と反応のせいだったのかもしれない。すなわち、社会全体に微かな疑念が毒のように広がり、同族の精神がいかに神聖なものであろうとも、その中に広がり絆《きずな》を侵《おか》し始めていたのである。その根源については推察することしかできないが、その事実については推察ではない。このことが彼の共感の範囲を狭め、あるいは彼の差し伸ばされた手を弱め、主キリストを心から愛する人たちみんなに届かなくしてしまったわけではないという事実も、推測しなくても分かる。時や状況の一時的な影も、彼の広い心の暖かい輝きを隠すことはできなかったのである。

先に言及した訪問中、監督はすでに戦後の仕事を予想していたという。人間が計画したわけではないが、あらゆる意味をその中に包みこんでしまう不思議な繋がりをもった人間の出来事が起こった。私が乗っていた船には、講和会議でウィルソン大統領とその協力者を助けるために同行していた様々な方面の専門家の姿もあった。その中の一人はポーランド系アメリカ人、もっと当世風でアメリカ風の言い方をすれば、ポーランド人の血を引くアメリカ人であった。彼はポーランドの現状とその絶望的な貧窮について話し始めた。クリスチャンとは決して言えない人物だったが理知的で、彼が愛してやまないポーランドが緊急に必要としているのは朽《く》ちるパンよりももっと大切なものであることを知っていた。彼は、アメリカのクリスチャンがプラスキ[5]やコシュスコ[6]の祖国に手を貸してくれるよう、雄弁な口調で私たちに訴えた。彼は、私たちがパリに着いた後、教会の委員たちを講和会議のポーランド代表団の一人と接触できるように取り計らってくれた。カトリックの国で孤軍奮闘している少数派であるポーランドのプロテスタントを支援してほしいという彼の訴えに、私たちは心を動かされた。

　私たちはこれと同時に、戦争中シレジア[7]のテシェンに置き去りにされていたＹＭＣＡの主事を通して、ランバス監督がすでにポーランドに興味をもつようになっていたことを知った。監督はポーランドで新しい精神的目覚めが起きる可能性に深く関心があるようだったが、特に「メシア運動」として知られていた動きに興味をもっていた。私たちの何人かはランバス監督を通してこの若い主事と会うことが許され、ポーランドの状況について議論した。当時はその国に入ることができなかった。何とか入れるように努力したのだが、失敗に終わった。一年後になってようやく、私たちはポーランドの都市を幾つか訪れることができ、ワルシャワで仕事を開始した。このように地球上の遥か遠く離れた何か所かで始まり、幾つかの線が神の摂理に導かれてパリ市に収束し、多くの人にとって天恵となっている仕事が開始されるという結果になった。苦しんでいる国民のために歴史に残ることにもなる仕事である。

　そのことに関してもう一つ注目すべき事実がある。ランバス監督および私たちは、戦後の人々の魂に仕える奉仕の場としてロシアとフランスを選択していたのだが、すでに申し上げた理由で、私たちがフランス入りすることは適当でないということになった。ロシアに入ることは、ソヴィエト政府の態度の故にさらに困難だった。ポーランドとその隣国チェコ・スロヴァキアでは、ともにロシアとは親族であり隣人である同じスラブ民族の住民に牧師として仕えることができたのだが、そこでならロシアの市民にも接触し仕えることができる。伝道旅行をした使徒たちを導いた聖霊が、神の国の建設を十分に約束してくれるこれらの接触点に導いてくれていたということは、疑う余地がない。戦争がもたらした動揺と興奮の中にあっても、ランバス監督は目下の手近なことにだけ心を奪われたり、戦後に待ちかまえているはずの奉仕の場とより深刻な必要に仕える手段に注意を払わなかったりということはなかった。このように光に対して開かれ高められた心と魂に対して、主は進むべき道を教えることがおできになる。「神の秘密は神を畏れる者とともにある」のであり、万物の主なるキリストは「聖霊が来たるべきことを教えてくれる」ことを約束されたのである。

訳者注

（1）James Whitcomb Liley (1849-1916)　アメリカの詩人で、インディアナポリス・ジャーナルのために方言による多くの詩を書いた。
（2）the Central Powers　第一次大戦当時、連合国と戦ったドイツ帝国とオーストリア・ハンガリー帝国などで、その同盟国であったトルコやブルガリアも含めることもある。
（3）フランス人のこと。
（4）新約　マタイによる福音書　六章三十三節
（5）Casimir Pulaski (1748?-79)　アメリカ独立戦争のとき独立軍を指揮したポーランドの貴族で軍人。

（6）Thaddeus Kosciusko (1746-817)　アメリカ独立戦争のとき独立軍側で戦ったポーランドの将軍で、ポーランドの独立運動にも尽くした愛国者。

（7）シュレジェンとも呼ばれる。中部ヨーロッパのオーデル川の上流から中流に広がる地方で、現在は大部分がポーランド、一部がチェコに属する。

第十四章　再び東洋人とともに

さらに風がいず方に吹くとも　わが心はただ喜ぶのみ。
東に吹くも西に吹くも、　今吹く風こそ最上のもの。

東洋担当に任命される

一九一九年、ランバス監督は東洋担当に任命された。わが家に帰るようなものだった。そこには自分の生まれた土地があり、両親の墓があり、かつて伝道活動に従事した地であり、自らが信仰に導いた人達がいた。彼がこの地域の監督になるということは、長年検討されていたことであり、きわめて適切なことといえた。この任務に就くためには、重い病を患っていた妻を置いて行かなければならなかった。ずいぶんと気の重いことであり、彼女のもとを離れるときには果たしてこの地上で再び会うことができるのだろうかと思われた。それでも彼は出発した。

膨張と拡大の時代であった。百周年で南メソヂスト監督教会は奮起したところであり、その結果、何百万という信者が与えられていた。この教会の歴史を通して、かつてなかったことである。必要とする経費にしても、適当な拡大のために十分な資金があるということは初めての経験であった。宣教師たちはまるで夢でも見ているかのようで、「彼らの口に笑いが、舌には喜びの歌が満ちた。そのときには異教の国々も『主はこの人々に大きな業を成し遂げられた』と言った」という状態で、それから彼らは「主はわたしたちのために大きな業を成し遂げて下さいました。わたしたちは喜び祝います」と答えたのだった(1)。これといった制限を何一つ受けることなく、仕事を進展させたいという情熱に身を任せられるということは、ランバス監督にとって大きな喜びだった。監督がブラジルを担当していた頃、緊急の必要に応える手段が見出せずに苛立ち、本部に懇請していたこともあったが、今や彼は、目を覚ました教会と豊かな財政を背景に、窮乏してはいるが大きく広く門戸を開いた東洋に向かおうとしていたのである。彼にとって重要な日々であった。彼は中国人や日本人にも、彼らの言葉で語りかけることができた。中国語で説教をすることで中国人を喜ばせ、至る所で温かい歓迎を受けた。彼が身につけた名前は人々の心に立ち入るための合言葉であり、彼自身に対する人々の記憶はまだ大きな力をもっていた。

朝鮮での大躍進運動計画

ランバス監督は直ちに教勢拡大のための計画にとりかかった。朝鮮での大躍進運動の計画を立て、この前進計画の指導のためにW・G・クラム牧師の派遣を要請した。R・S・ステュワート牧師も日本での信仰復興運動のために働くことが決まった。中国でも同様の計画が立てられた。大きな建築計画が始められ、戦略上の拠点としての土地も確保された。故郷に戻っていた宣教師たちも復帰を求められ、新しい宣教師が派遣された。女性伝道センターの大規模な計画が立てられて、朝鮮のソウルの中心に土地が確保された。上海市では教会と社会・教育事業が、きわめて包括的かつ大胆に企画された。日本の神戸では、監督が一八八九年に宣教師をしていたときに建てた教会の後を継ぐ、大きな教会の建築が始まった。一九二〇年九月八日に広島から出した手紙の中で、特に集中的福音伝道と建物のことに重点を置いてこの計画について詳しく述べている。彼ならではの洞察力も垣間見ることができる。「土地は買うが、五ないし十パーセント節約できるという希望をもって、建物の建築は控える政策をとるように主張している」。

彼は東洋に出発する前に、建物のことについてマクマリー監督宛てに次のような手紙を書いている。

自分の立場を頑《かたく》なに守ろうとしていると思われたくはないのですが、私は緊急に援助を必要としている三つの大きな地域を担当しています。中国を別にして、そのうちの二地域は六地域の中で最低の数字を見積もってきました。教会堂を建てなければならない都市のうち二つは人口が百万以上で、ご存じの通り上海には教会堂が一つあるだけです。しかもここは私たちにとって一番古くからの地域で、東洋での活動の拠点なのです。他のどの地域を軽視するつもりもありません。どこもみな非常な窮乏にあるからです。しかし神戸でも上海でも、建築をするか、さもなければ仕事をやめて出て行くしかないというところまで来ているのです。神戸では私が一八八九年に設立した木造の会堂が改善されないまま老朽化して、現在の信徒数の必要を満たすことができずに今も建っているということは本当に恥ずかしいことです。

ランバス監督はアメリカを発つ前に、シベリアと満州に入ることが正式に認められるように、宣教師会に行動を起こしてもらう確約を得ていた。宣教師会は一九一九年五月の年次大会で満場一致で次の決議を採択した。

この地区における本宣教師会による宣教を行なうことを必要とする条件を考慮し、東洋方面を担当する監督がシベリアでの活動を開始することを認めること。承認可決。

クラム、リャン、シベリアでの宣教開始

W・G・クラム博士とJ・S・リャン牧師は、最も有望な中心地で活動を始めるという目的でシベリアと満州を訪問するよう、ランバス監督から指示を受けていた。一九一九年九月の会合で、朝鮮年会の年次総会はこの冒険的事業に関して宣教師会と監督を支持する決議を採択し、牧師の一人をその仕事に任命することを約束した。クラム博士とリャン氏は一九二〇年二月にシベリアに入った。ポーランドに伝道団を派遣する計画が進んでおり、それが実現すればロシアと西の辺境で接触することになる。ロシア本土では、政治的・社会的情勢のために宣教活動を行うことは不可能だった。しかし当時シベリアは共産主義の拡大に抵抗しており、その方面からロシア人に接触することが可能であった。条件が許す限り、西側のポーランドからロシアに近づくと同時に東側からも楔《くさび》を打ち込むというのが、彼の戦略であった。彼はこの考えをはっきりと描きながら、東洋に向かった。これは長老派やメソヂスト監督教会の兄弟たちと、礼譲と礼儀の問題に関して、長引くことになる面倒な議論を引き起こした。受持区域第一の原則がすでに侵害されているという主張がなされ、抗争と誤解が起こる危険が生じた。しかし、どちらの側にも公正さと兄弟愛の精神があったために納得のいく調整をすることができた。いざこざも起こったが、その多くは現地人の働き手が熱心すぎて理解に欠けることから生じたものである。そのような事態の常として、時間がかかり、監督の死後に礼譲の問題を整理する必要が起こった。ランバス監督が他人を攻撃したり不公正に扱ったりするなどと少しでも疑念をもつ者がいなかったおかげで、この問題の解決はずっと容易になったのである。

日本メソヂスト教会第四回総会、出席

この訪問中、日本メソヂスト教会の第四回総会が開かれ、ランバス監督も出席した。立法権を持つ議員団が、彼自身とその父母たちが身を捧げて確立した偉大なる理想と原則を守り、実地に適用し、後継者に伝えてゆく、一人前に育った教会を見たときの彼の喜びは想像に難くない。彼が父母とともに宣教師として初めて日本に足を踏み入れてから、まだ三十三年しか経っていなかった。そのころ父ランバスには、クリスチャンで組合教会の会員でもあった召使いが一人いた。この愛すべき老人は家庭礼拝の時いつも、「主よ、ランバス博士様と、まだ会員がいないメソヂスト教会を祝福し給え」と祈ったという。このような状態がそう長く続くはずもなかったが、続いている間は思い出すのもうれしくないことだったに違いない。だが、今や神が成し給うたことはどうであろうか。三分の一世紀が経って、「種を蒔く者あり、刈り入れる者あり」ということが真実であると、ここでも実証されている。

この総会でのある出来事が、彼の心に特別の喜びをもたらした。日本メソヂスト教会を組織するにあたって、それまで続いてきたメソヂストの行政組織に幾つかの変更が加えられたのだ。その一つは監督を四年の任期で選ぶことで、その結果、四年経った時点で人々が望むなら「あなたは私たちのために立派に務めて下さいました。どうぞ監督職から退いて、ゆっくりご休養下さい」と言うことができるのであった。今回の選挙ではK・鵜崎《うざき》牧師（2）が選ばれた。この人はまだ十四才だったとき、ランバス監督のところに教えを受けに来たことがあった。鵜崎牧師によると、初めての英語のレッスンは主の祈りから始めたということである。何と賢明で素晴らしい出発点ではないだろうか。一般に認められている英語教授法に従っているのだろうか。そんなことはどうでもよい。生徒は英語を覚えると同時にキリストを知ったのである。監督が亡くなって間もなく、彼はヴァージニア年会の席で、とても雄弁で愛情のこもった追悼の言葉の中で、次のような話をしていた。選挙のあと、ランバス監督に会うことはできなかったが愛情にあふれる短い祝辞が残されていて、それは「あなたが負われる大きな責任のために、聖霊の働きが二つ分与えられますようにお祈り致します」という言葉で結ばれていたという。人間的名誉や特権には全く触れず、賛辞もなく、ただ責任の重さと精神的な賜物《たまもの》の必要への、祈りと思いやりに満ちた言葉があるだけだった。この年若い日本人監督は、そこに書かれていたメッセージを大切に心に留め、その意味を忘れないようにしていたのだった。

中国聖書協会設立

中国におけるキリスト教会議開催

今回の訪問中に、中国伝道にいささか厄介な事態が発生した。新たに二つの展開があり、中国にいる宣教師全員に影響を与えたのだ。すなわち聖書協会の設立と、中国に来ているすべてのキリスト教の教派の代表者から成るキリスト教会議を開こうという提案である。キリスト教会議の目的は、中国固有のキリスト教の理想と教えに力と有効性を与える団結と合意を確かなものにしようというものである。この二つの動きは、ともに教義に関する問題の議論を表面化させることになった。教派の方針や特徴に基づくものではなく、すべての教派に共通と思われる教義に基づくものであった。論争する人たちが聞かされ用いる用語は、ファンダメンタリスト(3)やモダニスト(4)のものであった。問題全体が伝道者会議に持ち出され、問題が十分に討論される機会が与えられた。

教派的理解の相違

この問題に関するランバス監督の立場は、当時宣教師会の海外担当主事だったE・H・ローリング主事宛ての一九二一年三月三十一日付けの手紙に、最もよく示されている。論争についての二つの党派に言及した後、次のように述べている。

ランバスの手紙

私たち宣教師が教義においても信仰においても健全である必要性に関して、この紳士方のどちらにも私は心から賛同致します。外国で神の国を建設しようと努力する際に、これ以上に重要なことはありません。この基本的原則と姿勢に関しては、私は誰にも劣りません。国内外での四十四年間にわたる宣教において、個人の救い主として、そして世界にとっても唯一の希望として、私はイエス・キリストに見るのと同じ真理、そして信仰を求めて参りました。

このことを申し上げた上で、矛盾《むじゅん》するような噂《うわさ》や風聞はありますが、私は中国宣教師団の中に聖書の霊感、キリストの神性、受肉《じゅにく》、死、復活、そして聖霊が人格をもっていて証人であるということを信じない宣教師を私は知らない、ということをはっきり申し上げたいと思います。活力あふれる信仰や罪の許しの経験をもたず、イエス・キリストを通して神を受け入れたこともない者は一人もおりません。適当に申し上げているのではありません。もしそんな人が一人でもいれば、私は重大な誤りをおかしていることになります。

○○兄弟が手紙の中で触れている宣教師会議で、もし私たちの宣教師の中に男女を問わず、救いにとって基本的なことを信ぜず、教会からもそう思われ、現地人の信仰を乱すようなことを教え宣伝することにいそしむ者がいたら、除名し、直ちに帰国させるべきだということを、私は明確にしようと努めました。その一方で、独自の考えをもつ権利は誰にでもあるということも主張いたしました。考えることを怠り、信仰の本質や精神よりも表面的な形態に固執すれば、イザヤが預言していた時代にイスラエルの人々に与えられた断罪が、最終的には私たちにも与えられるはずです。それから私は、「考えよ、また考えさせよ」というジョン・ウェスレーの言葉を、本質的なことを熱心に求めながら自分自身の考えをもつべきだと常に主張していた人物の言葉として引用しました。

会議に先立って○○兄弟は、合衆国の宣教師会の各会員、および各年会の信徒委員に宛てて出した手紙のコピーと、クーリンの避暑地で私たちとは別の宣教師のグループが作成、印刷した回状《かいじょう》を私にくれました。彼の了解を得て、私は宣教師会の席上でその二つを読み上げ、それについての意見を申しました。手紙の内容に関しては、彼は宣教師たちを公正に扱っていないという感じを受けました。彼らの中には正常な状態にない者もいるとあり、この非難が本国に送られ、しかもその人たちはこの手紙を見ておらず、返答や弁明の機会も与えられていないのです。これは不公平であり不公正であり、すべての事実を知っているわけではない人たちに彼らに対する偏見を抱かせかねず、宣教師会自体にも重大な損害を及ぼす可能性があると考えます。

私たちの宣教師会の外部から出た回状に対して私が問題を提起したのは、それが健全な教義を守ることになるからではありません。それは○○兄弟が宣教師たちの署名を求めていたからで、その文書の中の一項は、正統的な信仰に立つ者はその代表者が一つ以上の委員会の委員になるように配慮してほしいという要請でした。私はこのことを、近く開催される中国の全宣教師の総会との関連で考えました。それは委員会を味方で固めようとする意図のように思われ、政治家の手法に似ている気がしたのです。もし倫理上の問題が論議にかけられるのなら、それは一部の者の委員会で解決されるのではなく、協議会の場で議論を戦わせるべきです。

そのときには私はそんなことは申しませんでしたが、もう一つのことを考えていました。中国での聖書学習の促進に当ててほしいと米国のある紳士から遺贈《いぞう》された多額の基金があります。この基金の利益を受ける人たちの中には、それが基金の管理者たち自身ではないとしても、至福千年期の前にキリストが再臨するという理論を積極的に推進する者がおりました。この活動はクーリンを中心に行なわれ、宣教師と中国人がクーリンでの会合に出席する費用を賄《まかな》うために過去一年間にかなりの額が費やされました。私はこの件について、また別の件についての○○兄弟の見解を問題にしているのではありません。彼はその場にいませんでしたし、先に申した理論を信じているのかどうかも分かりません。私は彼が自分の見解をもつ権利について問題にしていたのではなく、彼が宣教師たちを区分しようとしていたことに反対だったのです。書類には何名かが署名し、同様に良心的な何名かは署名を断わりました。私の前任の方々はご存じだと思いますが、中国伝道が一つにまとまっていない時代がありました。精神と協調の努力という点においては、今はかつてない程その頃に近い状態なのです。十分な理由がない限り、再び分裂するようなことになれば、それは悲劇以外の何ものでもありません。

今この手紙を書いている時点でも、宣教師も中国人伝道者もともに熱心に伝道活動に従事しています。蘇州《スーチュー》からの手紙によると、大学で最も優秀な学生が何人かクリスチャンになったということですし、昨晩メイベル・ハウェルさんからいただいた手紙には、上海にある私たちの女学校のマクティアー校長が「中学生でまだ教会員になっていない生徒全員が、クリスチャンになりたいという希望を表明した」と言って、現在進んでいる宣教運動のことに言及していると書かれてありました。確かに神が中国伝道を祝福しておられないなどとは、誰にも言えないのです。

○○兄弟のことについては、彼が書いた記事の抜粋文のパンフレットを読んでから本人と長時間話し合い、イエス・キリストに対する彼の理解には彼の信仰にかかわる解決し難い問題が含まれていて、それは間違った聖書解釈から生まれ発展したものだということを分からせようと努めました。彼は謙虚で口数の少ない人でしたが、自分のしたことは、不可知論から手探りで何とか抜け出して理想の神人たるキリストに向かおうとする若い中国人たちを導こうとした結果なのだと申しました。間違った前提から始めたために、その結論において彼は思い違いをしていたのだと私は信じていますが、私たちの誰に劣らず誠実で敬虔で、キリストへの帰依は間違いなく本物だという証拠を見せてくれています。人はキリストの教えと手本を通して、その偉大な流れの中で絶えずキリストに心を向けつつあるのです。

私たちの宣教師の中には、学校の教室や日曜学校で使ってきた英語の読み物を十分に注意深くは選んでいなかった人もいると思います。特にチャールズ・スクリブナーの等級別教科書がそうです。私はこのことに注意を向けてほしいと申しました。

さて、○○兄弟と彼の態度についてですが、私はこのことに関わる諸問題について平静に取り組んできましたが、時間が必要で今は私のやり方でゆくほかないと申したところ、今のところ受け入れようとはしていません。もし正しくない信条というものがあるなら、それを取り除き、中国の教会での生活と仕事にとって基本的で欠くことのできない啓示された真理の基礎を深く根づかせることが何より重要だということについて、私は半数以上の宣教師と個人的に話し合ってきました。

私はこの宣教師たちとも中国の兄弟たちとも共に祈り、教会として絶対不可欠と考える根源的真理についても説教してきました。私は年会での任命をこの目的に添うように変更し、諸施設で信仰復興の礼拝が行なわれるように計画を立てましたが、これらはすべて、一つの目標――神のひとり子たるイエス・キリストに対する各自の生き生きとした信仰――に向かって助け合うものでした。私は教会から特にこの任務を与えられ、神の御意によって東洋とアフリカでの伝道地の責任を負うことになったのです。

〇〇兄弟の誠実さについてはいささかの疑問ももっていませんが、宣教師たちは彼のやり方に反対しています。かつて神が聖人たちに与えた信仰を、私たちもみな求めなければなりません。これは貴重な遺産なのです。今は国内外の教会の指導者たちが、不確かな騒音をまき散らしている時ではありません。国内外でキリスト教の仕事を志す者は、その根本的な信仰がしっかりしているかどうかを吟味されなければなりません。しかし今ほど活力溢れる男女が思想の自由を奪われていることを心から嘆いている時代も、かつてなかったでしょう。彼らは自分で考える権利を求めているのです。

この手紙で明らかにされている姿勢は、この問題が終わるまで彼がずっともち続けたものである。彼ほど力強くて確固たる信念をもった人物を私は知らない。彼は神秘主義者でもなければ、合理主義者でもなかった。彼は偉大で根源的な真理を信じ、それに従って生きたのである。彼が敬虔主義者であったことは幾つかの事実と経験から判断できる。彼が祈りに確かな信頼を置き、聖霊の力を信じていたことは、彼の信仰生活の中でも特に目立った特色である。しかし彼が狂信的になったり、ファリサイ的になったりする恐れは全くなかった。教派の中で神聖、あるいは完全愛という問題で激しい論争が起こったとき、筆者は彼と近い関係にあった。人は彼に、完璧なクリスチャンになる経験と実践を支持する側に立つことを期待するかもしれないが、彼は両極からは遥かに距離を置き、通常では見られることのない精神の成就という過激な主張を決してしなかった。本書の初めの方で、彼が日本にいた初期の注目すべき経験のことに触れた。しかし彼はとても控え目で、そのことを個人的に利用するようなことは決してしなかったので、後になってそのことが語られても、それについての教義的解釈や、それが彼の場合にどのように当てはまるのかといったことは話の中に全く察知することができなかった。一度だけ家族のいる前で、この出来事に言及されたことがあったが、彼を他のクリスチャンとは違う特殊な人にしてしまいかねない解釈をこの経験に加えることは、家族一同が否認した。彼はとても人間的で気取らない人だったので、彼が一種のスーパー聖人のようなものにされることを望まなかったのである。

一方で彼は、キリスト教の教義が放縦や自由主義に流れることからも、必要な距離を置いていた。彼の説教を聞いた人なら誰でも、彼が福音書の偉大な基本的教義を常に力説していたのを思い起こすであろう。しかし彼は、単に名前や言葉じりに左右されて偏狭になったり党派的になったりすることはなかった。この論争が起こったとき、危険で不和を生み出す可能性があると彼は信じていたが、噂や誇張された心配に意見を動かされることはなかった。彼は何よりも、不公正で真の意図を隠した、友愛の精神に反する宣伝の仕方に不快感を示した。一人の宣教師が許可なくその任務を離れて宣教師会に現われたときでも、監督はその宣教師を思いやりをもって迎え、最後に穏やかな言葉で全宣教師の信仰の健全さを信頼していると、はっきり言っただけであった。

この出来事があったのは、戦争で人々の感情が大いに掻き立てられ、全世界が精神的な拠り所から押し流されてしまった時だった。彼は一九二一年六月二日にH・C・モリソン監督に宛てて書いた手紙の中で、この時点で基本的に必要なことは何かということについての意見を表明しているが、そこで「正義とクリスチャンの性格に寄与する偉大な真理の偉大な伝道」について述べている。

精神が生み出す結果は、哲学から生まれるのではありません。それは精神力から生まれるのであり、精神力は祈りから生まれ、それから神の御言葉に養われ、人に対し、また牧会を行う上に力をもつことができるように神に対して力をもつことから生まれるのです。それ以外に道はありません。中国人伝道者たちはこの真義を見出しつつあります。私たちがもっと色んな所で福音を述べ伝えることができたら、どんなによいことでしょう。それは信ずるすべての人に与えられる救いに入らせる神の力であり、心の内を照らす啓示を意味する福音であり、厳しい罪の自覚であり、聖書に基づく霊的再生であり、神の御姿に似せて造られた元の姿への復帰であり、聖霊が常に側に居て下さることから来る神の感化力なのです。そうすれば私たちは使徒から伝えられた精神を再びもつことができるようになり、教会は不可能なことを企てることもできるようになるでしょう。世界をキリストのものにしようと思うなら、不可能なことも企てなければならないのです。

あらゆる形の権威が、新たに試されていた。伝統は問題ではなかった。すべてのことに疑問が投げかけられていた。誰もが慌て、どうしてよいのか分からなくなりがちだった。厭世《えんせい》主義の泥沼に陥り、世界が砕《くだ》け散るのではないかと思うようになっていた。世界の歴史を見ると、そのような時代には過激な直解主義に逃げ込み、恵も慈悲も神の愛も力を失う大激変が現われると予言するカルト集団が常に興ってきた。他方では、科学的風潮に身を任せ、聖霊によって啓示されたことの価値を割り引いて見ようとする心を見出し、それに頼ることもありがちだった。一つの極端が他方の極端を悪く言い、すべての人間がどちらかに属さなければならないとみなすことも、よくあることだった。人を安定させ、地の塩であって地の毒ではなく、世を焼き尽くす火ではなく、世の光である大多数のクリスチャンたちとともに居させるには、強い信仰と活気に満ちた経験が必要だった。

ランバス監督は今最後に述べたような種類に属していた。彼は一方を手の届くところに置いて導き、他方を抑制しようと努め、また健全な教義の目指すところを保持し、同時に正義、公正、信じて希望をもつキリスト教的愛を持ち続けようとした。

ここで、祈りと特別なる神慮に対する彼の信頼に再び触れておこう。約束を果たし、従う者を聖霊によって導くことのできる生けるキリストを、彼は信じていた。つい今し方、筆者の要請で監督の令嬢メアリーからの手紙を受け取ったが、その中に次のような出来事が語られている。

娘メアリーの手紙

父の生涯には、父が言うには特別な神慮という見地で考える以外に理解のしようがない実例が幾つもありました。瀬戸内海を船で旅をした時に、恐ろしい台風に遭遇したことがあり、船は今にも砕けてしまうかと思われたほどだったそうです。船長が父のところにやってきて申しました。「私はクリスチャンではありませんが、あなたの神様はきっとあなたがお願いされることを聞いて下さると思います。どうか、私はどうしたらよいのかお教え下さい。引き返すべきでしょうか、それともこのまま進むべきでしょうか」。父は心に思いついたとおり、「進みなさい」と申しました。船はそのとおり進み、やがて嵐から抜け出すことができました。もし引き返していたら、船は他の何隻かの船と同じように暗礁にぶつかって粉砕されていたことでしょう。

何年も前にカリフォルニアで宣教師会の主事をしていたころ、オークランドからロサンジェルスに行こうとして汽車に乗ろうとして、父は自分の母に手紙を書こうと思いつきました。そこで汽車を降りて次のロサンジェルス行きの発車時刻を尋ねました。制動手は増発列車が三十分後に出ますと答えました。父は手紙を書いてから増発列車に乗りました。バイロン・ホット・スプリングズの近くで、父が乗っていた列車の機関車が父が乗るはずだった車両に激突し、その車両の乗客は全員死亡しました。

それから父はノース・カロライナでも列車に乗りましたが、そこの印象があまりに強烈だったので、折角乗った列車を降りて数時間待って次の列車に乗りました。先に出た列車は衝突大破し、父が乗るはずだった車両が全壊して乗っていた人は全員死亡しました。

父母が中国にいたときにも、不思議なことがあったそうです。下男として雇っていた若い中国人が近くの運河で溺れました。死体が引き上げられ、父は棺を買い、死体の状態を考えて死者の友人たちに通知する前に棺を密閉してもらいました。友人たちがやってきて、すでに棺が閉じられているのを見てその場で金を要求し、死者の目を取り出して召し使いに造り変えるためにアメリカに送ったに違いないと言うのです。父は持ち合わせた金を与えましたが彼らは満足せず、一旦引き揚げたあとで怒号する暴徒を従えて戻ってきました。彼らは家を取り囲み、家を焼きはらって中にいる者を皆殺しにすると脅《おど》しました。父と母は神にお祈りするよりほかはないと言い、祈りはじめました。暴徒が裏口の戸をたたき壊したとき、突然台所の煙突から突風が吹き下ろしてきて、ストーブの火を乱入してきた男たちの顔に吹きつけました。彼らは宣教師の神が追いかけてくると叫びながら逃げ、外にいた残りの暴徒たちも何が何やら分からないまま、煽動者《せんどうしゃ》が命からがらといった様子で逃げるのを見ていっしょに逃げ、二度と戻ってこなかったということです。

このような出来事に対して独断的な解釈をしようとする人は、監督自身よりもずっと大それた仮定をするだろう。そのような人は弁神論（5）の出発点に立っていて、人間に対する神の業を正当化しようとしていることになる。そうした出来事はあくまで個人に関する証言として価値をもつものであって、それが証明としてどれほど重要であるかは実際に体験した人の生涯にどのような影響を及ぼしたかによって決まる。ここで私たちが向かい合っているのは、天体の運行と同じぐらい現実的で揺るぎない事実なのである。腕を回して世界を抱きかかえて高く持ち上げ、人類のため、またキリストのために命を失った人は、年齢に関わらず、そのような信仰に生き、そのような証言をしてきたのである。そしてこの道徳的方程式を解くことは、信じることのできない人がしなければならないことなのである。

十九世紀の唯物主義科学者たちに、彼らご自慢の偶像崇拝的な事実を尊重するが故に怒りに燃えて挑戦したのは、かのトルストイ伯爵ではなかったか。どんな事実だというのか。たとえば良心などのように、惑星の運行と同じぐらい明白で永久的な、事実の広大な範囲全体を無視することが科学的なのだろうか。こうした科学者たちは、このような問題を不都合で厄介だからと言って避けているとトルストイは公言している。今ここで扱っている事実は、まさにそのような種類の事実なのである。その中から聖人や英雄が生まれ育ち、その果実によって試される土壌なのである。パウロはイエスの復活という至高の奇跡を、「聖なる霊によれば[6]」という至高のテストで試している。聖なる果実は他のどの奇跡にも劣らず稀なものであり、神秘的なものである。そしてそれを養い育ててくれるものを、理由もなく軽視するようなことがあってはならない。神は私たちの命の切れた電池を再充電して、私たちの魂に神の証言者となる力を蘇生させ、生気を与える独自の方法をもっておられるのである。

訳者注

(1) 旧約　詩編　百二十六編二－三節（欽定英訳聖書では、この箇所で過去形と現在完了が用いられているが、日本語訳では新共同訳でも口語訳でも未来の表現になっている。ここでは英語の時制に従って、日本語訳を修正して用いた。）

（2）鵜崎庚午郎（1870-930）　南美以神戸教会の出身で、関西学院神学部第一回卒業生三人の一人。鎮西学院長などを経て、日本メソヂスト教会第三代監督になり、三期務めた。

（3）二十世紀の初めに、キリスト教信仰に関して米国内に起こった運動で、聖書の記事を歴史的事実としてそのまま信じるべきだという主張をする人達。

（4）前記ファンダメンタリストに対して、聖書の記事を科学的な近代の思想によって解釈するべきだと考える人達。

（5）theodicy　悪の存在も神の摂理によるものであり、神の全能とは矛盾しないとする神学説。

（6）新約　ローマの信徒への手紙　一章四節

第十五章　満ち溢れる生涯

川の急な流れのごとく　注げ汝が愛をば、
その水を　いついつまでも費やしながら、
与える者に報いることなき　焼けた砂地を通り、
黙し、また歌に満ちて　汝は海に近づく。

ローズ・テリー・クック（1）

人間は、許容範囲によって試される。これまで慣習として行なってきた範囲内に留まり、必要で求められていることだけを実行することが重要だったことはない。新しい分野が目の前に開き、新たな堆積物を後に残して未調査でまだ割り当てられていない荒れ地を豊かにするには、洪水と氾濫の時期がなければならない。これは律法学者やファリサイ派の正義を越えた正義であって、彼らの方針は美文で記されてはいるが、その仕事は巧みに規定された範囲内に留まっている。彼らは慈悲深い行為をしようとする衝動を程々に抑えてしまい、どしゃ降りや氾濫に対する条項などは持たなかった。ランバス監督の人生は、伝統や公的な定義、法令などによって設定された範囲内に留まることはなかった。彼の場合、一マイル行かなければならない時にも、さらに次の一マイルに目を向けていた。彼の麦畑には、いつも落穂拾いを待っている余分の麦束があった。彼はいつでも自分の所有ではない羊の鳴き声を聞き、自分の庭の外で砂漠に咲く薔薇《ばら》の幻を見ていた。

中国での飢饉に対する宣教師基金

一九二〇年に中国で飢饉が起き、多くの人が亡くなったとき、彼は「哀れにも人が死んでいくのは気の毒だが、これは私の仕事の範囲外のことで、私には自分の役割を果たすために、するべきことがたくさんある」などと言うことはなかった。それよりも人間の不幸が最悪の状態に達し、助けが最も必要とされているところへ、遠近を問わず駆けつけてゆくのが彼だった。

彼は北部に行き、状況を調査した。あるがままの状態——男女子供が飢えて死に瀕しており、草の根や木の皮を食べている様を目の当たりにした。家畜はすでにみな食べられていた。その恐ろしさと哀れさが、彼の心を捕らえて離さなかった。彼は外電を打ち、手紙を書き、惨状を伝えるために故国に急いだ。

ニューヨーク外国伝道者会議

宣教師会の会合はすでに招集されていて、基金を集めるための呼びかけが認可されていた。二万五千ドルが直ちに電信で現地に送られ、喜ばれた。教会は呼びかけに応じ、監督が到着したときには約十五万ドルがすでに送金されていた。金額は最終的には約二十五万ドルに達した。彼が運動の必要性を説明したのは、一九二一年一月にアトランティック・シティーで開催された外国伝道者会議が初めてだった。彼が現地から直接もたらしたメッセージは、集まった人たちの心を動かした。この運動の大義に新たな関心を呼び起こした。ウィルソン大統領によって委員会が任命され、ニューヨークのナショナル・シティー銀行のトーマス・W・ラモント氏が議長になった。ランバス監督も委員に加えられ、感動的な話をしながら教会を回って歩いた。聞く人の心を動かさずにはおかない雄弁さで、五千万の飢えた人たちのために協力するよう訴えた。恐らく彼以上にこの運動の促進力をもった人はいなかっただろう。彼は百万ドルを集めるだろうと見積もられていた。次に紹介するのは、一九二一年一月十九日にニューヨークのガーデンシティで開かれた外国伝道者会議と、その後国内各地で行なわれた演説の一部である。

騾馬《らば》が引く車や馬の背に乗ったり歩いたりして訪問した山東省《シャントゥン》奥地と直隷《チーリー》［現在の河北省《ホーペイ》］で目にした状況は、名状し難いものでした。大運河の東でも西でも、土地が正当な価格の三分の一、すなわち一畝《モウ》あたり七～八ドル（一エーカーあたり五十ドルほど）で売られ、家畜もほとんど全部売却されていました。ある村では飢饉の前には八十頭の家畜が耕作に使われていたのに、もう二十頭しか残っておらず、それも殺されて売られるところでした。別の村では三十頭のうち三頭しか残っていませんでした。土地は売られるか、借金の抵当に入れられており、もうすぐ冬がくるというのに人々は着物を質《しち》に入れたり売ったりしていました。彼らに言わせれば、飢えるよりは凍える方がまだよいというのです。ほとんど何も着ていない男の子の写真を一、二枚撮ってあります。

食物そのもの、というより食用に利用されているものに関しては、ちょうど六週間前に見たところでは、せいぜいあと三、四週間分と思われました。それも一つの穂に十五～二十粒ぐらいしか実《み》がついていない、できそこないのトウモロコシだけで、その粒は育ちが悪くて水っぽいものでした。さらに二百マイルほど北に行ったところ、万里の長城付近でできるトウモロコシは、穂の長さが十インチもあって、よく育って数百粒の固い実がついているのです。飢饉の地方では人差し指ほどの大きさもなく、実も十五～二十粒しかついていません。黍《きび》は実がからっぽで、中身のない外皮にすぎません。人々はトウモロコシの穂軸を臼で挽いたものに、場合に応じて木の種類は異なりますが、ニレやポプラやトネリコなどの葉、トネリコの木に生《な》る小さな実を混ぜたものを食べ、また他人から恵んでもらったり盗んだりできるところでは、ジャガイモの葉を食べたりしていました。こうしたものもすぐに食べ尽くしてしまい、アザミを食べているのを見たこともあります。私はある日、一人の農夫に「どうしてこんなものを食べているのですか」と尋ねてみました。それは彼の妻が料理しているところでしたが、彼は「どうしようもないのです」と答え、さらにつけ加えて言いました。「家畜を飼っていた頃、餌を与えることができなくなりました。その餌は私や私の家族が食べているのです。その結果はお分かりでしょう」。

もちろんその結果は、先ず第一に仕事に関しては能率が低下したということであり、続いて食べ物をあさり歩くために、赤痢になって消化器管がものを受けつけなくなり、最後には飢餓か病気による死が待っているのです。

ある村で、七十二才の女性に会いました。「ご主人はどちらにおられますか」と尋ねると、「物乞いに出て行きました」という答が返ってきました。「何日ぐらい行かれるのですか」、「二週間か三週間でしょう」、「息子さんはいらっしゃるのですか」、「三人います。皆、物乞いをするか働きに出かけました」。私はそのとき村の長老と同行していたハインジャー氏に尋ねました。「もしこの人たちが仕事を見つけることも恵んでもらうこともできなければ、一体どうするのでしょう」。「人のものを盗むでしょう」ということでした。旅をするのが危険な状態になっている村もあります。ロンドンの宣教師協会から来ていた宣教師の話では、盗みがますます多くなっているということです。

燃料ももちろん底をついています。その地方で人々が頼りにしているのは樹木ではなくてコウリャン（ホウキモロコシの一種）や黍《きび》の茎《くき》で、それが主な燃料になっています。しかしこの二年間、そうした茎が手に入らないので、彼らは家の一部をはがしたり、屋根に使っているコウリャンの茎を取って燃やしたりしています。それもあと二、三週間でなくなり、そうなると餓死、凍死に直面することになるのです。

それから病気です。気候が暖かくなって蠅《はえ》が黴菌《ばいきん》を撒《ま》き散らしているので、コレラが発生したというのがピール医師の話でした。彼が言うには、「心配しているのはむしろ発疹《はっしん》チフスです。人々は家畜を売ったり殺したりしてしまったので、病人を病院まで運んでくることができないのです。その結果、私たちのところの患者はこの二、三週間に三十パーセントも死んでしまいました。これから先どんなことが起こるか分かりません」ということです。その時点でその医師たちは、徳州《テチュウ》〔山東省の市〕の百十里（三十五マイル）西にあるロンドン宣教師団の仕事を手伝おうとしていました。

私は尋ねました。「あなた方はどのぐらいのお金を受け取られ、何人ほどの患者の面倒を見ることができるのですか」。「全部で一万二千人ほどを容れることができます」というのが答でした。「ではお宅の地域の十万人のうち、残り八万八千人の方はどうなるのですか」と尋ねると、「死ぬほかはないでしょう」という答が返ってきました。「どのような方針をおとりになりましたか」、「赤十字の方針と同じです。つまり、幾つかの村を選んで一年中世話をする。それよりほか何もできません」。「選ばれなかった村の人たちはどうなるのですか」、「死ぬでしょう。みんなを二か月生かしておいた後に飢え死にさせても何にもなりませんから、二、三の村を選ぶほかないのです。今、その人たちを何とか季節の終わりまで持ちこたえさせようと努力しているところです」。

このようなわけで、事態はとても緊迫しています。その緊迫の度合いの大きさは、とてもご理解いただけないほどです。私が汽車に乗って徳州と天津《ティエンチン》の間のある地点で窓の外を見ていますと、ある人が食堂車の窓からサンドイッチを反対側の線路に投げました（その線路は複線でした）。二人の女性が線路に駆け寄って、そのサンドイッチを奪い合うのです。線路の警備のために坐っていた番兵が走って行って二人の間に入り、立ち退くように二人を殴《なぐ》って脅《おど》していました。すると犬がとびついてサンドイッチを食べてしまいました。

ある村では犬が油布を食べようとしているのを見ました。何とかしてそれを噛み破って呑み込もうとしていたのですが、犬はあまりに弱っていて立っていることもできない様子でした。

これより東の方の村では、子供を一人も見かけませんでした。一才よりも下の赤ん坊を一人も見なかったのです。「子供たちはどこにいるのですか」と尋ねますと、「いなくなってしまいました」という答が返ってきました。

「他人にやってしまったということですか」と問いただすと、「他人にやれるような子供は一人もいません。一体子供に何を食べさせたらよいのですか。それに売る相手もいません。誰がお金を出して買ってくれますか。上海では一人一ドルで子供が買われているということですが」。母親は続けて言いました。「子供が飢えて死ぬのを見ているよりも、井戸に投げこんでしまう方がましなのです」。その結果、ある地区では井戸が汚染され、アメリカの領事が済南府《チナンフー》［山東省の州都］で話してくれたところによると、水は使いものにならなくなってしまったということです。

三月は、おそらくとても厳しい月になるでしょう。ぐずぐずしているひまはありません。三月までにこの千五百万の人たちは、今以上の食料を確保できなければ、栄養失調で弱ってしまって飢えか病気か寒さで死んでしまうでしょう。今回の飢饉では、人々が飢えを満たすために着物から綿を取り出して食べたというのは事実なのです。ご承知のように、この地方では綿入れの衣類を着ているのです。以上申し上げたことは、決して誇張ではありません。私はこの悲劇を実際に見てきたのです。この地方の宣教師たちはこれを深刻に受け止め、助けが――適切な助けが――直ちになされるよう、切に願っています。

ランバス監督が一九一九年に東洋に行ったとき、彼の任務は、もっと若くて活力に満ちた人の野心をも満足させるに足るものだった。中国は知的、社会的、政治的、宗教的目覚めに大揺れで、日本はその血の中に押し寄せてきた新しい国際的影響力という美酒に酔って、国民は活発な疑問符の巨大グループと化し、朝鮮はその絶望と屈辱の中から立ち上がって殉教という血で自由への願いを書き、愛国的熱情の渦の中に己の魂を見出しつつあった。どんな人の政治的手腕や勇気をも挑発せずにはおかない状況だった。

しかし一九一九年九月、この理想家の心に火花が点じられた。彼は一八七〇年以来、年を追うごとに加速されていた朝鮮人のシベリアへの移民に注目していた。他の人にとっては歴史的事実として、また恐らく適当な時期の到来を待つべき数多くある宣教への天の呼びかけの一つとして興味深いものであったに過ぎないだろう。彼にとってはそれ以上だった。直ちに行動を起こすことを求める呼びかけだった。彼はM・B・ストーク牧師とJ・S・リャン牧師に、そこで仕事を始めることを念頭に、直ちにシベリアを訪れるよう指示を出した。これは実行不可能だった。当時の政治情勢下では、ワシントンの国務省がシベリアへのパスポートの発行を拒んだからである。それでも少しもひるむことなく、監督は一九二〇年の宣教師会の年次総会で以下のような決議を採択させた。

シベリア宣教活動問題の決議

次のことを決議する。この地区において本宣教師会による宣教の必要性を考慮して、東洋地区の責任をもつ監督に、シベリアで仕事を始めることを認める。

この決議が提言されている伝道に人種的な制限を一切加えていないことは、重要な意義をもつ。人種による差別が避けられたことは、決して偶然ではない。彼は長年にわたり、伝道地としてロシアを考えていた。シベリアは少なくとも夢の実現のための入口になるだろう。そこには五十万人以上の中国人がおり、さらに多くの中国人がそこを目指していた。人口過剰ぎみの東洋の住民にとっては、前途有望な大国で、金、銀、銅、鉛、石炭、石油、木材などを豊富に産出し、肥沃な土地がほとんど無限に広がっていた。領土が広大で多数の人口を養うことができ、急速に東洋のるつぼとなりつつある。朝鮮より五十七倍も大きく、日本本土の三十倍以上、中国の四倍の広さがあって、将来図の上に大きく浮かび上がってくる。そのような国は、常に目を遥かな地平線に向けている人にとっては、どれほど意欲をそそるものであったことか。また、一つの人種や狭い地域に自分の目的を制限し、宣教師団の目標を限定するなど、彼に考えられることではなかった。彼は自国の二倍の広さがある国に対する教会の行進開始命令を、この短い決議文の中に具体化したのだった。そしてその広大な国土には、すでに何百万という数え切れない人たちが将来に向かって進んでいる足音が聞こえ、その人たちは東洋の四大人種を代表し、人種問題を抱えてはいるが、それはどこにでも存在する問題であり、その都度解決されなければならないもので、おそらくこの大いなる北東部で最終的に解決されることになるだろう。

シベリア伝道開始

監督は一九二〇年の秋にシベリアを旅する計画を立てていたが、前に言及した中国北部の飢饉救済の訴えのため、当面の目的を変更せざるを得なかった。しかし、そのために行動が遅延することはなかった。彼は神学博士W・G・クラム牧師を責任者に任命し、同師は他の何名かと共に一九二〇年十月にシベリア入りし、色々な場所で仕事を始めた。

一九二一年七月にランバス監督はシベリアの伝道地を訪問し、八月一日にニコルスクで福音伝道の最初の集会をもった。そのときの旅のことは彼自身の言葉で語ってもらうのが一番であろう。その時に彼が特有の生き生きとした文体で書いた幾つかの手紙の中から、一部を引用することにしたい。もっと多くを引用したいのだが、これらの文は綿密な観察と人間的興味と写実的な描写の典型である。

シベリアからの手紙

私たちは七月二十二日の金曜日の真夜中に、ソングド［ソウル市内］を発ちました。メンバーはW・

G・クラム牧師、L・C・ブラナン牧師、J・O・J・テイラー牧師です。J・S・リャン兄弟も同行する予定だったのですが、満州のハルビンまで先に行くことになりました。列車は朝鮮半島を経度線に沿って縦断しますが、これは日本の下関から朝鮮の釜山《プサン》まで海峡を横断するフェリーを除けば、東京から奉天《フェンチェン》［遼寧省《リャオニン》、現在は瀋陽《シェンヤン》、英語ではムクデンとも呼ばれる］と長春《チャンチュン》［吉林省《チーリン》］に至る千二百マイル以上、ほとんど途切れることなく一本の線で続いている日本の交通網の一部なのです。ここから列車は東中国鉄道の線に入り、それからさらに東西大陸横断シベリア鉄道につながります。座席を予約してありましたので、小柄な赤帽のポーターが私たちといっしょにいて、スーツケースを列車まで運び、数分後には私たちは小さな客室に詰め込まれ、残りの時間を過ごすことになりました。座席は少々窮屈でした。というのは床に足を置くスペースが十分になくて、眠る場所は狭く、換気装置も性能が悪かったのです。そのような状況にもかかわらず、旅行者は前途の広い地域を目指してこのような長い旅をするのに、小馬の背に揺られたり騾馬《らば》の引く車に乗ったりすることもなく、ましてや歩かなくてもよいことには感謝してもよいでしょう。

早朝になると、無数の小さな村々が山陰に見え、背の低い草ぶき屋根の家がありました。この草ぶき屋根は強く吹きつける雨から外壁を守るためのもので、切り妻の端を覆うように奇妙な形で下に曲げられていました。あちこちに荒造りの低い煙突が見られ、料理用にと、冬は暖房のために松の枝を燃やした火から出る煙を、簡単な煙管で逃がしていました。このような家では朝鮮の人たちは床の上に坐るのですが、こうした装置がなければ厳しい寒さの中ではとても住めないでしょう。それでもこの人たちは、特にアメリカ人がたまたま部屋の端の火に一番近いところに坐る栄誉を与えられた場合には、耐えられなくなるでしょう。

何年か前に初めて元山《ウォンカン》からソウルまでハーディー博士に同行して旅をしたとき、涼むために一晩に二度も中庭に出て行かなければならなかったことを思い出します。ある宣教師の話では、その人はポケットに蝋燭《ろうそく》を二本入れて横になり、朝起きてみたら蝋燭が溶けて芯だけしか残っていなかったということがあったそうです。そのような経験をした哀れな人は、背骨が木綿糸になってしまったように感じたかもしれません。こうした話は、アメリカにいる人にも福音伝道の宣教師というものがどういうものなのか、垣間《かいま》見させてくれるでしょう。どんなことが起こっても騒ぎ立てず、冬の間に受け持ち区域を巡回するときには雪の中を歩き、特に何かを常備してあるのでなければ昼は粗悪な食物を食べ、夜は天火でパンを焼きながら、仕事をなしとげるのです。

朝早くに平壌《ピョンヤン》を通過したのですが、ここは北朝鮮における宣教活動でも有名な中心地で、長老派とメソヂスト派双方の地区本部があるところです。この方面で、ここほどキリスト教の命と力が脈打っている中心地は他にないでしょう。初めて朝鮮を訪問したとき、長老派の大きな教会で午後の礼拝に出席したことがあります。その教会は会員の増加に対応して、過去に三回増築していました。礼拝には千二百人の男性が出席していましたが、女の人はどうしたのですかと尋ねると、会堂に入り切らないので女性のための礼拝は午前中にもったということで、八百人以上の出席者がいたそうです。教育と医療の事業に加えて、メソヂスト教徒にとって同市は輝かしい光を放つ盛んな宣教活動の場でもあるのです。

ヤールー川［鴨緑江《おうりょくこう》］沿いの大きな都市、安東《アントウン》［遼寧《リャオニン》省、現在の丹東《タントウン》］に十一時ごろ到着するやいなや、強い印象を受けたのは立派な鉄道橋と、日本人によって建設された、赤色できれいに装飾された煉瓦造《れんがづく》りの素晴らしい建物で、林立する煙突は製造工業が盛んなことを示しており、巨大な筏《いかだ》はこの川の上流に太古からの原生林があることを物語っています。数知れない小舟やジャンクも見られましたが、多くは中国から商品を積んで黄海の沿岸を航行してきたもので、帰りには豆、黍《きび》、木材などを共和国の北方の諸地方に運ぶため、西の方に戻って行くのです。このような駅には時々自動車も見られますが、西洋文明の影響をもろに受けて、旅行や運送が刺激されている証といえます。これら東洋の国々に自動車が入ってきた結果、交通規制のためユニークな規則が作られている場合があります。次の例は、大衆を交通事故から守るために頭を悩ませている合衆国の当局者たちにも、ひょっとしたら何かの助けになるかもしれません。

道路交通規則――「安全第一」

一、警官が手を上げたら直ちに停車すること。
二、警官の制止を無視して通り過ぎたり、その他の無礼な振舞いをしないこと。
三、歩行者が目に入ったら警笛を鳴らすこと。最初は耳に心地良い鳴らし方で警告するが、それでも歩行者が通行を妨げるならば強い音で警笛を鳴らし、口で「おい、おい」と言って注意すること。
四、馬の傍を通過するときには、馬をびっくりさせないように注意すること。馬に向かってエンジン音を立てたり、排気ガスを排出したりしてはならない。なだめるように、そっと通り過ぎること。
五、うかれ歩いている犬は路上に跳び出してくるかもしれないので、十分距離を空けること。
六、車輪軸に犬を巻き込まないように注意すること。
七、油状の泥は横すべりする危険があるので、そっと通り過ぎること。
八、衝突して交通渋滞を起こすことのないよう、角を曲がるときにはブレーキを踏むこと。

九、牛や馬に出くわしたときは、道路脇に静かによけて通り過ぎるのを待つこと。

粗雑な出来かもしれませんが、正しい方向に向かってはいます。軍事目的のものも含むとはいえ、素晴らしい道路の建設、実験的農場の設立、家畜の品種改良、樹木のなくなった丘陵や山腹の植林、病院の建設と公衆衛生の重視、地域社会の便宜や福祉を大いに向上させる大都市の水道の整備、それに実質的に金本位制の通貨の安定といった点で、日本人の進取の気性は、どんなに誉めても誉めすぎることはありません。

長春《チャンチュン》（長い春という意味）からハルビン［黒竜江省《ヘイロンチャン》］への道は、北東に向かって百五十マイル伸びています。私たちは真夜中に列車に乗り、翌七月二十七日、水曜日の午前七時半にハルビンに着きました。私たちが自分の車両に乗ろうとしていたとき、途方に暮れるような混乱が起こりました。大勢の中国人と少数の日本人が、二等車と三等車で先を争って良い席を取ろうとしていたのです。車両の幾つかは二階建てになっていましたが、彼らはあっという間に包みやら荷物やらで座席や寝台を占領してしまい、できるだけ広い場所を確保してしまいました。十才ぐらいの少年が寝台の上段の上にある荷物用の網棚に上がり込み、両足を棚から出してぶらぶらさせていました。これにはインドで真夜中に見た光景を思い出しましたが、そのときは一人当たり二、三セント払ってボンベイ経由でメッカに行こうとする何百人ものイスラム教徒の巡礼たちが、貨車に乗るために頭から跳び込んでいたのでした。十分ぐらいは揉《も》み合う群衆の手足が見えるだけでしたが、英国人の警備隊が跳び込んできて、十人かそこらの足をつかんで引きずり出し、やっと落ち着いた次第です。

私たちは日本の客車からロシアの客車に乗り換えていました。線路も車両もロシア製で、接客係もロシア人でした。車両、特に寝台車は大きくて天井が高く、一等車は華やかに装飾され、木と真鍮《しんちゅう》でできたありとあらゆる装置がついており、廊下の窓の下には折りたたみ式の座席もついていました。窓の上には小さな天蓋があり、思いがけないところに鏡があったりします。電球の色の違う電灯があって、乗客が望めば、就寝時に青い色の電球をつけることができました。灰皿があり、レザーのクッションには装飾模様がついたリンネルのカバーがかけられ、そのほか旧ロシアの名残りを示すものが色々ありました。

　乗客係も車掌もフロックコートを着て、太いレザーのベルトをしめ、膝まであるレザーのブーツを履き、濃青色のたっぷりしたサージのズボンに軍帽という出で立ちでした。乗客に対して丁重で、注意がゆきとどき、夜中過ぎにパスポートの検査があり、列車を降りるときに見せる必要があることも教えてくれました。朝になるとロシア人のボーイかポーターが通路の窓際にある小さな棚で、レモンの薄切りと砂糖をつけて茶を出してくれました。

　緯度の高いこの地方では、夜明けは早くにやってきます。三時半には空はもう灰色に白み始めます。この地方は南満州のように平地か山地かではなく起伏のある地形で、乾燥した空気の影響です。土地は乾燥していて、長春、吉林、奉天などのようには植物は茂っていません。小さな駅はいずれも高さが八フィートある煉瓦か石の塀《へい》で囲まれ、塀には銃で射撃ができるように穴があけられています。これは鉄道が建設された当初、中国軍の攻撃から守るために造られたものですが、現在では二つか三つの民族のいずれかの匪賊《ひぞく》から安全を守るのに役立つと考えられています。駅の守備兵は軍服を着た中国人で、五人から十人ぐらいの分隊に分かれ、銃剣を装填《そうてん》して列車の方を向いて並んでいます。

　ハルビン駅に到着すると私たちは車でパレス・ホテルに送ってもらいましたが、このホテルは名前のように宮殿的とは言い難いものの、他の多くの建物同様、ロシア風もしくはフランス風の建築でした。壁は厚さが二フィート近くあり、階段は石またはコンクリート造りで、ホールは広々としており、部屋は大きくて壁はペンキで彩《いろど》られ、高い天井はフレスコ画で飾られていました。家具は頑丈な木製でベッドの台枠《わく》は鉄製でしたが、寝室はアメリカのホテルなら欠かせない便利なものに欠けていました。タオルも石鹸《せっけん》もシーツも毛布もなく、頼まなければ飲み水も置いてありません。頼んだとしても、煮沸もしていないし、多くの場合濾過《ろか》もしてないので、飲めば赤痢《せきり》になる危険を覚悟しなければなりません。二バレル分は優に入る鋳鉄製《ちゅうてつせい》のボイラーを熱するために二時間前に頼まなければ、熱い風呂に入ることもできません。

以下に紹介するのは、ランバス監督が亡くなる直前に書いた三つの記事のうちの一つである。これらの記事は彼が公開目的で書いた最後のもので、そのために特別の重要性を持っている。

一九二一年七月三十一日、日曜日の午前八時、ギリシア正教会のよく通る低い鐘の音を聞いてると、しばし遥かなアメリカに戻ったような感覚を覚えた。礼拝は二時間かかり、想像力と信仰心に訴える力をもっているが、思想を刺激し行動を起こさせる力には欠ける。教会に行く人も、教会から帰ってくる人も、そう多いとは思えなかった。日曜日の残りの時間は休日として過ごす。かなりの数の地元の人たちが広場に来ていて、女性は派手な色の衣服を着て世間話をしていた。男性は煙草をすったり、馬の取引をしたり、産物を交換したり、政治情勢について議論をたたかわせたりしていた。

私たちは日曜学校の時間に間に合うように、市役所からそう遠くないところに賃借りしたチャペルに行った。昼は暖かく部屋は小さかったので、庭の木陰に二百八十五人ほどの生徒が集まっていた。この学校には朝鮮人の男の子と女の子が多数おり、大きな子も小さな子もみな健康で利口そうで、前途有望に思われた。校長のイ・ホ・チューンは明らかに聖書の教育を十分に受けていて、その日の主題は「安息日の主イエス」であった。彼は、イエスの弟子たちが麦の穂を食べるために手で採んだことが、麦を臼で挽く労働のように思われるからと言ってファリサイ派の学者たちに反対されたという話をした。ダビデと供えのパンの場合にも触れ、それは命を救うためであるから必要なことであり、ダビデの行為は正当だったと説明した。中国の諺も引き合いに出した。それから、ユダヤの法律では溺れている人を助けようとしなかった人が殺人罪に問われるのに、人々が餓えに苦しんでいるときですら安息日に麦の穂を摘むことは罪とされているのは矛盾しているという話が続いた。最後に、イエスは神としてお生まれになったが常に祈られたのであり、私たちも祈ることが必要であるという言葉でしめくくられた。聖書の話をしたときの彼の威厳と明瞭さと力は、アメリカ本国の多くの日曜学校でも十分に評価されることだろう。

十一時の礼拝は、大きな中庭の隅の木陰で守られた。ベンチが人でいっぱいだったので、たくさんの帽子を木の枝に架けて、ロシア人の男の子たちが庭の外の木に登って高い垣根越しにのぞいているのは面白い光景だった。ロシア人の少女は、好奇心を満たしながら身体の安定を保つために、垣根の上の有刺鉄線につかまっていた。その子の背後では、大きなあご髭《ひげ》をはやしたロシア人が垣根の隙間に顔を押し当て、驚いて戸惑った様子でじっと見ている姿がちらっと見えた。シベリアでは通常見られない光景だったのだ。多数の朝鮮人の婦人たちが会衆の中に混じっていたが、彼女らはみなこぎれいな服装をし、真っ白な布を真っ黒な髪の毛のまわりに結びつけていた。ヨーロッパ風の服装をしている人も何人かいたが、年配の婦人たちは朝鮮式のスタイルにこだわっているようだった。若い女性達はきれいに髪をとかし、白のサックドレスを着てスカートを穿《は》き、ストッキングにレザーの靴を履いていた。礼拝では素晴らしい秩序が保たれ、信者はほとんどみな集会場に入るとき、暫く頭を垂れて祈りを捧げる習慣が守られていた。

メソヂストの礼拝なので、献金は説教の前に集められた。集まった献金には、コペック銀貨で五ルーブルと四十五コペック、および十枚のドル銀貨が含まれていたが、これは後年のためにも記録するに値する。何年か前に中年の朝鮮人のクリスチャンの婦人が、アムール川に流れ込む地点からそう遠くないウスリー川流域に平壌《ピョンヤン》から家族とともに移住したことがあった。真面目なクリスチャンだったので、彼女はキリストに対する自分の信仰について、また救い主が自分に対して何をして下さったかについて、話をするようになった。彼女よりも若い女性が、信じて完全に改宗した。四年ほど前のことである。福音はこの若き改宗者に多くの安らぎと力を与えたので、いつか出席すべき教会が見つかったときのために、僅かの稼ぎの中から十分の一を献金として貯えるようにしていた。これが四年続き、ニコルスクから十里ほどのところにある村に別の婦人とともに引っ越したので、彼女は貯えておいた十ドル全額を丁寧に包み、チャン・チャイ・ドゥック牧師の手に渡した。彼女が捧げたものについて会衆に語りながら、牧師は顔を輝かせ、銀貨を高く差し上げて見せ、これは自分にできることをなしたクリスチャン婦人の克己心を表わすものだと言い、主が彼女にして下さったことに対する感謝の捧げ物のことは、海を越えたかなたのキリスト教国でも知られるようになるだろうとつけ加えた。

　この日のあとになって、ニコルスク教会の牧師は協議の結果、この献金を聖餐式用セットの購入に用いることになり、このセットは教会でこの婦人の信仰と愛の記念品になるであろう、と皆に知らせた。

　筆者はすぐれた通訳であるJ・S・リャン兄弟の助けを借りながら、「アブラハムの召命」（ヘブライ人への手紙第十一章八節および十節）に基づいて説教をした。「アブラハムは、自分が財産として受け継ぐことになる土地に出て行くように召し出されると、信仰によってこれに服従し、行く先も知らずに出発したのです。……彼は神が設計者であり建設者である堅固な土台を持つ都を待望していたからです」。アブラハムの神はこの朝鮮の人たちにも、信仰者の父に特有の服従、信仰、犠牲の精神を同じくもつように求めておられるのではないか。なかなか理解しがたい神意ではあるが、主は確かにこの朝鮮の人たちを、彼らの生れ故郷から遠く離れたこの北方の地で、福音を広めるために大いに用いようとしておられるのである。この説教のあとにW・C・クラム博士による奨励が続き、真理を適切に伝えた。

三時半、私たちは再び木の下で会合をもった。私たちが来るにあたって私たちのためにどのような準備がなされたかは申しそびれていたが、常緑樹の枝と花の大きなアーチが万国旗で飾られ、大きな庭の建物の側に立てられていた。これは訪れる兄弟たちを迎えるために、心からなる歓迎の意を伝えるものだった。アーチの一番上には、真ん中に赤い十字のついた白い旗が立てられていた。北の方モンゴリアを旅していたチャン・ツォ・リン総督のために立てられたアーチも幾つか見てきたが、どれ一つとして美しさ、趣味の良さ、意味の深さにおいて、これに匹敵するものはなかった。一方はおざなりであったが、他方は心のこもったものだったのである。

これらの手紙を書いた人は遊山《ゆさん》旅行の好きな人ではなかったということを思い起こしていただきたい。そんなこととは全く縁遠い人だったのである。彼はいつも死の危険を伴う病に苦しめられながら、敢えて危険をおかしていた。人は近代における伝道の祖ザビエル(2)のことを思い起こすであろう。彼は十六世紀にインドにおけるカトリック教会の伝道の基を据え、それから日本に入り、日本で三百年後にランバス父子が福音を説いたのと同じ地で骨を折って成功を収め、それから自分の命数が尽きようとしていたときに中国に入ろうと試み、その辺境で死んだのである。このロヨラ(3)の不屈の弟子については、そのすぐれた精神は尽きることがなく、時には生の喜びに溢れてとび跳ねたり走ったり笑ったりしながら、少年のような陽気な心で仕事にいそしんだと言われている。これらの手紙全てに、微笑の淡い光を見ることができる。

「運も悪く、仕事も平凡」

と言われるような人生の平凡な事がらが、人間に関することなら何一つ無関心ではいられない人の手で輝き、高貴なものとされるのである。

この旅行中の彼の言葉として、次のような引用がされている。

これが私にとって、東洋で最後の旅になるという実感をもっています。次の総会では、妻といっしょにいることができるよう、もっと負担の軽い仕事が与えられるようにお願いするつもりです。しかし私はこれまで、日本とアフリカでの宣教活動の初期にも立ち会ってきました。そして今回、シベリアと満州でこの仕事の基礎を据えることができるなら、私は自分の仕事に満足できると思うのです。医師からは、手術を受けて二か月は入院しなければならないと言われ、ここに来ることにも反対されていたのです。ですが私はこの伝道を始めることを優先したい。それが私の希望なのです。

彼は自分が疲れた足で、十字架の御旗を運んで行く最後の開拓地を踏んでいるという予感をもっていたのだろうか。彼は不平一つ言わず、痛みと不快感に耐えていたウラジオストックにあるロシアのホテルの一つを指し示したことがある。

今回の仕事全体の中で手つかずのまま、あるいは半分やり残したままのものは何一つない。新しい伝道は開始された。それは、この近代の使徒が道を開く特権をもつ最後の伝道となるものだった。それについて彼は、「たった一年という期間の割りに、これまでに始めた中でも一番元気にあふれたものだ」と言っている。彼の満足感は、どんなに強調してもしすぎることはないであろう。疲れも中断も知らなかった四十四年間にわたる奉仕の最終章であった。伝道者団の会議が終わったとき、長いつき合いの中で初めて彼は、疲れと苦痛を感じていることを告白する手紙を私にくれた。その中で、「私が仕事の手を緩めなければならなくなったのは、四十四年間でこれが初めてです」と言っている。彼は日本、朝鮮、キューバ、およびアフリカで、直接的間接的に伝道を始めるきっかけとなってきたが、さらに合衆国内でテキサスや太平洋岸のメキシコ人をリストに加え、今またシベリアを加えることになる――「組成中のキリスト教国」である。シベリア伝道は最終的には、その広大な地域で四人種を牧することになろう。すでに中国伝道協議会が、彼らが「三つの東方の教区」と呼ぶ満州に入っている。南メソヂスト監督教会の日本伝道団は、満州に大勢いて大きな影響力をもつ日本人にも、同様の伝道を始めることを検討している。私たちは朝鮮人とロシア人の中で、すでに立派な仕事を始めている。こうしたことをすべて考慮すると、ランバス監督が「この世代に与えられた宣教の最大の機会」と呼んだのも、少しも驚くには当たらない。

監督がこのような大きな問題に没頭していたあまり、性格を試す個人的でごく平凡な牧師の務めをなおざりにしていたなどと考えてはならない。主ご自身が「わたしの兄弟であるこの最も小さい者の一人にしたのは、わたしにしてくれたことなのである[4]」と言われたとき、主は最終的なテストのことを予期しておられるのである。その上このテストは、ほとんど忘れられるぐらい自然発生的で自発的な行為に基づいて行なわれる。監督が人に秀でていたのは、このように注目されることも予告されることもない愛の行為においてだったのである。

一九二二年に私は中国のフーチュー［浙江《チョーチャン》省、現在は呉興《ウーシン》］で、ランバス監督が改宗させた最後の人物である青年を紹介された。この若い中国人をうまく信仰に導いた次第は、次のとおりである。ランバス監督の旅行中、たまたまこの青年が同じ船に乗り合わせた。監督は青年に目をつけて会話を交わすうちに興味を起こさせ、彼の信用をかち得ると例の古い古い話［聖書の話］を語った。自分の意志でキリストを受け入れるように説得し、それが成功して青年はそのすすめに応じ、フーチューに戻ると彼は教会と結ばれた。この出来事は監督の目立たないながらユニークで立派な生涯の一つの面をよく示している。ある民族を愛するが個々の人に対しては無関心であったり、人類を愛するが民族には無関心であったりする人もいると言われる。ランバス監督は人を愛し、人類を愛した。彼にとっては衆多《しゅうた》の中に人が埋没してしまうことも、集団の中で個人が見失われることもなかった。彼にとっては、この宇宙の中で最も重要で、最も根源的で、最高の価値をもつものは、一人一人の人間であった。「高い地位などはギニー貨の刻印のようなもの」だった。身分の高低など、彼にとっては同じことだったのである。監督が西部のある家で朝食の席につき、家庭礼拝を始めようとしていたとき、黒人の料理人が入ってきた。監督は立ち上がり、「まだ会っていなかったが、この人も家族の一員なのだ」と言って歩み寄り、彼女の手を握った。この身分の低い召し使いの魂にとって、その日の祈りが意味深いものになったことは容易に想像できよう。彼はバスに乗るとき、運転手に霊的な話をする機会がもてるように、一般の客席と離れた外側の席によく坐っていたという。列車の寝台車ではポーターを捜して個人の宗教観について真面目な会話に誘い込むのが常であった。このようなことが、陰鬱《いんうつ》であったり、もったいぶった雰囲気で行われたりすることは決してなかった。とても素朴で、そつのない話し方だったので、相手は不思議に暖かい気持ちになってきて、そのときになって初めて、自分は宗教的な「扱いを受けて」いたと感じるのだった。

人の子について、「徴税人や罪人が皆、話を聞こうとしてイエスに近寄ってきた(5)」と言われている。人がイエスのようになるのに正比例して、その人は他の人々をひきつけるようになる。私が今伝記を書いているこの人も、人々をひきつける魅力を備えていた。彼を親しく知っていた人が彼について、「この人は私が知る人の中で一番キリストに似た人だった」と書いている。また別の人は、「ランバス監督は私が知る人の中で、一番純真で偉大だった。どんなに身分の卑《いや》しい人でも、彼の傍にいってその友好的な態度に包まれて寛《くつろ》ぎを感じることができた。列車や船では、それが小さな子供であったり、連れのない老婦人であったり、人をひきつける魅力はないが彼の心をひきつけた孤独なよそ者だったりした」と書いている。

ランバス監督と交わりをもった人で、忘れられてしまった人はいない。耳の聞こえない老婦人、おずおずした子供、施設に入っている体力の弱った病身の人などがやってきて、彼の親切に特別に与《あず》かり、喜びと共に彼のことを記憶に留めることになるのだった。あのように絶えず忙しかった一生の中で、このような人々と接触する時間をどうやって見出すことができたのか、またそれ以上に、彼の心が数《あま》多《た》の大きな心配事で押しつぶされそうになっているときに、それほど多くの小さな個人に対する興味をもつ余地を、どうやって見出だすことができたのか、いつも不思議だった。その秘密は、人間に関することなら彼にとって何一つとして小さなことなどなかったという事実の中にある。彼は生涯の終わりに近づき、体力が衰えて苦痛を感じ、しかも親切と愛情ゆえの用向きと活動に忙しかったとき、一人の連れに言った。「人間のためにどれほど多くのことをしても、し過ぎることはない。大切なのは個々の人物なのだから」。

J・C・C・ニュートンの賛辞

J・C・C・ニュートン博士[6]は次のような言葉で、意味深い賛辞をしめくくった。

監督の指導者としての性格と、この地上における素晴らしい働きの秘密は、人間に対する燃えるような愛でした。人種、国籍、宗教の区別なく、彼はすべての人を愛しました。彼は世界全体の市民でした。キリストの心をもつが故に、世界の心をもっていました。彼は東洋をよく知り、東洋人の心をよく理解しました。この人たちを自分の同胞として愛し、共感をもっていたからです。こうした教訓は、今日どれほど必要とされていることでしょう。一つの国民を愛するまでは、その国民を本当に知ることはできないのです。日本人、朝鮮人、中国人は彼にとって兄弟であり、姉妹でした。だからこそ彼らに影響を与え、指導する力をもつことができたのです。よく聞いて下さい。彼はこの東洋の世界に多く見られる恐るべき悪や罪に、決して目を覆ってはいませんでした。彼の愛はやさしくて感傷的な言葉ではなく、言葉のみならず行為で愛したのです。彼は愛ゆえに、リビングストンもアフリカのために、苦難を喜んで受けようという気持ちを持てたのです。

このようにして彼の生涯は、教会、地理上、人種、社会、あるいは行政上の接合点を越えて溢れ出し、手の届く限り、うなだれ渇望しているすべての人を元気づける方法を捜し求め、あらゆる可能な道に押し進んで行ったのである。

訳者注

（1）Rose Terry Cooke (1827-92)　アメリカの作家で、ニュー・イングランドの人々の生活についての詩や小説を書いた。

（2）Francisco de Xavier (1506-52)　スペインのパンプロナの近くで生まれたバスク人で、日本にキリスト教を伝えたイエズス会修道士。

（3）Ignatius of Loyola (1491-556)　スペインに生まれ、最初は兵士になったが、後に修道士となり、教皇パウロ三世の承認を得てカトリックの修道会を設立し、Jesuit（イエズス会）と名づけた。ザビエルもその同志の一人。

（4）新約　マタイによる福音書　二十五章四十節

（5）新約　ルカによる福音書　十五章一節

（6）第六章の注（5）参照。

第十六章　語られざるメッセージ

息あるすべてのものと心を触れさせて下さい、
またわが心を語る力を与えて下さい。
もしそれが叶わずとも、
聞く者がなくても生きる力を与えて下さい。
エドウィン・マーカム（1）

ランバスの著述活動

この物語の主人公には本を著している時間はなかった。その一生は管理上の雑務で満たされ、膨大な量の旅行を求められる活動的なものだった。そのような生活が文学作品を書くのに適していないことは容易に分かる。この点では彼も過去を悔やみ、将来の意図を表明したことが何度かあった。自分の父と母の生涯について伝記を書きたいというのが長年あたためていた希望だった。私は、彼がそのための時間がないと嘆き、生涯を終える前に何とかその時間を見出したいと切に願っていたことを憶えている。彼は素材を集めにかかり、天に召される前に仕事はかなり進捗していた。この点では日本の京都に在住し、生涯の友人であったW・E・タウソン牧師（2）が大いに力となっていた。これらの素材は本書の初めの章で参照させていただいたが、その世代で最も献身的で功績の大きかった二人にふさわしい賞賛の言葉となるだけでなく、私たちの宣教の歴史にとって価値ある立派な貢献となるように、誰か有能な人の手で整理されるべきものである。しかし誰がしても、ランバス監督自身の手による場合のようにはすぐれたものにはならなかっただろう。

他の様々な職務に絶えず忙殺されていたにもかかわらず、彼の文筆の仕事も注目に値するものであった。新約聖書を中国語の上海方言に訳すのを手伝い、一時期は中国語の新聞の編集にもたずさわったり、一八九二年と一九〇二年には全キリスト教統一協議会に論文を寄せ、一九〇〇年ニューヨークで開かれた全キリスト教宣教師協議会のために自立に関する論文を書き、日本メソヂスト教会での教会規則の編纂を手伝い、その英語版を編集し、子供のための紀行文である『東洋を照らす光』を書き、何年かにわたって宣教評論誌を編集し、時には主事会議に論文を寄せ、医学雑誌にも何度か寄稿し、教会の新聞にも多くの投稿をし、学生ボランティア協会のための学習書として一九二〇年に『医療伝道』を著わした。『キリストに従う道』はヴァンダビルト大学の学生と教職員のために行なったコール・レクチャーの主題であった。最後にあげた書物には宣教の目的に関する著者の考えの精髄が含まれている。このレクチャーの前置きで彼は言っている。

『東洋を照らす光』

『医療伝道』

『キリストに従う道』

コール・レクチャー

この講義は、これまでにどのような進展があったか、どのような地域が未開拓であるか、目下緊急に必要なことは何か、といったことを明らかにする意図で、国の内外を問わず、世界の宣教地域を概観しようと意図したものではない。原則と手段の観点から伝道を論じようとするものでもない。むしろ、霊感と力の源を研究することによって、伝道の原動力となるものにいささかでも貢献しようとするものである。

これまで宣教師の指導者たちが、まだ福音が伝えられていない何百万の人々に福音を述べ伝えることの必要性、仕事の緊急性、現在はかつてないよい機会であること、教会の任務、前進命令などを大いに強調してきたことは正しく、これは神の命じ給うところである。

海外で努力すべき地域を拡大しようという要求が大きくなればなるほど、現時点で国内での確信をより深めることが必要になってくる。私たちは神を意識し直し、神の国の宇宙内在、取りなしの祈りの場所と重要性、聖霊の人格性と力、英雄的な奉仕と犠牲の必要、教会の使命、キリストの卓越性などを理解しなければならない。私たちがこうしたことを本当に明確に理解することができ、教会が神より与えられた使命の意義に正しく目覚めることができるならば、「御国《みくに》が来ますように」というイエス・キリストの祈りの中で私たちに提示された目標に向かって、大きく一歩が踏み出されることになるであろう。

この書物を構成する六つの講義の論題は、「神の国」、「聖霊――人間を探ね求める神」、「祈りの精神――人間の神探究」、「ミッションとその担い手」、「伝道する教会」、「キリストの主権」である。これらは基本的なことをあくまで守ろうとする彼の努力の真剣さを示すもので、その扱い方も同じ高さに達している。この書物には読む人を刺激して、引用したいという気を起こさせずにおかない宝石のような思想が満ちている。

神の国は、それを築こうとする私たちの努力よりも、むしろその材料として私たちが自らを捧げることによって建設が進む。

私たちは自分たちの小さな計画の中に神を同化するのではなく、神の大きな目的の中に自らを同化することこそ望ましいのである。アブラハム・リンカーンについては、彼にとって気が気でなかった南北戦争の期間中、シカゴの牧師のグループが彼の身辺に仕え、全能者が彼の側についてい給うという確信を彼に与えたと言われている。この偉大な大統領は、「皆さん、私は神が私の側にい給うかどうかではなくて、私が確かに全能の神の側にいるかどうかが心配なのです」と言ったという。

キリストに従うためには、私たちは先ずキリストを世界に伝えなければならない。

理想なしにすぐれた人生が送られたことはこれまでなかったし、理想の存在しないところに世界的規模をもった事業が始められたこともないのである。

ここにあげたのは講義の一つから取り出した想像力に富んだ文の見本で、純金の塊のように、六つの章のすべてのパラグラフを満たしている。

著者を親しく知っていた人にとっては、この本を読むのは彼の霊的自伝を読むようなものである。彼は自分では気づかないままに、他人の理論や推論、あるいは自分自身の思索ですらなく、自分の心と生活から出た事柄を描いて見せてくれたのである。

前章で彼の人生から溢れ出るような特質に言及して以降、『キリストに従う道』の中で、彼の一生の特徴として際立ってよく説明している一節に行き当たった。命の川とその活性化に解説を加えて、彼は次のように言っている。

天から流れ来る命の川は、足首、膝《ひざ》、腰を次々とひたし、水量を増して泳げるようになり、渡ることのできない川となり、偉大な力を湛《たた》え、威厳をもって堂々と流れ進む。至る所の岸を越え、人工水路の水門や広い水路を通り、陸地を、また期待して待つ野原を水で被い、やがて川の全域のそばで蒔かれた種が豊かな収穫をもたらす。私たちは聖霊降臨の水が溢れる岸にいる。潮は満ちつつあり収穫は近い。信仰の勝利は再び与えられる。霊が満ち溢れるが故に、新しい命の鼓動は始まっているのである。

これは単にエゼキエル〔3〕やヨハネ〔4〕を想い起こして生まれた強烈な心象の解釈などではなく、四十年間宣教師として開拓の仕事に従事しながら、経験し観察したことの結果生まれたものなのである。それは大分《おおいた》での決して忘れることのできないかの時〔5〕へと、読む人を連れ戻してくれる。そのとき洪水の波は乾ききった地面を洗い、白く埃《ほこり》が積もり、周辺は花も咲かない荒れ地に囲まれ、わびしく広がっていた土地を潤《うるお》し、ついには砂漠を薔薇《ばら》のように花咲かせたのである。鈍くて頑固な各世代が、その愚かな失敗と損失と敗北から何を学び直さなければならないか、すなわちすべてを生き返らせ新たにしてくれる洪水が上から来るであろうし、また来なければならないということを彼は知っていたのである。それは画一な水平面から流れ出すのでもなければ、慎重に指示された水路を通ってゆるゆると進むのでもない。私たちはこの力の潮を、私たちの技術、抜け目のない工夫、もったいぶった政治手腕などで抑制したり統御したりすることはできない。それができるのはただ謙虚さ、服従、純粋さ、そして祈りによってのみである。

次に紹介するのは、この講義録を受け取ったことに対する感謝の手紙のうちの幾つかである。

ランバスへの感謝の手紙

南メソヂスト監督教会先任監督　E・R・ヘンドリックス

私はランバス監督の『キリストに従う道』をはなはだ興味深く読ませていただきました。これはこの高潔な著者と四十年間その心を離れなかった偉大なテーマにとって、ふさわしいものです。分析は明瞭、論述は人を納得させるもので訴える力は強く、私たちの世紀における実りが多い宣教文学の中でも、最も優れた書物の一つです。これは最も思慮に富んだ人たちの間に大いに普及する価値のあるものであり、また実際にそうなることと思います。

ジョン・R・モット博士（6）

このような生命力溢れるメッセージを学生諸君に与えられたことに対し、またその刺激的な影響力を多くの読者にも分ち与えることを可能にされたご配慮に対し、ヴァンダビルト大学宗教学部にお祝い申し上げます。ランバス監督はキリストの御働きについてのみならず、キリストについての知識に関しても、豊かな経験から著述し語っておられますので、監督がこの講義で申されていることは、伝道事業の精神的意味と可能性について、もっと知りたいと願うすべての人にとって測り知れないほど役に立つものと思われます。

ヴァンダビルト大学学部長　W・F・ティレット

ビジョンと強い精神力、包容力のある共感の持ち主として、アメリカのメソヂストの中にはランバス監督に匹敵する人は見当たらず、これらの特質はこの著者の特色であると同時にこの書物の特色でもあります。東洋での伝道活動において、また本国における宣教師会主事として長年積まれた経験は、世界的な活動分野、その性質、必要性、可能性といったことへの同氏の理解を深め、そのことが本書での力強く適切な表現を可能にしたのであります。

『私たちはいかにしてウェンボ・ニアマを見出したか』

手元にはさらに、『私たちはいかにしてウェンボ・ニアマを見出したか』と題される予定だった書物の草案と、完全な形で残された概要がある。三十一章からなるこの書物は、七百五十マイルの徒歩旅行を含む中央アフリカへの驚異に満ちた旅について、完全な説明をしてくれるはずだった。民間伝承、子供の生活、村の生活、昆虫、動物、植物、原地の住民の産業、宗教的信念などを扱っており、何を選ぶか、また興味深く記述するにはどうしたらよいか、彼がよく知る方法で、旅の出来事を挿入して話を面白くするはずだった。この書物の大部分はすでに原稿が書かれていて、誰か有能な人の手で完成されるべきであるが、必ずやそうなることであろう。それが出版されれば、暗黒大陸、特にコンゴ川上流域のあまり知られていない地域に関する文献に、きわめて興味深い貢献をするであろう。この未完成の原稿からどうしてもそっくり引用したくなるような幾つかのページがある。ここでは「ルエボでの掛け合い」についての面白い記事を紹介するに留めておこう。

第一の事例。一人の現地人説教師が三羽の鶏をもってやってきて、塩と聖書が欲しいと言う。彼は何日も、あるいは何週間も待たねばならないということを知って失望する。聖書は非常に需要が多く、今私が坐っているところから見える印刷工たちの仕事は、はるかに追いつかないでいる。この現地人説教師は正直そうな顔をしており、青いシャツと、着古して妻に何ヵ所か継ぎあててもらった褐色の上着を着ているが、妻もまたクリスチャンである。彼は一冊の聖書を手に入れて報告書を書くために、六日間歩いて来たのである。

第二の事例。カランバの息子。カランバは老部族長で、国のやり方に不満を持っていたので、ある暗い晩、部族全員で「天幕をたたみ」、ルルアバーグからひそかに逃げ出し、ポルトガル領との国境を南西方面に八日間の旅をしたことがあった。そこで数日間、密林の奥まった隠れ場に身をひそめながら、国軍兵士を窮地に追いつめたのだった。彼らは福音を求め、彼らの中には説教師である教師も一人いる。部族長の息子は善意の印として、四羽の鶏と一匹の羊を連れてくる。モリソン博士はお返しとして袋半分の塩と三枚の布を与える。その羊はラプスリー号で食用に供するために、スコット船長に引き渡される。

「おしゃぶり」を求めて八日間の旅。カランバの村の教師は、妻に赤ん坊が生まれたという内容の短い手紙をもたせて使いを出す。妻には子供を満足させられるだけの十分な母乳が出ないので、おしゃぶりをつくるために砂糖が少し必要なのである。原地の住民は子供を非常に可愛がり、男の子も女の子もほとんど差別しない。多少とも違いがあるとすれば、結婚するとき、女の場合の方が持参金として、男の場合よりも多くの羊、山羊、布地などを持ってくるので、女の子の方が好まれるということぐらいである。

第三の事例。ここから四日ほどのところにあるルルアバーグの部族長ムビアイが山羊を送り届けてくる。彼は国によってそこに定住させられた老兵士で、よそに移りたいと願ったが、ベルギーの役人はそこに留まるように主張した。長はローマ・カトリック教とその慣行に反対だった。ベルギー人は一人の司祭を送りこみ、司祭は部族長を脅《おど》して威圧しようとした。長は結局、カトリックが聖物を納める廟《びょう》を建てることに同意させられた。長老派の最もすぐれた説教師の何人かは、この村の出身である。長はこの村でのプロテスタントの活動に失望して、村人の半分をルルア川を越えて移動させ、説教師か教師をよこしてほしいと言ってきた。彼は便箋と一壷《つぼ》のインキと鍬を求めている。山羊はラプスリー号の次の川下りで食用とするために、スコット船長に引き渡される。

第四の事例。十八才の少年が、自分はさらわれて、ポルトガル人に引き渡されるために何日も旅をして、南西部まで連れてこられたと言っている。行き先は恐らくサン・トメ島で、そこの砂糖黍農場で働かされることになっていたのであろう。彼の主人は娶《めと》りたかったので、ルルア川対岸の村で彼と女を交換した。彼は主人の所から逃げ出し、ルエボの近くの村に二か月かくまわれていた。少年は彼を買って跡を追っている者たちから保護してほしいと求めている。決定――彼は国の役所に訴え出なければならない。

第五の事例。一人の男が、女とその友人たちに連れられてきて、もともと彼女の所有で二度目の結婚に際して彼に世話をまかせていた女奴隷を、彼が勝手に処分してしまったと訴えられている。その女は夫とは二年間いっしょに暮らしているが、女奴隷を返してもらいに戻ってみると、いなくなっていたという。男はそんなに長い時間が過ぎたのだから、もう女奴隷のことには責任はないと強弁し、今はどこにいるか知らないと言い張った。これに対して、モリソン博士の助言者であった三人の原地の住民助手が下した決定は、奴隷を預けられた男は信任に背くという罪を犯したのだから、女に布地九枚を支払えというものであった。これは彼が奴隷を売って実際に受け取った布地七枚と、一人の奴隷をあがなう値段である十六枚との差である。彼はこれを拒否し、国の判決を求めることを選んだ。役所の判決は、奴隷を見つけて女に返還すべし、というものであった。彼は翌日戻ってきて、もう一度審理をしてくれるように求めたが、モリソン博士はこれを断わり、役所の決定に従うように言った。

以上の下書きと概要を読むと、誰しも残念な思いと「何ともったいないこと」と泣き叫びたくなる思いを禁じ得ない。鋭く敏感な目と感知力をもち、何一つ見落とすことのない観察者が、事情が許せばできたはずなのに、その観察を十分に記録にとどめるだけの時間がなかったということは何と惜しいことだろうか。彼が印刷されたページの中で未来の世代へのメッセージを送るひまがなかったのは、その時の世代にあまりに多くの時間を捧げたからだということで、私たちは自らを慰めるほかない。また、彼が書き残したもの全体が、彼が良い種を蒔いた肥沃な土壌でやがて開花することを確信することでも埋め合わせられるのではないだろうか。アフリカでは一つの言語で文字を書けるようにし、未開の黒人たちに文字という白人の魔術を教えたのだった。このようにして、かつて宣教師たちがこの人たちを発見し、彼らの人生に光を当てたとき、私たちの先祖もそうであったように、彼は一民族の心に歌を与え、文学を作り出すもととなっている思想に打ち震えさせていたのである。

彼は人生の最後の一年間に、多くのものを書いた。多くの記事が次々と、彼の筆から流れるように生まれた。その大部分は宣教に関する論説で、色々な出来事や諸国民、運動についての鋭い観察を記録したもので、その精神の活動がほとんど規定外といってよいものであったことを示している。速記者を忙しく働かせ、時には夜遅くまで及ぶこともあった。最後の休息のためにペンを置いた後も、かなり多くの記事が彼の頭に浮かんでいた。このことは彼がもはやペンを手に取ることができなくなるまで止むことはなく、それから後は病床で記事を一ページずつ、一文字ずつ口述した。それはあたかも、日の終わる前にメッセージを言い残しておきたいと急いでいるかのようだった。彼は言い終えたのだろうか。そもそもメッセージを残したいと思う者は誰であれ、どの時点で最後の一言を言い終えたと言えるのだろうか。歌手の歌は大きな沈黙に包まれてとぎれ、預言者は唇にメッセージを半分言い残したまま口をつぐむ。フィレンツェのアカデミア美術館(7)では、老彫刻家が何とか解き放ちたいと模索《もさく》した大理石に閉じ込められたミケランジェロの夢を見ることができる。時が美の理想像を消すことはなく、天才の情炎を弱めることもない。仕事をやめるのは、神ご自身が働き人を取り去られるときなのだ。

ヴィクトル・ユーゴーの不滅についての次の雄弁な論証は、色あせることのない魂の若さに根拠を置くものであった。「冬の霜が私の眉を凍らせても、私の魂には永遠の夏がある。私は二十歳の時のように薔薇の芳香を感じ、青春の夢は今も私の脳内に群がり集まる。私は小説、詩、劇、歴史などを五十年間書いてきたが、それでもまだ私の中にあるものの十分の一も書き尽くしてはいない。私の全盛期はやがて終わるが、私の仕事は終わることがない。人生は袋小路《ふくろこうじ》ではなく、どこまでも通じている街道なのである」。

ロバート・ブラウニングも言っている。

心にとめよ、宵闇迫《よいやみせま》れば
一瞬の時、人の業《わざ》を打ち切り、
薄明《はくめい》より光輪《こうりん》を呼ぶ。
西風の囁《ささや》きざわめきたち、
この日を過去に加え、その価値を測《はか》り、
かくてまた一日は終わる。
今魂は活気づくとも、
今日学びしことを明日行なうために
より多くの時は得られず。
今こそ努めよ、よき技《わざ》を見守り、
工具の動きの巧《たく》みな技たる
正しい技巧のこつを得るため。

訳者注

（1）Charles Edwin Markham (1852-1940)　アメリカの詩人で、『鍬をもった男』などの作品で知られる。

（2）Willard Elmore Towson (1858-1946)　初め南カリフォルニア年会の牧師をしていたが、来日して神戸や松山で宣教に従事するとともに、関西学院やパルモア学院で教鞭をとった。
（3）旧約の大預言者の一人。バビロン捕囚時代に捕囚民の中にあって預言をし、初めは悔い改めと審判を説き、バビロニアによるエルサレム陥落を預言するが後には救済の預言者となる。旧約聖書のエゼキエル書参照。
（4）新約にはヨハネという名の人物が何人か出てくるが、ここで言及されているのは『ヨハネの黙示録』の著者であろう。前記エゼキエルも三十七章の枯れた骨の復活の幻のように、きわめて具体的な描写の強烈さで目立っているが、『黙示録』でも情景の描写はきわめて具体的であって、ここでこの二人が引き合いに出されているのは、ランバス監督の具体的な言葉遣いがそれを思わせるからであろう。
（5）大分リバイバルのこと。第六章参照。
（6）John Raleigh Mott (1865-1955)　アメリカのＹＭＣＡのリーダーとして最も重要な人の一人で、世界ＹＭＣＡ委員会の議長、世界学生キリスト者同盟の総主事、国際宣教師協議会の議長などを勤めた。
（7）この美術館には、ミケランジェロの有名な彫刻「ダビデ像」がある。

なおこの章には中央アフリカへの旅について三十一章からなる書物の草案が残されていると記されているが、一九九〇年に関西学院大学キリスト教主義教育研究室から『アフリカ伝道への祈りと足跡』というランバス監督の文集が発行されており、これは社会学部の故中西良夫教授の訳によるものである。これが上記の草案の一部ではないかと思われる。

第十七章　日出ずる国での日没

わが半日の仕事は終わり、
これぞなすべき業のすべて。
忍耐もて働き給う神に、
わが勤勉なる心を捧げん。
たとえ青き色は弱まり、
縞《しま》も星も色あせるとも
なおも御旗を握りしめ
みあとに従い先立ち進む。

M・W・ハウランド(1)

この伝記も結末に近づきつつある。私たちが思う以上に終わりに近づいている。すでに陽射《ひざ》しは影を長く落としている。これまで度々行なわれてきた旅も、静かな海での大いなる船出を最後に、全てを終えようとしている。彼はきわめて苦しい状況のもと、極東に向かって故国を旅立った。絶望的な病におかされている妻をあとに残していた。四十四年間の結婚生活の多くの時を、彼は妻と離れ離れに過ごした。夫婦の結婚生活は、愛情に満ちた美しいロマンスであった。それでもこのロマンスは、人類への献身的な奉仕とたゆまぬ相互の自制の精神によって神に捧げられてきたのである。妻の生き方も、夫に劣らず壮烈であった。彼が自分の命を捧げるなら、彼女は夫を捧げたのである。彼がひるむことなく戦いに出て行けば、彼女は不平も言わずに黙って待ち、それで賞賛されることも求めず、犠牲を認められることも願わなかった。彼女のことを私がこれから少し書こうとしていることさえ、すでに亡き人の信頼を裏切ることになるのではないかと後ろめたい思いがするぐらいである。この伝記に関して彼女が私に与えてくれた忠告の一つは、夫のことをあるがままに書いて、自分のことについては一切何も書かないようにということだったのである。

二人とも控え目な人であった。二人の家庭生活は素朴でごくごく普通で、何かを誇示したりせず、夫婦いずれの親しい友人も、二人が人生で最も貴重な宝を奉仕という祭壇に捧げていたことにはほとんど気づいていなかったであろう。二人ともその生涯で最も美しいことについては口をつぐんでいた。その寡黙《かもく》さがなければそれほど美しくはなかったかもしれない。しかし沈黙の扉も、時には開かれて最も勇気ある心を見せてくれることもある。一八九九年八月三日付け、I・G・ジョン夫人宛ての手紙の次の一節は、彼の心の一端を垣間見させてくれる。

昨日は二十二回目の結婚記念日で、妻のデイジーのことについて貴女とゆっくりお話しできたら楽しかったことと思います。二十年以上も苦労し、危険に身を曝《さら》し、重荷を負う生活をともにしてきた中で、私にとっては妻がすべてでありました。この間ずっと、彼女の精神はやさしさと忍耐、勇気に溢れていました。彼女がたじろいだり、困難や犠牲について不平を言ったりしたことはなく、ただの一度も義務を妨げたりしませんでした。私は妻に花を贈りました。花はただ長く新鮮であってくれたらと願うことしかできませんが、愛は決して死なないことを彼女は知っています。こんなことは他人には馬鹿げたことに思えるでしょうが、貴女にはお分かりいただけることと存じます。

この手紙は、長期にわたって家と愛する者たちと別れる旅に出る前夜に書かれている。彼はこの時から倍の年数を重ね、四十四回目の結婚記念日を遥か離れたシベリアで迎えたばかりだったが、涙で目を曇らせながら、これまで記念日の大部分を妻と離れて過ごしてきたことを思い起こし、今度こそ彼女の傍にいっしょにいるつもりだったと――その時はついに来ないまま終わってしまったが――懐かしげに語ったのだった。

彼女は重い病で苦しんでいるときでさえ、別れのたびに、それがあるいは最後の別れになるかもしれないと思えても、最後まで決して勇気がくじけることはなかった。一九一九年から翌年にかけて、夫が監督として初めて東洋を訪問をしていた間、彼女はその多くの時を療養所で過ごし、大きな苦痛に耐えていた。夫の不在中、娘メアリーが付き添って、やさしく介護してくれたことは幸運なことだったが、メアリーの疲れを知らぬ献身ぶりは、どれほど賞賛してもし足りない。さらにケイト・ハーラン嬢も、この苦しい日々の間、やさしく親しい友だった。それでも夫がいなくて夫人がどれほど寂しかったか、誰にも分からない。「それが義務なら、いつでも、どこへでもお出かけになって下さい」というのが、彼女が常に夫に言っていた言葉だった。夫は初めて東洋の担当に任命されたとき当然のように躊躇したが、彼女は言った。「あなたは引き受けられるでしょう。私はあの朝鮮の人たちのためにずっと祈ってきましたし、私よりも彼らの方があなたを必要としているのです」。朝鮮年会に出るために再び繰り返されたとき、二人は子供のように泣いた。しかし今度は事情が違っていた。彼は苦しい病気にかかっており、外科手術が避けられなくなっていた。長い困難な旅は無理ではないかと家族一同心配した。何人かの医師の意見を聞いたが、無理をしなければ、旅行をして手術が実際に必要になる前に戻ってこられるかもしれないということだった。彼は、もし手術が必要になったら彼自身が設立した蘇州の病院に行って、スネル医師に手術してもらうからと、いささか疑わしい慰めの言葉を愛する者たちに与えた。こうして、妻の重病と自分自身の苦しい病気をもかえりみず、新しい宣教の開拓地に向かったのだった。

上海からシベリアでの活動

一九二一年七月八日、彼は上海に到着すると、そこで二、三日を過ごし、それから飢饉の地方に向かった。そこで自身もメンバーに加わっていたアメリカの対策委員会のために調査をした後、朝鮮に行って二、三日を過ごし、それから満州に急いで、吉林、ハルビン、ウラディオストック、ニコルスク、それらの中間にある幾つかの地域を訪れた。ニコルスクでは労働者たちと協議して、伝道態勢を組織した。それが終わると朝鮮に戻り、それから日本に向かった。絶え間なく働き続けながらの四千マイル以上の陸路の旅は、健康な人にとっても重い負担だったであろうから、病気で弱り苦痛にさいなまれている彼の体にとって、負担が大き過ぎたことは少しも驚くには当たらない。

軽井沢滞在発病

軽井沢の山の保養地の冷たい気候の中で、彼の古くからの慢性疾患が激しく再発したので、医師の治療を求めなければならなかった。このとき彼から受け取った手紙は、彼の特徴をよく示しているものなので、ここに全文を引用する。

ピンソンへの手紙

敬愛するピンソン博士殿、目下の状況にあって、東洋での幾つかの伝道計画に関して、貴下に何行か手紙をしたためる必要があるように思われます。七月八日に上海に上陸し、その翌日私は蘇州に行き二日を過ごしました。それからまた上海に戻り、十四日に同地を離れて飢饉に見舞われている地方に行きましたが、その間鉄道で先を急ぎ、合衆国内の委員会にしてもらわなければならないことが組織的にはこれ以上ないことを確認して安心しました。瀋陽《シェンヤン》を経由して朝鮮のソンドに行き、クラム博士と三日間過ごしてから、クラム、テイラー、ブラナン、リャンの四人とともに北に向かって満州に

デイジー・ケリー・ランバス夫人
（Mrs. Daisy Kelley Lambuth）

行き、吉林とハルビンを訪問しました。私たちは七月三十一日にハルビンではなくニコルスクで、シベリア・満州地区伝道会の年次大会を開きます。

そこから私たちはウラジオストックで二日間過ごし、ハルビンに戻って南のソンドに向かい、八月十日に到着しました。ここではニコルスクで罹ったひどい風邪を治すために二週間近くを費やしましたが、この機会を利用してクラム博士と朝鮮およびシベリア伝道の計画と手段を検討し、マイヤーさんとはソウルの婦人のための新しい施設について、またディールやカーターとは彼らの生産の仕事について協議しました。それから元山《ウォンサン》に行って、長老司たちと一日会合し、翌日伝道団の医師たちと会いました。ソウルに戻ってハーディー博士やクラム博士と、学校の教育方針、どうすれば百周年記念事業の結果を最高に保持することができるかなどについて再吟味しました。今回の訪問中、一年前に校長職を退職させられていたスミスさんを何とか復職させるために、総督に面会しました。

以上、なすべき仕事を何一つおろそかにはしていないことを分かっていただけるよう、要点を申し述べさせていただきます。実際、朝鮮宣教師会の年次大会と年会のために可能な準備は、ほとんどすべて整っています。

月曜日の夜、私は軽井沢に着いたのですが、ここで八月三十日の木曜日に年次大会が始まることになっていました。三日間は司会をしたり、地区長たちと会ったりすることができましたが、専門医からは金曜日までには軽井沢を離れて高度の技術をもった医師の治療を受けられるよう、もっと標高の低い暖かい所に行くことが絶対必要だと勧告を受けています。

そこを去る前に、様々な役割の選任が慎重に決定されました。ニュートン博士が議長になり、F・S・パーカー博士がそこにいて助言することときわめて貴重な補佐役をつとめることになりました。その後、十八時間の旅の間と、東京で過ごした夜の苦痛は言葉では表しきれません。

長年の友人であり敬愛する兄弟、W・E・タウソンが横浜の合衆国海軍病院に連れていってくれて、そこで担当外科医であるレイモンド・スピア医師が、とりあえず苦痛を和らげてくれました。それから横浜総合病院に移送され、九日間彼の治療を受けましたが、病状の改善はほとんど見られず、明日、九月十二日月曜日の朝、手術を受けなければなりません。外科医は日本で最もすぐれた技術をもつ医師の一人と言われ、病院はあらゆる点で整然としており、私は分別のある患者として期待できるあらゆる配慮を受けています。

今回の発作《ほっさ》は明らかに航海の最後の週、神戸に着く前にエンプレス・オブ・エイシア号上でかかった病気が、さらに激しく再発したのです。ご存じのように私は緊急の場合にナンス兄弟に付き添ってもらうため、それに引き続いて暖かい空気の恩恵を受けられるよう上海に行ったのですが、その結果毒素の排泄《はいせつ》作用のおかげで骨盤の器官が楽になりました。約束を果たせなくなるといけないという思いが強かったので、無理をして朝鮮とシベリアに歩を進め、その間は特に身体的に不安を感じることもなく、およそ四千二百マイルほどの陸路の旅を続けました。朝鮮年会の年次大会は十四日の水曜日に開会しますが、聖職授任式を除いてはすべての細目に至るまで万事用意が整っています。彼らは自分たちの会長を選ぶことになりますが、宣教師会の事業に直接関係のある事柄についてはF・S・パーカー博士が私の代理をつとめることを私はすでに承認しています。

残っている唯一の公的事務は、十月十九日に蘇州で中国宣教師会の協議会を開くことだけです。担当外科医からは、三十日間も旅行することは無理だと言われています。上述の日付までに私が協議会に行けないということがはっきりしたら、二週間延期したいと思っています。もし回復が思わしくないならばハーン博士を通して長老司たちに知らせ、私が出席しなくても彼らの手で予定どおり行なってもらうことが必要になるでしょう。

ませんこのようなことを申し上げなければならないのは全く遺憾のきわみですが、他にどうしようもありません。私は今ここに妻と娘がいないことを除けば、当地に来たことを少しも後悔はしていませんが、二人がここにいて奉仕をしてくれていたらどんなによかったことでしょう。しかし妻と私は何年も前、一八七七年にここに初めて伝道の道に入ったときに自分の身を神に捧げたのです。そしてその時から今日に至るまで、私たちと私たちの利害のすべては完全に神の手に委ねられているのです。

タウソン兄弟が今朝、ペトロの第一の手紙第四章十二、十三、十九節（モファット訳）の次の言葉を読んでくれました。「愛する人たち、あなたがたを試みるために身にふりかかる火のような試練を、何か思いがけないことが生じたかのように、驚き怪しんではなりません。むしろキリストの苦しみにあずかればあずかるほど喜びなさい。それはキリストの栄光が現われるときにも喜びに満ちあふれるためです。……だから神の御心によって苦しみを受ける人は、善い行いをし続けて、真実であられる創造主に自分の魂をゆだねなさい」。

聖者がこのように励ましてくれることを、これほどうれしく思ったことはありません。また、宣教師たちは子が父に対するようなやさしい心づかいを見せてくれました。彼らと現地人クリスチャンたちを神に感謝します。この人たちは皆等しく思慮深く、愛情にあふれていました。どうか神を敬う男女によって設立された何百という教会に、恵と平和が満たされますように。

この手紙はベッドに寝たまま口述したもので、複写する手段もありませんので、監督会の主事であるコリンズ・デニー監督に充ててお送り下さるよう、貴下にお願いしたいと思います。同監督にはリッチモンドの会議で同僚たちに読んでいただけるよう、数行書き加えさせていただきます。

他の人たちのために重い荷を負い、事務上多くの責任を負っていらっしゃることに対して、神が貴下を祝福して下さいますように。

病をおしての働き

真心こめて貴下の兄弟たる、

W・R・ランバス　（W・E・タウソン代筆）

旅行中に横浜から送られてきた手紙の中で、彼は彼の常として、色々詳細に書いてきている。彼は横浜で五人の若い宣教師を迎え、一年後に後を追って帰る予定の夫を残して子供たちとアメリカに発つ一人の母親を見送ることになっていた。宣教師の健康やその他の重要な事がらに関して色々勧告し、宣教師である医師と訓練された看護婦をそれぞれ一人ずつ追加する必要があることも報告している。この手紙の最後の部分では、「気分はずっとよくなりました。朝鮮とシベリア・満州地区で仕事がうまくいったことが強壮剤になったのです」と言っている。翌日、諸経費、資産、前途の予想、新しい伝道で必要なことについて詳しく述べた手紙を書き、「始めてからの年数の割りにはこれまでで一番活力にあふれた伝道です」と言っている。大きな仕事の中での小さな気づかいや、単調なつらさの中にも慰めを見いだすことができ、自分の働きが成功して身体が元気づけられるとは、何と幸せな人だろう。悲しいことに多くの人たちは見落としているが、常に満足することのできる秘訣を彼は発見したのである。一握りの穀粒すべてが豊かな収穫をもたらし、退屈なおきまりの日常業務全体を通して勝利の歌が鳴り響き、最後まで筋肉を緊張させ、顔に微笑を絶やさなかったのは、このように苦労を敢えて求める強い関心と、何ものにも負けない楽観主義だったのである。軽井沢にいたのはほんの数日間だけだったが、そこでひどくなってゆく大きな不快感をかかえながら、彼は宣教師会の集会で司会をつとめた。そのあと、彼の意志にとって最も耐え難いことがやってきた。どうすることもできない事情に降参し、他人に仕事を明け渡さなければならなくなったのである。彼は譲歩するのが遅すぎたのだろうか。

皆が敬愛してきた指導者が仕事の緊張に耐えられなくなり、少なくとも当分は仕事を他の人に委ねなければならなくなったとき、それは日本宣教師会にとって悲しむべき日だった。彼の不屈の意志が絶えず格闘することを余儀なくされた肉体の衰弱、増し加わる苦痛には、皆が重大な関心をもって注目してきた。彼がついに屈することになったとき、彼が屈服せざるを得なかった一撃を与えたのは、決して取るに足らない敵でなかったことを彼らは知る。彼に代わって司会をしたJ・C・C・ニュートン博士が書いている。

監督は二日後に宣教師会の会合を離れ、私が議長の役を務めることになりました。そこで検討された幾つかの件について、詳細にお知らせする手紙は日を改めて書かなければと思っています。彼は過去のいかなる監督よりも、ここ日本では皆の敬愛する大切な人であり、そのご病気には私たちみんなが悲しんでいます。私たちだけではなく、日本の兄弟たちも彼を心から愛し、尊敬しています。

ランバス監督は年次大会の開会説教で、病気の夫人ともっといっしょにいなければならない時がきており、今後はこれまでのように遠くへ旅をすることはできないとおっしゃいました。再び私たちのところに来て下さることは、できそうにないということです。病気から回復されたら――どうか神様、お願いします――次の総会まで、これまでどおり三つの伝道地の監督責任をもち続けられることになるでしょう。

一九二一年九月十二日に手術を受ける直前、やはり飢えているロシアの子供たちを救うために使える残高が、中国飢饉救済基金に残っているかどうか、私に手紙を書いて尋ねるよう、彼はW・E・タウソン牧師に指示している。この質問に添えて、「私は監督と十日間いっしょにいて、大変な苦痛を見てきました」と書かれていた。その通信文を読んで、私は二つのことを自問した。その第一は、仮に私がはるか離れた外国の病院で、死ぬような苦しみを味わっているとしたら、果たして私は何を考え、故国の友人に出す手紙に何を書いただろうかということである。私は自分の苦痛を忘れて、国も人種も違う人たちが必要とすることについて、あれこれ忙しく頭を悩まし続けることができるだろうか。友人に宛てた伝言の陰で、自分の苦痛と死の不安に全く触れないでいることができるだろうか。これこそまさに彼がしていたことなのである。彼は外科医の手術台にのぼった後二週間、彼の心と頭を四十年間満たしてきた仕事について、W・E・タウソンに忙しく手紙を書かせ続けた。こうして書かれた手紙は、彼の死が皆に知らされた後も、何週間も私のもとに配達され続けた。手紙の中に不平、つぶやき、後悔などは全く見られなかった。ただ一度だけ、彼は妻と娘の付き添いが得られないのがさびしいと書いていた。しかし続けて彼は言った。「デイジーと私はもうずっと前に、自分たちを祭壇に捧げたのです。私たちはそのことを一度も後悔したことはありません。私たちは神の御手に委ねられているのです」。彼とその家庭、および愛する家族とを隔てる悲しむべき七千マイルの陸と海は、神の愛によって埋められていたのだった。このことがあればこそ、彼は気持ちをしっかりと保ち、心を雄々しくもち続けることができたのである。次の言葉を読んでも驚くことはない。「彼は驚くべき平静さで試練と向き合っていました。そして彼の唯一の関心事は仕事、その働き手、そして故国にいる愛する者たちのことでした」

タウソンによる口述筆記による手紙

監督が病気で寝ていた間ずっといっしょにいたタウソン氏は、その間に彼に代わって優に百を越える手紙を書き、その中の幾つかは八ページもの長い手紙だったという。口述された最後の手紙は、朝鮮年会の年次大会に宛てたものだった。これは老齢で退職した年会の牧師に家を寄贈するために、監督とその夫人が立てた計画のことに触れている。その計画は朝鮮の牧師たちに対する監督夫婦の愛と、二人のために祈ってくれた朝鮮のクリスチャンたちに対する二人の感謝のしるしとして立てられたもので、皆の祈りがあったからこそ、夫人は最悪の事態から守られ、彼も病気の夫人を残して東洋への旅に三回も出ることができたと二人とも信じていると書いている。これはまさに、二人の性格をよく表わしている。この計画は、高潔な犠牲の精神と彼の願いに対する美しい誠実さでもって、彼の死後、実現された。今私がこの原稿を書いている間にも、朝鮮年会が南メソヂスト監督教会の退職金基金に二万円寄付することを約束し、これまでアメリカの教会がしてくれたことに対する感謝の気持ちとして、全額をアメリカに送金することに同意したという知らせが入ってきている。ランバス監督夫妻のような高潔な行為が、朝鮮の教会にも同じような精神を鼓舞するのに大きな力があったと感じずにはいられない。

最期の時は一九二一年九月二十六日に訪れた。九月十二日の手術後に届いた通信の中では、希望と心配が揺れ動いていたが、事態は悪い方に急転回した。白銀《しろがね》の糸(2)は断たれ、彼は影なき暁《あかつき》のまばゆい輝きをいっぱいに受けて、その人生行路《こうろ》の終着点にいることを悟ったのだった。彼の人生にふさわしく、満たされたという人間的な思いとはとうてい調和しがたい状況で、あまりに早く逝《い》ってしまわなければならなかったのだとしたら、彼はその場でたおれてよかったのであろう。それほど人生の多くを捧げた土地を、自分の死によって神に捧げたのである。

彼の父は何年も前に神戸で死に、今は日本の土に葬られて永遠の眠りについている。

その息子は、そこから何百マイルか離れた横浜で死んだ。彼の徳性高き母は晩年を日本で過ごしたが、その墓は中国にある。息子の遺骨は本人の希望により、母の側で永遠の憩いについている。このように、同じぐらい独特ですばらしい宣教師としての生涯を全うした偉大な三人は、それぞれ外国で死に、外国の土に眠っている。三人の墓は、彼らが牧師として仕え、その中で死んだ二つの国民によって守られ、手入れをされ、花を飾られ、その思い出はいつまでも忘れられることはないであろう。

日没《ひばつ》すれば　美しきたそがれ、
走り終えれば　美しきゴール、
仕事をなし終え　美しき憩い。
草がはう美しき墓、　疲れた手に
枯れ葉が落ち　雪は深く積もる、
おお、美しき眠りよ。

訳者注

（1）この詩の作者については、詳細不明。
（2）旧約　コヘレトの言葉　十二章六節。
「白銀の糸は断たれ、黄金の鉢は砕けて落ちる」（「白銀の糸」は生命を意味する）

第十八章　誉高き預言者

熱心、大胆、はたまた強さは
わがことならず、すべては過去のもの。
ああ、ついに、ようやく、
まさに事終わらんとす。

M・W・ハウランド

それは実りなく、恐れもない勇敢な戦いで、敗北して弱さも恥辱もないものであった。なす術もなく降伏するなど、予想もされなかった。故に、遠く離れた土地での死闘の寝床から、彼が勇敢に戦っているという確言と、彼自身の口から「私はここから抜け出そうとしている」という明確な言葉がもたらされても、私たちは驚かない。実際、彼は抜け出した。あの数週間の疲れ果てた暗黒と熱病から抜け出し、勝利の光に包まれたのである。雲なき朝の賛歌と輝きが彼の上に突如現われ、最後の数時間をすばらしい喜びが照らした。最後の日々に彼の傍にいた人たちは、ある朝彼が詩編第百三編を読んでいるのを見た。そして天の声が、彼の魂の翼に雲の上に飛んできて正義の太陽の癒やしの光に浴するようにと誘っていたのである。

彼はその生涯を中国で始め、日本で終えた。彼の父が眠る国で、彼も最後の召喚を受けたのだった。父子はその国でともに働いてきたが、今やその土地で死ぬことによって、その国を神に捧げることををしてきたこの二人の伝道者は、最後に同じ島で眠りにつくことになる。

彼らをこの国の二つの場所に連れてきた。離れてはいるが地図の上ではピンの先程の距離で、常に旅る場所がたくさんある。この二人は世界はすべて自分たちの死ぬべきところと言ってきたが、時空は神意は認め給うたのである。広々とした陸地と海の広がるこの大きな世界には、人が死ぬことのでき

自分も中国の土地で、母の傍で永遠の眠りにつきたいというのが彼の願いであった。したがって彼の遺骨は上海に運ばれ、国際色豊かな葬儀と弔詞や供花で葬られた。彼の墓のまわりには、少なくとも四つの国民を代表する人たちが集まった。斉藤朝鮮総督は代理を派遣し、朝鮮と日本の領事代理も出席した。人種の異なる人たちの涙が、彼を愛する人たちの手で捧げられた供花と同じく美しい賛辞となって、一つに混じり合った。礼砲がとどろくこともなければ、世の重要人物の遺体が墓地に運ばれるときのような華やかな行列もなかったが、天の王国での重要人物に敬意を表するにふさわしく、抑制された恭しい素朴さがあった。中国にいたA・P・パーカー博士と宣教師会を代表してニュートン博士、タウソン博士、F・S・パーカー博士による弔詞が、故人の思い出に手向けられた。中国人のコン氏と日本人の吉岡氏も礼拝で役を果たした。この葬儀で感動的だったのは、初めは老ランバスが航海したときの船員だったが、そのあとランバス監督の料理人となり、後にノラ・ランバス・パーク夫人の料理人となった年老いた召使いが、花輪を捧げたことだった。この老召使いは、主な会葬者にまじってパーカー博士と腕を組んで歩いた。中国では葬儀のときには南部のどの都市でも弔いの鐘が響き、空気を震わせたものだった。自分の教派の教会に鐘がない場合には、他の教会――それが監督派、会衆派、その他どの教派であれ――が、その時間に鐘を鳴らすこともあった。葬儀が国際的だったというだけでなく、彼の死は教派を越えた損失であり、哀悼されたのである。

アメリカ中の大きな宗教団体とその指導者たちからごく自然に寄せられたメッセージや弔詞は、何

にも増して彼の包容力の大きさと、アメリカのプロテスタント教会で彼が占めていた立場をよく示すものである。その例として幾つかを引用するが、これは本当に大切なことにおいては団結していることが神の子たちの特徴であること、それが真に価値ある人たちに共通の財産であることの証である。

次の電報は、北部バプテスト宣教師会の外国担当主事から寄せられたものである。

ニューヨーク、一九二一年九月二十九日

ランバス監督ご逝去の知らせを受け、私たち一同深い悲しみを覚えております。南部のメソヂスト派ならびにアメリカの他のキリスト教会と哀悼を共に致したいと存じます。ランバス監督はすべての国で非常に愛された、神に仕えた徳の高い方でした。どうかそのご家族と宣教師会の皆様に、私たちの心からなる哀悼の意をお伝え下さい。

J・H・フランクリン

連合キリスト教宣教師協会の副会長は、私宛てに次のように書いてきている。

ミズーリ州セントルイス、一九二一年九月二十八日

拝啓、ランバス監督がお亡くなりになったとの知らせを聞いたところです。この偉大な方を失った悲しみを、貴下とともに分け合いたいと存じます。私にとって監督は、世界の外国伝道のリーダーの中でも傑出した方の一人で、この方以上に私に霊感を与えて下さった方はありません。そのお仕事はずっと外国伝道と結びついていて、正しく建設的なものでした。その動機は生涯を通じての情熱でした。お亡くなりになったことで誰もが非常にさびしく感じ、深く悲しむことでしょう。神の聖者の一

人として、監督はキリストのメッセージをたずさえ、大きな大義に自らを捧げた完全な献身でもって、人目につかず世界をお巡りになりました。私たちは偉大な指導者を失ったのです。監督を知る人すべてが悲しみに包まれることでしょう。

敬具

スティーヴン・J・コア

プロテスタント監督教会の宣教師局事務主事は、私に次のような手紙を送ってきた。

ニューヨーク、一九二一年十月五日

拝啓、ランバス監督が亡くなられたという東京発の記事を新聞で読み、大きな哀惜と、大切な人を失ったという格別な気持ちを禁じ得ません。どうか私の心からの哀悼の意を貴下の同僚たる宣教師会、ならびに南メソヂスト監督教会の皆様にお伝え下さい。ランバス監督はまれに見る心の優しい、それでいて活力あふれる性格の方という印象をお与えになりました。私も監督の友人として数えていただいたことは大きな名誉であり、あの方と接することは常に変わらず、私にとって心の励ましでありました。

敬具

ジョン・ウィルスン・ウッド

次に紹介するのは、北米外国伝道協議会の主事であるF・P・ターナー氏から寄せられた手紙の一部である。

ランバス監督ご逝去の報を聞き、私も家内もショックを受けています。私たちの最も親しい最愛の友の一人が奪い去られたのです。もうお会いすることができないなんて、なかなか実感できません。あの方の人格がもつ力と影響力、それにキリストのようなご生涯が消えることは決してありませんが、私たちの教派のみならず全キリスト教会の様々な会議において監督が占めておられた地位を埋めることはできないでしょう。他の人たちも大きな仕事を色々果たしており、他の指導者も時の経過とともに育ってゆくでしょうが、ランバス監督の代わりになる人が出てくるとは思えません。

アメリカ聖書協会の理事会は、総主事を通して次のような手紙を送ってきた。

ニューヨーク、一九二一年十月十七日

拝啓、アメリカ聖書協会理事会の前回の会合での要請により、南メソヂスト監督教会の宣教局に対し、ウォルター・ラッセル・ランバス監督が逝去されたことに私たちが深く悲しんでいること、長年にわたり貴教派ならびに全教派の宣教師の指導者であった方を失ったことに対し、心からの弔意をお伝え致します。貴教会では故監督に代わる人はないと感じておられることとお察しいたします。故監督のような友であり、よき助言者である方を、貴教会ならびに私たち皆に遣わされたことに対し、天の父に感謝する次第です。

敬具

W・I・ヘイヴン

YMCAの副総主事からは、ウラジオストックのJ・O・J・テイラー牧師宛てに次のような手紙が書かれた。

上海への途上にて、一九二一年十二月二日

拝啓、ランバス監督がシベリアについてどうお考えだったか、貴下からモット博士へのお手紙の写しをお送り下さり、心から感謝致します。まず第一に、監督の最後のお仕事に関して情報を聞くことができたのは大きな喜びでした。監督を失ったことは、私にとって大きなショックでした。彼こそは「神の国の政治家」と呼ばれる資格のある数少ない人物の一人だと思っていました。その生涯はまことにつつましく、私の知る限り、先入観や偏見、党派的利害など全くなしに、あらゆる問題に接していた方でしたので、そのご判断は他に類を見ないほど確かなものでした。大きな信仰をお持ちで、困難はむしろ前進を促し、決して躊躇されることはありませんでした。監督はまた聖霊の導きに敏感な方で、子が母の声に耳を傾けるように、聖霊のささやきに耳を傾けられました。また科学的な方でもあり、すべての事実を調査し論じることが必要だと信じておられました。他人のことを判断するに当たっては寛大で、自分以外の他の人たちは、この世で役に立つ必要な力であると信じておられました。戦後になって私たちは、あの方を大いに必要としていると感じました。戦後の復興の大計画をこれほど進んで任せることのできる人を、全世界を見渡しても五人といないでしょう。そのような次第ですから、シベリアにおけるＹＭＣＡのなすべき働きに関して監督が指摘して下さったこと全てが、私に深い感銘を与えるということを確信していただけると存じます。

敬具

フレッチャー・Ｓ・ブロックマン

次に、一九二一年十一月二十九〜三十日の年次大会におけるメソヂスト監督教会外国伝道局の伝記委員会の、ランバス監督の死に関する報告書を紹介したい。

すべての枝を通して、クリスチャンとしての愛の中に私たちの心を結びつける絆――単に教会という形態や関係よりも愛情に満ち、より緊密で永続的な絆――が存在するという感じが漲り、あまねく体験されるとき、メソヂスト派に欠くことのできない一体性が実感される。この絆は年月を経るにしたがって、私たちの共通の試練と勝利、共通の喜びと悲しみによって強められる。

教会の多忙な仕事に追われながら、私たちの信仰の英雄の死を記録し、私たちの涙の弔詞でその名をたたえ、共通の信仰に基づく祈りと共通の望みを歌った優しい讃美歌に慰めを求めている間に、今日の私たちの心は、神聖化されたハリスやルイス（1）の記憶とともに、徳高く今や聖徒となったランバスの死を悼《いた》み、その生涯が美しく記録されたことを喜ぶ南メソヂスト監督教会の人たちのすぐれた心に共感し、愛と哀悼の意をユニゾンでかなでて高鳴る。

一九二一年九月二十六日、日本の横浜でウォルター・ラッセル・ランバス監督が逝去されたという知らせは、全米のメソヂスト派、というよりもミシシッピー川からアマゾン川に至る、またアマゾン川から揚子江《ようすこう》に至る、全世界のメソヂスト派信徒に悲しみを与えた。ランバス監督はアメリカの南部にも北部にも属し、また合衆国のみならず、ブラジルにも中国にも、アフリカにも日本にも属していた。これらすべての国々で、彼はイエス・キリストの勇敢な兵士であり、この地上に天の王国の建設を推進し、砂漠に我らの神の道をまっすぐに築く指導者の一人だったのである。

ランバス監督は宣教師の息子として一八五四年に中国で生まれ、両親から宣教師としての才能と召命を受け継いだ。エモリー・アンド・ヘンリー大学で古典語を学び、大学院はヴァンダビルト大学とエディンバラで医学と外科医術を学び、医療宣教師の職業にふさわしい資格を得て中国で医療宣教師として仕事を始めたが、今日中国では彼の思い出が神に注がれた膏《あぶら》のように人々を慰めている。しかし彼は色々な学識と天賦《てんぷ》の才と美質のために教会内で非常に尊敬されていたので、日本伝道団の責任者に任命され、宣教師会の主事に選ばれ、宣教評論誌の編集者になり、日本メソヂスト教会の統一委員のメンバーに任ぜられ、南メソヂスト監督教会の監督に選ばれた。これらの地位のすべてにおいて、彼は偏見のない心の広さ、寛容な精神と知性の高さ、起業の才と神の大義への倦《う》むことなき献身といった面で傑出していた。医師、牧師、著者、編集者、戦時下に委託された特別委員、病院や学校の設立者ならびに管理者、伝道団の組織者、そして監督として彼が愛してやまなかった教会の全機関紙によって表明された次のような評価の言葉に見られる賛辞を、当然のものと思わせるだけのものを彼はもっていた。「ランバス監督の逝去により、南メソヂスト監督教会は最もすぐれた偉大な指導者を失った」。

大切な人を失って不幸の中にある姉妹教会への兄弟愛からの哀悼の気持ちで外国伝道局は一堂に会し、このすぐれた魂の持ち主、理想を追う才に恵まれた宣教師、著名な監督、そして神の不屈の子の逝去にあたって、私たちならびに全キリスト教世界は、言葉では測ることのできない損失を経験しているということを確信し、記録にとどめたい。そしてキリスト教会の年代記は、私たちが鑑《かがみ》として賞賛の言葉を惜しまない一人の人間の生涯の思い出によって、永遠に豊かなものとされるであろう。

次に収録する南長老派執行委員会から寄せられた一文ほど、適切で友愛の精神に満ちたものもない。

外国伝道団の執行委員会は、長年にわたって南メソヂスト監督教会宣教師会の外国伝道主事であり、過去数年間にわたって同教会の最も著名な宣教師会監督の一人であったウォルター・R・ランバス監督が九月二十六日に日本の横浜で亡くなったという知らせを、深い悲しみをもって聞いた。宣教師会の主事であった期間、同師はナッシュビルに住み、私たちとの交わりは最も緊密で親密なものだった。

この親交を通して、私たちは彼の宣教師事務執行者としての卓越した能力と英知、その幅広くすべてを包みこむ共感、伝道者としての熱意と献身を知り、正しく評価できるようになった。中でも私たちが共通の利害をもつ事がらや執行委員会と宣教師会との協力の方策を取り扱う際に示された態度に現われていた愛と友情の精神の故に、私たちは監督を愛するようになった。

わが執行委員会の熱心な勧誘に応えて、ランバス監督の指導のもとにコンゴにメソヂスト伝道団が設立されたこと、ルエボにある私たちのコンゴ伝道団の拠点を訪問されたことについて、またメソヂスト伝道団の最初の拠点を開設するにあたって、私たちの現地人牧師三人とルエボにある私たちの教会の信者何人かが自らの意志で志願してランバス監督に同行し、仕事を援助したことについて特に触れておかねばならないだろう。この出来事は宣教の歴史上、教派を越えた協力の最も顕著な例として、またランバス監督と、当時ルエボでの責任者であったウィリアム・M・モリソン博士の指導下においてのみ可能であったと思われる協力の例として際立つものである。

こうした時にこのような人を失ったことは、キリスト教会全体にとって取り返しのつかない損失であり、私たちも大きな死別の悲しみを南メソヂスト監督教会の兄弟たちと分かち合うのが当然と感じる。

私たちはまたここに、メソヂスト宣教師会の主事および宣教師の皆さんに対し、また愛する人に先立たれたご家族および友人の方々に対して、心からお悔やみを申し上げ、どんな時にも慰めを与えて下さる神が、それを必要としている人たちを恵み慰めて下さるよう、私たちの祈りが必ず聞かれるであろうと信じつつ。

南メソヂスト監督教会全体の信徒一同と諸団体において幾つかの追悼礼拝が行われ、これまでにこの教派の他のどんな指導者が受けたよりも大きな敬意を表する追悼の言葉が読まれ、述べられた。こうした追悼の辞の多くは印刷されたものとして残っているが、それを全てここに掲載するのは明らかに現実的ではない。そのうちの二つが代表的なものとしてふさわしいので、若干の重複はやむを得ないとして、ここに再現したいと思う。

彼の同僚監督であったジェイムズ・アトキンズ監督は、一九二一年十一月十八日のクリスチャン・アドヴォケイト紙に次の一文を載せた。

監督会はヴァージニア州リッチモンドにおける会合で、皆が敬愛し尊敬する同僚ウォルター・R・ランバス監督の最後の仕事とその死について考えるため、協議会の会議を持った。主事によって会議で朗読された文書の中に、宣教師会の総主事宛ての故監督の最後の手紙があったが、その中に、大きな手術を受けるために横浜の病院に入院する直前に、彼がしていた驚嘆すべき仕事について簡単で控え目な報告も含まれていた。この手紙は彼が手術を受ける前日に口述されたものである。

集まっていた監督たちは、私がランバス監督と知り合ったのがエモリー・アンド・ヘンリー大学でともに学んでいたときで、その後四十年以上にわたって親交を持ってきたことを知っていたので、この傑出した人物の生涯と業績について、私が概略をまとめるように求めた。私は時間と能力に限界があり、単なる概略よりも一冊の書物に値する功績と業績の持ち主の思い出にふさわしいまとめをするのは私には無理だと思うという遺憾の意を表明することから始めなければならない。

私はランバス監督以上に使徒的な精神と進取の気性をもった人を知らない。もちろん、特別な種類の性質を彼が多くもっているということである。彼は心が広く、あらゆる国のあらゆる階級の人々を彼の共感の範囲に取りこんだ。飢えている人にはパンを、着るもののない人には着るものを調達し、医師の技術で苦痛を和らげ病気を癒し、無知な人には教育し、個人的に路傍で接するにしろ大衆の中で接するにしろ、手をさしのべられる人には魂を高め救いに入らせる福音を説くなど、常にこうしたことを等しく積極的に行った。

ランバス監督は使徒的精神のもち主であったと申し上げたが、このことは彼が傑出した偉人であったという意味でもある。大きなタイプの伝道者であるということは、それだけ重要な偉人であるということでもあるのだ。ランバス監督は、まさしくそのような人物だった。彼は一生を通して、危険と自己犠牲が待ち受ける道を旅し続けた。しかも、どんな犠牲を払っても奉仕しようという固い決意を常にもっていたので、何ものをも恐れることがなかった。ほとんどそこに住んでいるのかと思うぐらい航海し、その場で死ぬかと思うような危難に一度ならず遭遇したが、それでも彼はたじろぐことを知らなかった。アフリカのジャングルに行くことが義務ならば、知らぬ間に襲ってくる風土病から絶え間なく身を守らなければならなくとも、野獣やさらに攻撃的な人間の危険にさらされながら、こうした脅威《きょうい》の中を千五百マイルも徒歩で旅することもあったが、彼はずっと平静だった。

ヨーロッパで従軍するようにという苦痛を伴う呼びかけに応じたときも、アフリカのジャングルよりは穏やかだった脅威の中で、彼は変わらぬ勇気を示した。前線の近くの騒々しい危険、恐ろしい戦場のいたるところに潜む目に見えず耳に聞こえない危険、どちらにも勇敢に立ち向かった。

伝道者としての職務に伴う困難に立ち向かう監督の勇気は偉大であったが、それとは別に、彼が犠牲的献身の精神を示すもっと静かな側面もあった。彼がしばしば長期にわたって家を留守にしたことに言及したい。彼の家庭との関係を知らなければ、それほど大きな意味をもたないかもしれない。私は彼ほど妻や子供を愛した人を知らない。彼はまさにすべての家族の理想像だった。家庭の神聖な暖かさを離れ、一時に何か月も家族との間を大陸や海に隔てられることは、疑いもなく犠牲的な奉仕の精神が試されることになった。

知性ということで考えれば、ランバス監督はきわめて興味深い性格の人だった。彼はものを識別するのがとても速く、まれにみる観察力のもち主ですぐれた記憶力をもち、物事を帰納し法則化する能力に秀でていた。彼の論理的才能が幾分かでも誤りを見せるようなことがあるとすれば、それは普段の過程を経ずに結論を見いだそうとする直感力のせいだった。彼のものの考え方は、明らかに東洋的な考え方に染まっていた。その思考にはスフィンクス的な謎めいた要素があった。神の国を前進させるために自分の考えを具体的な方策にまとめる時宜がくるまでは、その問題について最終的な考えを最も親しい同労者にさえ打ち明けないこともあった。そしてその時がくれば、いつも彼の考えは明確で決定的で、あくまでその考えに固執した。さらに彼は、強制的に賛成させられたとは感じさせずに人々に同意させる珍しい能力をもっていた。彼はきわめて勤勉な人でもあり、何も仕事をしていなかったり、つまらない仕事をしていたり、ということは一度もなかった。天才とは何かを定義する試みがなされた中で通常すぐれた人たちの達する結論は、天才とは働くことであり、勤勉に仕事をすることである。この尺度で測っても、また別のどんな基準に照らしてみても、ランバス監督は真に天才であった。彼が世界中いたるところで一人の人間としてなしてきた仕事、また彼が行なってきた文筆の仕事において、彼が達成したことを説明するスペースが十分にあったら、彼が天才だったことを容易に、かつ面白く示すことができたであろう。

ランバス監督はその上、非常に社交的な資質をもった人でもあった。極度に控え目で気取らず、自分自身や自分の見解よりも、常に他の人々や他の人の見解にずっと多くの興味を示した。その思い出や挿話を全世界からかき集めれば、彼ほど豊かな話題を提供してくれる人もいないだろう。議論中の問題に関して彼が自分の知識をひけらかして相手を攻撃したりするところを、私は一度も見たことがない。このような社会的な性格をもったすべての物事に関する知識の豊かさは、子供に対しても老人に対しても、等しく彼を魅力的にした。

今回機会を得たので、教会がランバス監督に対して贈る、これからも贈り続ける称賛に値する別の人物についても、一言述べておきたい。私たちの家庭を輝かしいものにする静かな気高さというものをこの世は忘れがちであり、十分に認識することがない。もうお分かりであろうが、監督の夫人である。私はランバス監督が本当の偉人であると申し上げたが、この評価は彼の生涯の仕事が知られるにつれ、一層世間によって是認されるであろう。しかし彼の妻も本当の偉人であるという点では、いささかも劣るものではない。彼女はD・C・ケリー博士の娘で、ケリー博士自身も何年間か中国で宣教師をしていた。彼女は幼い頃から、宣教師の生活というものの空気を吸ってきたのだった。そうした生活がいかに限定され、厳しいものであるかを知っていたし、その生活がもつ義務と栄誉を正しく理解することもできた。彼女はまだ若く美しくて才能に恵まれていたときに、賢明にも宣教師の妻になる道を選んだのだった。彼女はこのような生活につきものの様々な気苦労の中にあっても、この最も大きな大義に対する若き日の熱意を失うことはなかった。夫が危険にさらされ、夫を愛するが故に必然的に生じる非常な心配の中にあって家にとどまり、尊敬すべき家庭を築いたのである。今から二十年以上前、彼女の脳の基底部分にできた血の塊が、彼女をいつ倒れて死ぬかもしれない状態にしてしまった。広く世界各地に活動する夫を静かな家庭と事務室に引き戻すのに、これ以上の理由があるだろうか。だが彼女はそれを要求せず、彼がそうすることを認めなかった。一方で彼女は静かに家にいて、家での義務を果たし、心配事にも機嫌よく耐え、彼女の魅力的な精神に接することのできたすべての人は元気づけられたのである。このようにして彼女は夫と子供たち、彼らの友人たちのために、家庭をキリスト教的なもてなしで真の安らぎの場所とし、その恩恵に浴することのできた人は終生忘れることがなかった。ランバス夫人の父は騎兵大佐として南北戦争の血なまぐさい戦闘と記録にない困難の中を、ベドフォード・フォレスト(2)の指揮に従ったが、娘のデイジーより勇敢だったとは言えまい。ランバス監督の宣教の大義への献身ぶりについては言われてきたすべてのことに十分値するが、そのランバス監督さえ、妻のデイジー以上に宣教の利益のために己を捧げたとは言えないのである。

ランバス監督は主なる神の真の使徒であり、私たちの教会の基礎を最初に築いた人たちと同列の評価を受ける資格がある。監督として賢明な助言をし、安心できる思いやりある管理をした。宣教師会の主事としては、敢えて申し上げるが、プロテスタント・キリスト教がこれまでに教会管理の地位につけた偉大な人たちの誰一人として、ランバス監督を越える人はいまい。しかし何よりもすぐれていたのは、常に変わらぬ彼の善良さである。彼は骨の髄まで善良で、神を敬い、この上なく純粋で気高い人であった。その生涯を通じて、行動の動機について世に問われたならば、躊躇することも恥じることもなく、心の中を開いて見せることのできない日は一日もなかったであろう。彼はいつも主に見られているように生きた。二心《ふたごころ》のない誠実な指導者であった。牧師としての勤めについて、「これこそ私のすることだ」と真実に言うことのできる人であった。その全生涯は最上の意味において、犠牲の生涯だった。彼は自分自身を常に犠牲と奉仕の祭壇に捧げた。バルナバに関してルカが言った次の不朽の言葉を、ランバス監督に適用しても間違いではないだろう。「彼は立派な人物で、聖霊と信仰に満ちていたからである(3)」。

神学博士J・C・C・ニュートン牧師は、三十年以上にわたって彼の良き友であり協力者であったが、一九二一年十月三十一日、神戸の関西学院のカレッジ・チャペルで述べられた追悼の辞で、次のように言っている。

関西学院チャペルにおけるJ・C・C・ニュートンによる追悼メッセージ

この著名な聖職者の著しい特質に注目してみましょう。

第一に彼は土台を築く人であり、まれに見る能力をもった組織者でありました。パウロの精神をもって異邦人のところに遣わされた宣教師として非常に進歩的で積極的でしたので、他人が築いた土台の上に建設することでは満足しませんでした。保守的ではなく、徹底して進歩的でした。ただ一つのことにおいては保守的でした。いつもすべての物事にとって不変で唯一の中心として、イエス・キリストに目を据えていたのです。この生ける永続的な中心から進む方向が決まるので常に前を向き、信念と希望をもって、よりよい新しいことを企てていました。

第二に、継続的で組織的な仕事をする能力は驚くべきものでした。彼は私の知る誰よりもたくさんの人々のことを考え、自分と人々のためにより多くの仕事を計画し、より多くの著述をし、与えられた時間内により速くより遠くまで旅をし、より多くの祈りをすることのできる人でした。合衆国に帰ることを余儀なくされたとき、彼はほんの暫くそこにいるだけのつもりだったのですが、教派の宣教師会の当局が、彼らの言い方によれば、教派が「現在の危機を脱する」ことができるまで、ともに留まるように要請して彼を離そうとしなかったのも無理はありません。やがて彼が文筆活動で、また演壇や説教壇からの語りかけを通じて、南メソヂスト監督教会全体で指導者として認められ、第一線に立ち、世界中の訴えに教会が目を覚ますようにと警鐘を打ち鳴らすそのわざが、谷間で枯れ衰えていた骨を再び生かした[4]のも驚くには当たりません。優秀な若い男女たちが進み出て、「私がここにおります。私を遣わして下さい[5]」と申しました。財源は増加し始めました。実際、進歩と拡大の新しい時代が始まったのです。やがてランバス博士が教会の監督に選ばれたのも不思議ではありません。

第三に、ランバス監督はもう一つ大きな才能を授かっていました。多くの異なる階層の人たちと個人的に共感し合える力です。彼は接触をもったどんな人とでも、共通の興味をもつための土台をどう見いだせばよいか、新たに知り合った人との交遊をもち続け、長続きする友情に発展させるにはどうしたらよいかを心得ていました。たとえば人口十万ぐらいの都市で、他に四人の宣教師とチームを組んで仕事をしたとすると、おそらく三か月後には当然のように、彼が組織化と指導の中心として他の四人から認められているでしょう。十二か月後には他の四人の誰よりも、おそらく四人分を合わせたよりも、多くの男女と個人的に知り合いになっていることでしょう。

ですがここで、人々の中で力と指導力を発揮できる秘密をつかむために、この偉大な人物の素顔をよく見てみましょう。私たちの心に当然再び起こってくる疑問は、神はどのようにして、この一人の人物を通してこの地上であのような大きな仕事をなされたのかということです。一人の人物がいて、神はこの人を通して五大陸のうちアジア、アメリカ、ヨーロッパ、アフリカの四つの大陸で素晴らしい働きをなされたのです。彼自身の教派の、また他のキリスト教諸教派の宣教師を含めた大きなサークルの中で、教派を越えた全体教会の高次元な会議、人道的な仕事、医師と博愛家の両面において、教育界において、書物の出版において、そして何よりも日本人、中国人、メキシコ人、ブラジル人、アフリカの部族に、またフランスの戦場で年若い兵士たちに許しと新生の福音を説くことにおいて、そして日本の軽井沢で何人かのメソヂスト宣教師のグループに対して行なった最後の説教において、多くの遠く離れた国々で彼は素晴らしい働きをしたのです。そこで私はもう一度問うてみたいと思います。神は人間を差別待遇なさるのでしょうか。一体どうして神は大勢の人間の中から、私たちの一人ではなく僕であるこの人を選んで、大きな仕事をおさせになったのでしょうか。その答は容易に見出すことができます。

（一）まず第一に、ランバス監督は強い信仰をもったクリスチャンであったということです。彼は信じるということを信じ、疑うことがほとんどありませんでした。歴史と伝記が等しく教えているのは、国民の指導者、偉大な発見家や発明家、有名な科学者などはみな、強い信念をもった人だということです。宗教においても同様です。そうです、さらに強い信念を持っていると言ってよいでしょう。足を踏み出してなお否定的な気持ちを引きずっているような疑念と不安の強い人は、人類の英雄的な建設者とはなり得ないのです。

（二）彼は神のご意志とイエス・キリストの贖《あがな》いの御働きに、全面的に身を捧げていました。ちょうど彼の信仰が道理に基づかない軽信ではなかったように、彼の服従も思慮のない追随ではありませんでした。三十三年間交際し、あらゆる状況での彼の行動をよく見てきた結果、私は神のご意志と御働きに、彼以上に完全に身を献げた人を一人も知りません。

（三）ランバス監督は聖霊との交わりを常に自覚し、聖霊の導きのもとに生きました。常に両手にいっぱいの仕事を抱えた忙しい実務家という側面と、本当に敬虔な信仰深い祈りの人という側面を自分のうちに結びつけていました。偶発的な出来事を早まって判断してしまうような幼い段階を抜け出して詮索好きな若者に成長した後も、科学と宗教、自然の法則と超自然、理性と信仰の間に立って、一方的で偏狭な見方で対立に悩むことは全くありませんでした。教養の高い人として、鋭い観察力をもった人として、また現代の理論や世の中の動きに遅れずについてゆく人として、同時に心の中での経験と神の世界の物事への鋭い洞察力をもったクリスチャンでありました。キリストの贖《あがな》いによって救われた人として、自らの個人的体験の中で地上的なものと天のもの、人間的なものと神のもの、目に見えるものと見えないもの、という二つの側面を合理的な調和へと融合させていました。

（四）この指導的クリスチャンのもう一つの著しい特徴は、揺るぐことのない楽観的な性格で、またビジョンをもった人でした。彼はイエス・キリストにおけるように、真理は十分に満ち足りていること、地上における神の国の世界を救う働きと力が強力であることを信じていました。彼は人間を愛し、信頼していました。またそのような熱情を、他人にもたせることもできました。彼がどこに行こうと、そこには太陽が照り、よりよいことへの希望がありました。彼が「それはできない」と言うのをほとんど聞いたことがありません。もちろん開拓者や進歩的な人の常として、彼も間違いをすることがありました。時には保守派からだけではなく、急進派からの激しい批判に耐えなければならないこともありましたが、彼はいつも天から与えられるビジョンに忠実に従ったのです。

北米外国伝道協議会年次大会で朗読された論文

故監督の「人間に対する燃えるような愛」について、この追憶の最後に紹介するのにふさわしい記事は、すでに第十五章で引用した。

一九二二年一月、ニューヨークのガーデンシティで開かれた北米外国伝道宣教師協議会の年次大会で筆者が読んだ論文の抜粋で、この記録をしめくくりたい。これは一部が重複する危険をおかしながら、それについておわびすることなしにここに挿入するが、それは今この時点でなら私が書くことも可能と思われるとともに、本書において筆者が扱ってきた事実の要約としてふさわしいと思われるからである。触れておく価値があると思われる理由がもう一つある。この論文に表現されているこの団体の感情が、心の底から愛情をこめて是認しているということが、明らかであるからである。

四世代にわたって伝えられた遺伝が、ウォルター・ラッセル・ランバス監督を偉大な宣教師で世界市民とするために最善を尽くした。彼の血管には、十七世紀英国の盟約派と王党派の血が流れていたのである。曾祖父も祖父も父も母も宣教師であった。

彼は中国の上海で生まれ、日本の横浜で死んだ。六十七年間にわたって終わることのない放浪の旅をした後、幼子《おさなご》の目で驚きをもって初めて見た東洋の空の下、永遠の夜明けに直面したのである。中国の黄色い肌をした子供たちが遊び友達であり、最後に至るまで最愛の友人の何人かは中国人であった。旅の最後に至るまで、偉大な心と熱烈な理想をもった熱心で倦むことを知らない伝道者は、人の心が痛みをおぼえるところ、人の魂がひどく圧迫されているところならどこででも、それが白人の都市のスラム街であれ、フランダースの戦場の煙でくすぶっている塹壕《ざんごう》であれ、東洋の黄色人の中であれ、アフリカのジャングルの色の黒い子供たちの中であれ、自分の家のように感じていた。

彼の公人としての生活には、四年間の日本での責任者、十六年間の宣教師会主事、十一年間の監督の期間が含まれる。三十一年間、人生のほとんど半分は公式の役職についていたのである。

この期間は彼の教派の最も建設的で活動的で重要な時期だった。そして彼は、その時期に達成された最も顕著な幾つかの事業に深く関わっていた。

彼は目立たずにそっと物事を行なったので、彼が道を開いた事業や運動で、その先見の明や信念、大胆さの記念碑となるものを数え上げると、人は驚きに満たされる。蘇州大学と蘇州病院という中国の二つの立派な施設、千七百人の生徒を持つ日本の関西学院、六百九人の生徒を持つ広島女学院、朝鮮にある九百七十四人の生徒を持つ英国朝鮮学校、ブラジルのグランベリー・カレッジなど、これらはすぐれた企画の中の幾つかで、それぞれが十分に語りつくすことのできない信念と忍耐と祈りの物語を内に秘めている。彼はその教派の八つの外国伝道の中の五つを自ら始め、あるいは始めるのを助けた。また、日本メソヂスト教会の推進者であり創立者であって、現在の監督は彼の生徒であり彼が信仰に導いた一人である。

彼は世界に対して情熱をもっていた。この情熱が彼の心を高めたのである。それこそが、彼を同僚たちよりも目立った存在にした一番の要因である。この情熱は彼を支配していた。その目は常に遥かなる地平線に向けられていた。彼はいつも新しい冒険的事業の最前線に立っていた。このような性格は真の伝道者なら誰もがもっているものである。あの異邦人伝道の最初の偉大な使徒［パウロ］のように、「遠いところにいる知られざる人々は、おじけさせるのではなく、彼を引きつけた。他人が築いた基礎の上に建てることには満足せず、建てた教会の管理は他人にまかせて、絶えず未開拓地へと急いだ。彼は広大な地域のあちらこちらに福音の灯火をともせば、その光は自分がいない間にも、自らの力で広がってゆくと信じていた。彼は何マイル踏破してきたか数えるのが好きだったが、その合言葉はいつも前進だった。彼は夢の中で人々が新しい国々に自分を招いているのを見た。心の中にはいつも長い間暖めている計画をもっていた。そして死が近づいたときにもなお、既知の世界の最果ての地への旅のことを考えていたのである」。

一九一〇年に初めて監督に選ばれ、心に最初に起こった衝動はアフリカの中心に飛込んで行こうということだった。最後に実現したいと思ったのは、シベリアにメソヂストの旗を立てることだった。この最後の旅行で命の危険をおかしたことの説明として、彼の娘は「父は新しい伝道を始めたいという思いがとても強かったのです」と書いている。何とよく言い表わしている言葉だろう。彼は新しい伝道を開拓したのだった。そのことについて、彼は死の床から喜びにあふれた手紙を書いている。その手紙の中では中国、日本、朝鮮、満州、シベリアへの陸海の旅の詳細を伝えているが、シベリアへ行って朝鮮に戻ってくるまで二千四百マイルの旅である。シベリアで年次大会を開いたこと、私たちが経営する女学校の一つにおける教師のために朝鮮総督に面会したこと、長老司たちとの会合、中国の飢饉地帯の旅行など、ほとんどどんな性質のことも含んでいる。たいていの人たちが自分のことを考えており、翌日手術という苦しい試練が待っているときにも、彼は仕事のことを考え、未来の計画をたてていた。彼は「何事もなおざりにはされていないことが分かっていただけるように、この手紙を書きました」と言い、また「細かいことの一つ一つに至るまで、万事準備ができています」とも言っている。細かいことの一つ一つに至るまでというのは本当で、彼は鎧《よろい》を身につけたまま死のうとしていた。自分をあわれんでひとときでも無駄にするようなことはなかった。戦いで身についた汚れはそのままに、自分の王冠を受けに進んでいたのである。

タウソン博士は彼が愛した友人で、最期のときまで彼につき添っていたのだが――彼は宣教師の愛と優しい牧会について、何と美しく書いているのだろう――監督が死ぬ少し前に、詩編第百三編を繰り返し朗唱しているのを見た。「わたしの魂よ、主をたたえよ。わたしの内にあるものはこぞって聖なる御名をたたえよ」。とぎれとぎれに苦しそうに喘《あえ》ぎながら、ゆっくりと途絶えがちに、それでも苦しみの中に歓喜があふれていた。祈りに満ちた一生が、突然神への賛美となって口を出たのである。このようにして、この穏やかに話す人、この寛大な心で牧師のつとめを果たした伝道者、この遥かな先のビジョンを語った預言者、すべての善良な人たちの仲間、身分の上下を問わずすべての人の友、老人と小さな子供たちの味方、すべての人種の人たちとキリストにあって同族だったこの人は、人生の暁の第一歩を大きく踏み出した国で黄昏に向き合ったのである。

未来の世代を試すのは、こうした開拓者たちの使命である。思い切ってしてみよと言うのは努力への励ましであり、小さな目標をもつことへの苦言である。彼らがやり残した仕事は後に残された私たちの勇気への挑戦であり、私たちの忠誠心に強制的に割り当てられる義務である。私たちが臆病な振舞いをして、先人たちの生涯に照らしてみて些細なことに関わっているようなことがあれば、私たちは自尊心を失うことになる。

一つの世代が受ける主要なテストは、その時代の預言者たちが描くビジョンに従うか、それとも自分たちの墳墓の造営という小さな仕事で満足してしまうかということである。ユダの空が贖《あがな》いによる救いの光で赤く燃えていたときに、無意味なつぶやきに終始していた律法学者やファリサイ派を縮みあがらせるような軽蔑を主キリストから引き出したのもこのようなことだった。

　この現代のリビングストンは、私たちに大きな責任を残していった。彼は開始という遺産を私たちに残した。彼の勇気と献身は遥か遠くから私たちに呼びかけている。王国の最前線から私たちに手招きをしている。私たちが彼の思い出に敬意を表し、彼がその生涯を捧げた大義を私たちが愛し、彼が仕えた主なる神に私たちが忠実であるなら、その分だけ、私たちはその仕事が完成されるまで、それを遂行する義務を負うことになるのである。

母なる地球よ、お前の英雄たちは死んだのか？
彼らがその時代の魂を揺り動かすことはもはやないのか？
微光を発する雪も、赤いケシの花も、すべては
昔の勇士の残滓《ざんし》にすぎぬのか？
過ぎ去った？　否、より気高い形でまた立ち上がる。
死んだのか？　否、我らは彼らの手を握り
その輝く目の光をとらえ、
その額《ひたい》を不滅の花で飾る。
気高い行為のなされるところ
至るところで彼らの魂は呼び起こされ、
真理のため勝ち得た地の至るところ

わが英雄たちの声が聞こえる。
わが英雄たちは生き、空は輝く故に。
今宵《こよい》も昨日に勝る良き世界を見る。

訳者注

（1）初期のメソヂスト派の開拓的伝道者と思われるが、具体的にどの人を指すのかはよく分からない。
（2）Nathan Bedford Forrest (1821-77)　アメリカの将軍で、南北戦争のとき、南部連盟の有名な騎兵隊指揮官として活躍した。
（3）新約　使徒言行録　十一章二十四節
（4）旧約　エゼキエル書　三十七章一―十節
（5）旧約　イザヤ書　六章八節

解説

関西学院宗教総主事　田淵　結

本書はWilliam.W. Pinson; *Walter Russell Lambuth, Prophet and Pioneer,* Cokesbury Press, Nashville, 1924の邦訳である。二〇〇四年に関西学院がその創立者ランバスの生誕一五〇年を記念する事業の一環としての出版であり、半田一吉関西学院大学名誉教授の翻訳によるものである。これまでの関西学院におけるランバスについての取り組みの展開、そのなかでの本書およびこの出版について若干の解説を行っておきたい。

一

関西学院において創立者ウォルター・ラッセル・ランバスに対する関心が強く意識されるようになったのは一九六〇年代以後のことであったと思われる。もちろんそれまでにも歴代院長は、例えば入学式、卒業式、また創立記念日などにおいて創立者ランバスにつき、その理想、理念などを語ってはいたが、関西学院においては慶応義塾の福沢、早稲田の大隈、同志社の新島のような形での創立者ないし校祖個人を強く顕彰することはなされなかった。もちろんランバスが学院の創立者であったとしても在日はわずか四年、学院創立以後の在任は二年あまりという短期間であり、第二代院長吉岡美国、第三代院長J・C・C・ニュートンなどにとってランバスは帰国後も、同労者もしくは同僚として意識されたであろう。

学院が本格的な学校組織としての展開を見せるのは、経営母体としてそれまでの南メソヂスト監督教会とカナダメソヂスト教会とが合同して社団法人化されることによってである。その時期には、やがて第四代院長となるベーツの赴任とその働きが大きい。ベーツの学院在職は三九年という長期に及び、その間彼によってスクール・モットーである"Mastery for Service"の提唱、学院の上ケ原移転、大学昇格など学院史のエポックが彼によって次々と画されていったが、その時期の学院は創立者ランバスへの存在もさることながら、大学昇格をめぐる学院の発展という現在から未来に対し、より強い関心が向けられたものと思われる。

太平洋戦争および敗戦直後の学制の変革期をへ、学院が戦後の安定を取り戻しつつあった一九五九年に行われた学院創立七〇周年記念事業は、戦後まもなくであった一九四九年の創立六〇周年よりもひときわ盛大に行われた。大学は社会学部、理学部という新しい二学部を開設して文理総合大学としての飛躍を行い、記念式典に際してのベーツ元院長の戦後初の来日、学院創立七〇年史の刊行などが行われたが、それらを通じて改めて学院創立者への関心、建学の精神への思いが高まったことは当然であった。そのなかでランバスの存在を学院構成員に身近に感じさせるようになったのは学院正門脇という学院の顔となる位置に建てられたランバス記念礼拝堂の献堂で、毎日そこを通る生徒、学生、教職員が目にするばかりでなく、その場での日常的なチャペル活動や週末の結婚式など、この瀟洒な礼拝堂が同窓をも含めた学院構成員全体に「ランバス」の名前を意識させるために果たした役割は非常に大きかった。

六〇年代末の大学紛争期を経て創立百周年に向かう歩みのなかで、さらに学院創立者への関心は高まり、当時の久山院長・理事長によってランバス精神への回帰、高揚が強く訴えられた。その世界市民的活動を範として国際性が強調され、ライシャワー、スジャ・トモコ、ジミー・カーターなど世界的著名人を招いてのランバス・レクチャー、セミナーなど、「ランバス」の名を冠した多様な学術的行事が開催された。九〇年代以後の学院におけるランバスへの関心は、国際性、学術性の面からではなく、その家族により西日本一帯で展開されたキリスト教主義教育事業推進者としての立場が注目され、パルモア学院、広島女学院、聖和大学、関西学院、啓明女学院からなる、ランバス・ファミリーにゆかりを持つ学校の協力関係が結ばれることによって、その一族の存在が新たに記憶されることとなった。

二

さて六〇年代当時、関西学院におけるウォルター・ラッセル・ランバスへの関心は、その宣教師としての姿勢、伝道理念、信仰理解に主眼が置かれ、学院におけるランバス理解も、キリスト教主義教育の立場を中心に積極的に行われてきた。その嚆矢となるものは、一九五九年に学院創立七〇周年を記念して、関西学院ランバス伝委員会によって編纂された『関西学院創立者ランバス伝』の出版であった。これは第五代院長(1950〜1954)であった今田恵教授と、当時経済学部宗教主事、宗教センター主事であった山崎治夫氏の共同執筆によるものであり、翌年それをさらに充実させたものとして山崎治夫氏によって『地の果てまで〜ランバス博士の生涯〜』が出版された。実際にこの書物は本書の原典であるピンソンによるランバス伝の要約的紹介を、一九一四年に彼が母校のヴァンダビルト大学で行った一連の講演集である「コール・レクチャー」などによって部分的に補充するものであった。これらはその後長く(ある意味では今日まで)、学院において一般に入手可能なランバスの生涯についての数少ない書物であった。

宣教師でありかつ伝道者としてのランバスという理解をもっとも端的に示したものは、一九八〇年学院創立九〇周年記念事業として行われた、映画『パール・リバーから地の果てまで 〜BISHOP W・R・ランバスの生涯』の製作であろう。その紹介パンフレットに久山康院長・理事長が「ランバス精神を思う」と一文を寄せ、山内一郎院長代理(現理事長)がランバスの生涯の解説を、「ミッショナリー・スピリット」「二度の回心」「祈りの精神」という見出しのもとに行っている。また製作ディレクターであった学院同窓の伊志峰正廣氏はアメリカでも行われた一連の撮影ロケーションを「巡礼の旅」と称している。これ以後当時のキリスト教主義教育研究室では、宣教師ランバスという側面からの研究が精力的に続けられ、「関西学院キリスト教教育史資料」というシリーズ名のもとに『ウォルター・ラッセル・ランバス資料』(1)〜(5)が関西学院キリスト教主義教育研究室より刊行されている。それらの主な内容としては(1)中国、日本雑記、書簡〔保田正義、半田一吉、宮田満雄訳〕(2)朝鮮雑記、ハワイおよびインド篇〔宮田満雄、半田一吉訳〕(3)ブラジル、メキシコ、アフリカ〔保田正義訳〕(4)コール・レクチャー〔山内一郎訳〕、(5)、アフリカ伝道への祈りと足跡(中西良夫訳)となっている。さらにピンソンの『ウォルター・ラッセル・ランバス』の翻訳作業(小林信雄、半田一吉)が進められていた。

さて、関西学院においては一九八〇年代後半以後、創立百年史の編纂が意識されるようになるにつれて、それまでの主としてキリスト教主義教育活動の軌跡としてだけでなく、よりひろく日本の近代史の文脈の中に学院の歩みを位置づけ、その歴史的意義を問い直すという、いわば社会科学的関心からのアプローチが積極的に試みられることによって関西学院およびその関係者の働きを評価する視点は大きな転換を迎えた。創立百周年の年にあたる一九八九年に予定されていた「関西学院創立百年史」編纂に当たっては、キリスト教主義教育研究室関係教員に限らず広く学内からそのための研究者、執筆者を求めた総合的プロジェクトが組織され、キリスト教主義教育研究室に代わって当時の学院史資料室、現在の学院史編纂室がそれを担当した。その方向からなされた研究成果は、学院創立百周年記念事業として出版された『図録　関西学院の１００年』(一九八九年)においてまず明らかにされ、その後本格的な学院百年史編纂に向けて学院史資料室が定期的に刊行した『学院史紀要』(現在も学院史編纂室により継続)において、その姿勢がより明確に打ち出されていった。

同紀要の創刊号巻頭論文は大阪芸術大学助教授山形政明による「関西学院キャンパスの建築」であり、原田校地における校舎群について建築学的側面からの考察が展開されている。そしていよいよ一九九七年にはこれらの作業の集大成として『関西学院百年史』(資料集二巻、通史編二巻)が完成し、学院史研究の新たな一段階が実現した。またその成果を大学カリキュラムのなかに取り込み、一九九五年度より総合コース「関西学院と日本の近代化」という全学開講科目として提供され、現在も「関学学」として継続されている。百年史刊行以後もさらに学院史研究はその方向性に従った取り組みを続け、例えば学院史編纂室プロジェクトチームによる「関西学院院長研究」などが進められている。

三

さて、今回のピンソンによる『ランバス伝』の翻訳出版であるが、それには大きく三つの意味が込められている。第一に学院創立者ウォルター・ラッセル・ランバスの生誕一五〇年を記念するということであり、その意義については畑道也院長による前書きに記されているとおりであり、今回の出版の企画、実施は、この記念事業事務局となった関西学院法人部によって行われている。第二は、一九九八年三月に改組転換によりその独自の活動を終えたキリスト教主義教育研究室による研究成果の集大成とその公表である。従って今回の出版にあたっては、同研究室による作業をできるだけそのままの形で紹介することを原則とした。本書翻訳に至るまでの経緯と当時の翻訳事業の意図に関して、その作業を続けてこられた半田一吉教授は次のように回想しておられる。

「W・W・ピンソン博士の『ウォルター・R・ランバス』を翻訳することになったのは、関西学院大学神学部の小林信雄教授から、そのような委嘱を受けたからである。当時同教授はキリスト教主義教育研究室と学院史資料室長とを兼ねておられたので、そのどちらの仕事だったのか、今となってははっきりしなくなってしまったが、恐らくその両方に関わることだったのであろう。……本来なら関西学院創立百周年に間に合うようにするはずだったのが、大幅に遅れて、やっと完成したのが二〇〇一年の六月になってしまった。当初はこの仕事は二人で分担して、私が前半を請け合うことになっていたのだが、色々の都合で結局私一人で全部することになった次第である。……」

関西学院を創立したW・R・ランバスは一般にはほとんど知られていない。関西学院の関係者でさえ、その名前は知っていても、実際にどんな人だったのかは全くと言ってよいほど知らないであろう。それはランバス監督が政治家や啓蒙思想家としてではなく、もっぱら伝道者として偉大だったので、一般の人名事典に載るようなことはなかったからである。そのような意味で、本書を通じて、W・R・ランバスという人の生涯を知り、その人柄に触れ、まれに見る信仰に感動する人があれば幸いであるし、ランバス監督が創立した学校や教会と関係のない人でも、クリスチャンであれば、宣教師になるということが実際にどのようなことであるのかを知り、伝道とはいかにあるべきかを教えられるであろう。またクリスチャンでない人でも、若い時から自分をほとんど犠牲にして他人のために生きる、このような生き方をする人が世の中に実際にいるのだということを知り、生きがいということについて少しでも考える動機になるならば有益であるに違いない」。

第三に、本書出版を通じ、今後展開されるべき学院史研究・社会史研究のための史料を学院として広く提供するということである。以下その第三の点をめぐって若干のコメントを加えることによって、本書への解説をしめくくることとしたい。

本書の基本的な性格は、その出版がランバスとの知己を深くもちえた人物によって、一九二四年（大正一四年）に執筆されたということによって決定づけられていると言えよう。関西学院学院史編纂室には一九一〇年に発足した建築委員会議事録（Minutes of the Building Committee, Kwansei Gakuin）が保存されている。それは神戸原田校地に本格的な校舎群を順次建築し、さらに上ケ原移転期のキャンパス建設作業に至るまでの責任を負った委員会の記録であり、その当時の議論が詳細に記録されている。委員会設立当時学院は、アメリカ南メソヂスト監督教会とカナダメソヂスト教会との共同経営によっていたために、一連の建築資金の負担も両教会が均等に負担すべきことが繰り返し強調された。その際南メソヂスト監督教会の本窓口となった国における同教会宣教局の主事のひとりとして本書の著者ピンソンの名前が認められる。

Who's Who in American Methodism（ed. by C.F.Price, 1916）の記述に従って半田教授はピンソンについて以下のように紹介しておられる。

「本書の著者ウィリアム・ワシントン・ピンソン牧師（Wiliam Washington Pinson,1854-1930）は、テネシー州のナッシュビルに近いチータム郡で生まれた。一八九九年にジョージア大学で神学博士の学位を取得。一八七八年にテネシー年会に加わってから、テキサス、ジョージア、ルイスビルの年会を経て、一九〇六年から伝道局に入り、一九一〇年に、総主事だったランバス博士が監督に任命された後を受けて総主事になった。超教派委員会やキリスト教会連邦協議会などの委員も勤めている。『白人と黒人のなかで』（一九〇〇）、『教会と少年たち』（一九〇五）、『中国伝道の歴史』（一九〇七）などの著書があり、『人間への神の招き』の編集者でもある。

ピンソン博士はランバス監督と同年に、半年ほど早く生まれている。全く同じ世代である上に、テネシーはランバス監督とも縁の深いところでもある。伝道局主事となってからは、ピンソン博士はランバス監督としばしば行動を共にしており、ノース氏が序文で触れているように、『彼（ウォルター）をよく知り、彼を愛し、彼の思い出を大切にし、彼と相似た精神をもつ』人物であって、その伝記を書くのにこれ以上相応しい人は考えられないであろう」。

ピンソンはその働きを通じて関西学院に対して深い理解をもっていたことが伺われるが、そのもうひとつの理由としては、半田教授も触れておられるように帰国後も関西学院のために様々な配慮を行いつづけたランバス自身と彼との交流が大きかったものと思われる。そのような個人的な接触からもピンソンはランバス個人の中国、日本を始めとする海外宣教活動のよき理解者であり、かつランバスによる書簡、関係書類などとの接触、利用をもっとも容易に行える立場にあったものと考えられる。本書がランバスの没した一九二一年の三年後という比較的早い時期に著されていることも、ある意味でピンソン個人のランバスに対する強い想いの表明として考えられよう。

その関連で考えられるべきもうひとつの点は、ランバスが日本における南メソヂスト監督教会宣教部の設置者、つまり同教会からの日本における最初の宣教師となったという事実である。日本社会に対するキリスト教宣教活動は一六世紀のカトリックによるものを別として、江戸末期からプロテスタント教派も含めて活発に行われた。ところが南メソヂスト監督教会としてはアメリカにおける南北戦争の影響もあって、中国および日本に対する海外宣教には出遅れてしまった。その結果、ランバスの神戸着任は一八八六年と、一八六八年にカトリック神父であったＰ・ムニクーが、一八七〇年に、プロテスタント組合教会のD・C・グリーンがこの地での伝道を開始してから四半世紀ほど後のことになってしまった。それでもランバスによる日本宣教活動は南メソヂスト監督教会として新たな海外活動拠点の確立であり、以後彼が世界的な規模で宣教・伝道活動を展開したことは、同教会としてもとくに記憶されるべき業績であった。ピンソンの叙述は自ら親交をもった一宣教師の記録であると同時に、南メソヂスト監督教会の海外宣教に関する最初の記録として、ランバスの事跡を後世に伝えるべきとする、彼の外国伝道局主事としての使命ないし思いが根底にあったと考えられる。

一九二四年という本書の執筆された年代から生み出された本書の性格は、たとえばランバスは一九一四年の第一次世界大戦前後にヨーロッパ、アフリカに赴いたという記述においても明瞭に読み取ることができる。当時彼が訪れたコンゴはベルギーの植民地であり、宣教のための活動も宗主国との関係を意識せざるを得なかった。しかし本書には、当時のアフリカにおけるキリスト教宣教活動についての関心を強く見せるものの、植民地主義への批判的な理解、評価などはほとんど見られず、むしろ二〇世紀第一四半期における北米人のアジア、アフリカ観が、ある意味で率直にうかがえる。先進地域としての欧米と、後発のアジア、アフリカという比較的単純な構図、世界観が、本文中に用いられる個々の表現、用語により、またそれらによる記述全体を通して、随所で明示されている。

本書の翻訳において半田教授は「時代の違いという点では、訳をしながら多少気になる部分が幾つかあったが、私がそれを勝手に修正したり削除したりすることは一切せず、すべてを原文の通りのありままに翻訳した」と述懐されておられるように、本書には現代の人権感覚として不適切な表現が散見されることも事実である。今回の出版にあたって、学院においてもそのような表現、用語の扱いについてさまざまな立場から検討を加えた。その結果、本書の出版はランバスの同時代の一九二〇年代に生きた一アメリカ人の証言を「歴史的に」紹介しその時代を批判的にとらえるための史料としての意味をも持つこと。またその翻訳が、本学キリスト教主義教育研究室の研究成果をそのままの形で紹介することによって、それらを総括するものとする、という理由によってあえて訳者が述べられているように、原文に即した表現、用語、また八〇年代当時の翻訳の姿勢をそのままとして出版とした。このように本書は、現代から見れば多くの問題を含みながらも関西学院史をめぐる歴史的史料を、このようなひとつの形として残そうとするものである。もちろんこの書物の内容が、現在の関西学院における人権意識、それに対する姿勢、また国際感覚などをあらわそうとするものではないことは、ここでとくに明らかにしておきたい。

二一世紀を迎えた関西学院では、学院史研究の新たな展開がはじまり、その第一段階としての『百年史』編纂を踏まえての第二の段階、学院史における個別的テーマへの分析、考察に取りかかろうとしている。本年ランバス生誕一五〇周年の記念事業の一環として行われる展示「ランバス、ヴォーリズ展」は本学原田校地校舎群および上ケ原キャンパスの全体設計を行ったウィリアム・メレル・ヴォーリズに対する考察の新たな成果の紹介であり、先に触れた「院長研究」などもこれからの成果が期待される。また関西学院同窓会ブラジル支部によって、南アメリカにおけるランバスの活動の足跡についての調査も進められており、それらの成果をもあわせて新たなランバスについての伝記の執筆がなされることを大いに期待したい。そのような方向性を目指すなかで、本書から私たちが何を学び取り、継承すべきかを、批判的に自問するための重要な「史料」として本書の出版を行うことになった。

ウォルター・R・ランバス略年譜

一八五四年	（〇歳）・	父J・W・ランバス、妻メアリーと共に、中国伝道のため五月六日ニューヨーク出帆。四ヶ月後の九月十八日中国到着。その二カ月後の十一月十日、上海でW・R・ランバス誕生。
一八五七年	（三歳）	妹ジャネット誕生。
一八五九年	（五歳）	母メアリー、妹ジャネットと共にアメリカへ帰国。
一八六一年	（七歳）	両親と一緒に、故郷のミシシッピー州マディソンのパールリバーに帰る。
一八六三年	（九歳）	ジャネット猩紅熱のため召天。パールリバー・チャーチに眠る。妹ノラ誕生。
一八六四年	（十歳）	一家四人そろって、再びパールリバーから中国へ出発。
一八六七年	（十三歳）	弟ロバート・ウィリアム誕生。
一八六九年	（十五歳）	眼病と咽喉の治療のため、単身上海からアメリカへ向かう。しかし、激しい船酔いのため横浜で下船。初めて見た日本で約一ヶ月半の休養後、商船グレート・リパブリック号にてアメリカへ。同年九月、テネシー州レバノンのハイスクールに入学。
一八七二年	（十八歳）	バージニア州アビンドン近郊のエモリー・アンド・ヘンリー・カレッジに入学。学内に学生ＹＭＣＡを立ちあげ、初代会長を務める。
一八七五年	（二十一歳）	エモリー・アンド・ヘンリー・カレッジを数々のメダルを受け卒業（B.A.）。さらにナッシュビル・ヴァンダビルト大学に進学し、神学および医学を修める。
一八七六年	（二十二歳）	米国南メソヂスト監督教会テネシー年会に属し、ウッドバイン教会（ナッシュビル近郊）の初代牧師（Student Pastor）に任命される。
一八七七年	（二十三歳）	按手礼を受ける。ヴァンダビルト大学をトップで卒業後（B.D., B.M.）、デイジー・ケリーとマッケンドリー教会で結婚。秋に新妻と共にサンフランシスコから中国へ出発し、上海到着後、早速南翔で医療活動を開始。

一八七九年	（二十五歳）	長男デヴィッド誕生。
一八八〇年	（二十六歳）	デイジー夫人健康悪化のため、ウォルターの両親と共に帰国。
一八八一年	（二十七歳）	重病のマックレイン夫人に付添いアメリカへ一時帰国。その間に、W・H・パーク（後の義弟）と共にニューヨーク・ベルビュー大学病院で東洋の疾患を研究。
一八八二年	（二十八歳）	M．D．の学位を受領後さらに英国にわたり、ロンドン、エディンバラ大学などで最新の医学研究に従事した後、再び中国上海に到着。蘇州に診療所を開設し、パークと共に本格的な医療伝道を開始。
一八八三年	（二十九歳）	デイジー夫人と長男の健康回復のため長崎で静養。妹ノラとパークも同行。
一八八四年	（三十歳）	長男の病状悪化のため、蘇州の医療伝道をパークに託し、ウォルター一家は北京に移り、病院（後のロックフェラー病院）開設に尽力。
一八八五年	（三十一歳）	長女メアリー・クリーヴランド誕生。北京に中国最初のYMCA設立。中国宣教部アレン総理宛、父ウィリアムと連名で辞任願いを提出。
一八八六年	（三十二歳）	米国南メソヂスト監督教会日本宣教部ならびに南美以神戸中央（現栄光）教会の開設とともに同教会初代牧師ならびにウィルソン監督によって総理に任命される。中国年会に出席のため一旦上海に戻り、十一月二十四日家族と共に北京より神戸に到着。ただちに居留地四十七番の住居の一部に読書室（現パルモア学院、啓明学院の前身）を開き、伝道・教育活動を開始。
一八八七年	（三十三歳）	ランバス一家山二番館に転居。父ウィリアム、ゲーンス宣教師と共に広島英和女学校の英語授業を助け、現広島女学院の基礎固めに尽力。
一八八八年	（三十四歳）	青少年のための普通教育を授ける昼間学校と伝道者養成の神学校（関西学院）設立を計画、直ちに準備に入る。母メアリー、現聖和大学前身の一つ神戸婦人伝道学校（後にランバス女学院と改称）を開設。第二回日本宣教部会で学校設立を正式に提議、六〇〇〇ドルの基金要請を決議。南美以神戸中央（現栄光）教会献堂式。
一八八九年	（三十五歳）	次男ウォルター・ウィリアム誕生。校舎、附属建物着工。関西学院憲法制定。初代院長に就任し、学

		院を神学部および普通部の二部とする。九月二十八日県知事認可。十月十日開校式、翌十一日授業開始。ランバスと五人の教員、十九人の学生・生徒でのスタートであった。この年の暮れ、大分リヴァイヴァル起こる。
一八九〇年	（三十六歳）	第二校舎着工。普通学部でギリシャ語（特）担当。
一八九一年	（三十七歳）	デイジー夫人の健康上の理由と休養のため一時の予定でアメリカに帰るが、南メソヂスト外国伝道局主事に就任。以後メソヂスト・レビューの主筆、伝道局副総主事などを歴任。ランドルフ・メーコン大学より名誉神学博士（D.D.）の学位を受ける。
一八九二年	（三十八歳）	父ウィリアム、肺炎のため神戸で召天。神戸外国人墓地に眠る。Methodist Review of Missions の主筆を務める。エモリー・アンド・ヘンリー大学より名誉神学博士（D.D.）の学位を受ける。
一八九三年	（三十九歳）	エキュメニカル宣教師会議に出席。その後同会議に十九回参加し、指導力を発揮する。
一八九四年	（四十歳）	伝道局総主事に選任、南メソヂスト監督教会の海外ミッションを統括する任務に就く（一九一〇年までの十六年間在任）。財政の建て直しとブラジル伝道に着手（以後六回伝道）。
一八九八年	（四十四歳）	キューバ伝道に挺身（以後十八回伝道）。
一九〇二年	（四十八歳）	ウェンライトと共にヴァージニア州リッチモンドのジョン・ブランチ氏を訪れ、関西学院チャペル建築資金の寄付を得る。
一九〇四年	（五十歳）	母メアリー、中国蘇州で召天。上海に眠る。
一九〇五年	（五十一歳）	Nashville Training School for Workers（後の Scarrit College の前身の一つ）を設立。ヴァンダビルト大学在学中の次男ウォルター、スポーツ事故のため召天。
一九〇六年	（五十二歳）	伝道局総主事に再選される。
一九〇七年	（五十三歳）	南メソヂスト全権代表として来日。三派合同日本メソヂスト教会成立に貢献。神戸、広島を問安。
一九一〇年	（五十六歳）	メソヂスト年次総会（於ナッシュビル）で教会最高位のビショップ（監督）に選任される。最初の任務はブラジル伝道の継続と中央アフリカ開拓伝道。エディンバラで開催の世界宣教師会議第二部門議

一九一一年	（五十七歳）	長を務める。スコットランドから南米に向かう。カナダメソヂスト教会、関西学院の経営に加わる。
一九一三年	（五十九歳）	ジョン・ウェスレー・ギルバート（後のペイン大学最初の黒人教授）と共に第一回アフリカ伝道。基金と働き人確保のためアフリカから一旦帰国。ブラジルで二つの年会を主宰した後、第二回アフリカ伝道に出発。
一九一四年	（六十歳）	コンゴ・ミッションセンター開設後、第二回アフリカ伝道から帰国し、母校ヴァンダビルト大学第十二回コール・レクチャーを行う。メキシコ伝道を開始（十六回）。
一九一五年	（六十一歳）	第一次大戦中を通して世界ＹＭＣＡ運動や赤十字を支援。コール・レクチャー *Winning the World for Christ* をコークスベリー社から出版。
一九一六年	（六十二歳）	東コロンビア年会主宰。
一九一八年	（六十四歳）	年次総会で戦争問題委員会委員長に選任され、ヨーロッパに向け出発。パリに同委員会本部を置く。
一九一九年	（六十五歳）	外国伝道局にシベリア及び満州伝道担当部門を設置。中国、朝鮮、日本を含む東洋地区伝道の担当監督となる。第三十三回日本宣教部年会主宰のため来日。軽井沢、東京を経て、神戸パルモア学院で歓迎会、神戸中央教会主日礼拝で説教。関西学院チャペルで講話。
一九二〇年	（六十六歳）	ウィルソン大統領の特命により、中国大陸を北上し飢饉災害地帯を視察、救援運動に従事。蘇州病院問安、シベリア伝道を開始。宣教師会議のため来日。*Medical Missions- The Twofold Task* を Board of Missions, MECS から出版。
一九二一年	（六十六歳）	シベリア、中国、韓国を経て日本へ。宣教師会議の三日目に発病し、横浜ジェネラル（現山手）病院で前立腺肥大治療の手術。心臓病を併発し、九月二十六日召天。十月三日、関西学院で告別式。上海の外国人居留地墓地の母の傍に眠る。
一九二三年		デイジー夫人、カリフォルニア・オークデールで召天。ナッシュビル近郊に眠る。

（略年譜作成協力・学院史編纂室　池田裕子）

訳者略歴

半田 一吉（はんだ・かずよし）

1925 年に生まれる。
1949 年　関西学院大学文学部英文学科卒業。
1955 年　同大学院文学研究科英文学専攻修了、文学修士。
1965 年　関西学院大学社会学部専任講師、以後助教授、教授。
1994 年 4 月　関西学院大学名誉教授。

翻　訳　ヘンリー・スウィート『新英文法・序説』（南雲堂、1980 年）、ウォルター・R・ランバス「日本雑記」（関西学院キリスト教主義教育研究室発行、関西学院キリスト教教育史資料Ⅲ、1980 年）、ウォルター・R・ランバス「ハワイ・インド」（関西学院キリスト教主義教育研究室発行、関西学院キリスト教教育史資料Ⅳ、1984 年）。

ウォルター・ラッセル・ランバス
—— PROPHET AND PIONEER ——

2004 年 11 月 10 日初版第一刷発行

著　者　ウィリアム・W・ピンソン
訳　者　半田 一吉
発　行　学校法人関西学院
〒 662-8501 兵庫県西宮市上ケ原一番町 1-155
発　売　関西学院大学出版会
電　話　0798-53-5233
印　刷　協和印刷株式会社

Printed in Japan by Kwansei Gakuin University Press
ISBN:4-907654-67-7
乱丁・落丁本はお取り替えいたします。
http://www.kwansei.ac.jp/press